Bucles de extinción

Estudios interdisciplinares sobre nuevas tecnologías, mercados expansivos y biodiversidad

José Miguel Esteban

Unión de Científicos Comprometidos con la Sociedad
UCCS

El libro Bucles de Extinción, del Doctor José Miguel Esteban, ha sido sometido a dictamen por una comisión de expertos de la Unión de Científicos Comprometidos con la Sociedad (UCCS), institución de profesionales mexicanos de la ciencia que avala resueltamente la calidad del libro y se enorgullece de que el trabajo importante e innovador de un miembro de la UCCS pueda finalmente ser publicado también bajo su sello.

Número de Control de la Biblioteca del Congreso de EE. UU.:   2014959517
ISBN: Tapa Blanda   978-1-4633-9760-9
           Libro Electrónico   978-1-4633-9761-6

Información de la imprenta disponible en la última página.

Fecha de revisión: 11/09/2019

Para realizar pedidos de este libro, contacte con:
Palibrio
1663 Liberty Drive
Suite 200
Bloomington, IN 47403
Gratis desde EE. UU. al 877.407.5847
Gratis desde México al 01.800.288.2243
Gratis desde España al 900.866.949
Desde otro país al +1.812.671.9757
Fax: 01.812.355.1576
ventas@palibrio.com
697648

ÍNDICE

A mi abuel0 **Miguel Esteban Torreblanca**, miliciano
libertario, republicano y prisionero de Franco, apartado de
los suyos durante años que les dolieron como siglos.
Pequeño como un dardo, pero con manos como
murallas y brazos como resorteras. Compacto, aguerrido
y feroz como un guerrero jaguar mexica.

Por nuestros amaneceres en los bosques de La Cañada, levantando
la leña seca y caída de cada árbol, de cada rama del grosor apropiado
para las llamas de cada etapa de la cuidada paella familiar, en cada
ayer en que permanece tu recuerdo, en cada domingo de mi infancia.

Tan lejos,
y sin embargo tan cerca.

In Memoriam

AGRADECIMIENTOS

El autor quiere mostrar su más sincero y profundo agradecimiento a la segunda y tercera generación de estudiantes del Doctorado en Estudios Interdiscplinares en Pensamiento, Cultura y Sociedad de la la Facultad de Filosofía de la Universidad Autónoma de Querétaro. Su presencia y su actitud en las clases hicieron que los cursos impartidos no solo fueran un auténtico placer personal e intelectual, sino también una fuente abundante de hipótesis, preguntas y objeciones, sin las cuales este trabajo no habría sido ni siquiera pensado como libro. Mención especial merece mi buen amigo y tesista de doctorado Orlando Puente Zubiaur por su eficiente labor de corrección digital, más trabajosa si cabe debido a mi manejo algo incompetente del tablero. También agradezco su colaboración a l@s estudiantes de la tercera generación Carolina Uribe y Armando Martell. A los tres, gracias de corazón.

También quiero agradecer a la directora de la facultad, a los sucesivos coordinadores del doctorado, y a todos los profesores del programa que confiaron en mí para impartir *Formas de razonamiento y pensamiento crítico,* una asignatura fundamental en el primer contacto de los estudiantes con la interdisciplina. Algunas secciones de la introducción, del capítulo segundo y del capitulo tercero fueron publicadas en versiones ligeramente diferentes en la *Revista Latinoamericana de Estudios Críticos Animales,* Año II volumen I y año IV volúmenes I y II. Agradezco a las directoras de la revista su autorización para reproducirlas en este libro.

Lo mejor viene para el final. Sin la ayuda entusiasta, incondicional e incansable de mi esposa Zaira Rascón Loyola, y sin su dedicada labor de administración, siempre tan generosa con su tiempo, no habría podido dedicar mis últimos diez años de vida a la investigación. Y quién sabe si estaría vivo si nuestros caminos no se hubieran unido en una noche de año nuevo. Gracias por todo tu amor en todas las condiciones de nuestra co-existencia, Zaira.

Hacia una antropogénesis de la sexta extinción

Las relaciones de poder entre la conciencia y el ambiente han cambiado rápidamente en los últimos cien años, y la tasa de cambio en estas relaciones viene, ciertamente, creciendo con rapidez, de la mano con el avance tecnológico. El hombre consciente, en cuanto modificador de su medio, dispone ahora de la plena capacidad de destruirse a sí mismo y a este ambiente, con la más pura de las intenciones conscientes. En los últimos cien años ha surgido un fenómeno sociológico peculiar que acaso entraña el peligro de dejar aislado el propósito consciente respecto de muchos procesos correctivos que podrían emanar de las partes menos conscientes de la mente. La escena social se caracteriza ahora por un gran número de entidades automaximizadoras que, jurídicamente, tienen algo así como la condición de "personas". Tales son los trusts, compañías, partidos políticos, gremios, agencias comerciales y financieras, naciones, etcétera.

Gregory Bateson

Hipótesis de trabajo

La hipótesis que une este libro sugiere que parte de nuestra indolencia hacia la presente extinción masiva de especies podría tener su origen en una serie de confusiones y premisas ocultas en torno a algunos conceptos fundamentales de la ecología humana, expresadas finalmente como creencias y hábitos de conducta propensos a la obsolescencia y al descuido. En términos generales y analógicos, cabría sospechar que, una vez robustecidos y atrincherados en hábitos, esos falsos supuestos han podido atrofiar nuestra milenaria memoria ecológica y obstruir la fluidez cognitiva que permite la realimentación entre la memoria ecológica, la memoria social y la memoria técnica o procedimental, y que integraba las tres en diferentes saberes bioculturales situados y específicos (Mithen, 1994). Siguiendo esta hipótesis, la atrofia de la memoria ecológica y la obstrucción de la fluidez cognitiva conformada durante la evolución de la mente humana podría estar hoy insensibilizándonos ante la magnitud de la actual crisis de extinción masiva. En esta introducción intentaremos explicar algunos conceptos que quizá sirvan para repensar esas obstrucciones. En primer lugar, explicaremos cómo el concepto *de tasa de extinción de fondo* permite diferenciar entre extinciones masivas y extinciones agonísticas —las que obedecen a mecanismos exclusivamente darwinianos como la selección natural— desmintiendo así el supuesto gradualismo evolutivo que normaliza entre la opinión pública cierta simplificación de las extinciones, entendidas como meros filtros para depurar la biosfera de formas de vida inadaptadas. Esta diferenciación es clave para articular una explicación sistémica de la relación entre las *extinciones "en cascada"* de especies y los procesos climáticos, ecológicos y sociales que caracterizan el Antropoceno (o más bien el Capitaloceno, como discutiremos en el capítulo quinto de este mismo libro). Esta aproximación a la sexta extinción masiva de especies busca rescatar del olvido factores antrópicos como el *canje biológico* y la *homogeneización de la biota*. Probablemente, este ensayo de anamnesis ecológica de los factores antrópicos puede permitirnos categorizar las especies aún vivas según su adaptación a los biomas antropogénicos o *antromas: especies acomodadas, reliquias* y *fantasmas*. Finalmente, la confusión entre la apariencia y la realidad en la ecología de la sexta extinción puede ser esclarecida mediante el concepto diacrónico de *deuda de extinción*, una especie de antídoto contra el optimismo "neoconservacionista" acerca de la salud de las poblaciones de especies aún existentes. El antídoto administrado también debería permitirnos entender la futilidad de una futura restitución biotecnológica de especies extintas, así como el carácter infundado de las esperanzas de gobernabilidad de las extinciones mediante la optimización de procesos antrópicos con variables rápidas como la tecnología sustentable y la economía ambiental.

La presente introducción puede, pues, entenderse en términos propiamente terapéuticos y propedéuticos. Los capítulos restantes del libro son mucho más densos en hipótesis y pueden ser pensados como una serie de ensayos interdisciplinarios articulados con el propósito de explorar el alcance humano de las relaciones entre las nuevas tecnologías, los mercados globales e irrestrictos y las nuevas pérdidas de biodiversidad, relaciones que emergen en el curso de la presente extinción, la sexta, la única extinción masiva de especies enteramente antropogénica.

El concepto de bucle procede de la teoría general de sistemas. Los bucles (loops) son circuitos de realimentación. En las siguientes secciones ofrecemos un bosquejo informal de algunos conceptos de la teoría de sistemas complejos y adaptativos que quizá ayude al lector para entender suficiente, extensional e intensionalmente, el concepto de bucle de extinción.

Según la teoría general de sistemas, los organismos vivos son un tipo especial de sistemas, cuya continuidad depende de la estabilización de un flujo de relaciones entre el organismo y su ambiente, también llamados *circuitos de realimentación*. Los sistemas vivos se organizan adoptando una jerarquía de niveles de interacción entre sus diferentes elementos, partiendo de los átomos, las moléculas y las células hasta llegar a unidades funcionales complejas como los organismos, las poblaciones, las comunidades bióticas y los ecosistemas. Un organismo individual es un acoplamiento o ensamblado de células, en una población se conglomeran organismos individuales de la misma especie, y un ecosistema acopla en una comunidad biótica poblaciones de diferentes especies. Células, organismos, poblaciones, comunidades bióticas y ecosistemas exhiben diferentes tipos de comportamientos específicos correspondientes a las características de su nivel de organización. Estas características propias y exclusivas de cada nivel son sus *propiedades emergentes,* por no estar presentes en los elementos o partes aisladas del sistema del que surgen y ser sólo posibles en el contexto global de ese sistema. Dichas propiedades emergen de la *sinergia,* del conjunto de interacciones entre las partes o elementos componentes del nivel sistémico.

Todo sistema es sinérgico en la medida en que el comportamiento de sus partes en forma aislada no puede explicar o predecir el comportamiento del sistema en su conjunto. El comportamiento del sistema es holístico, por cuanto la conectividad de sus partes o elementos hace posible que se active una red de circuitos de realimentación que alcanza a todo el sistema en su conjunto. Todos los sistemas complejos, sean ecológicos, sociales o tecnológicos, disponen básicamente de dos tipos de circuitos de realimentación. La homeostasis es propia de la *realimentación negativa.* Los procesos homeostáticos responden a las variaciones ambientales mediante compensaciones o contrapesos internos al sistema que preservan su forma (*morfostasis*), manteniendo constante su estructura sistémica. Un ejemplo clásico de realimentación negativa es el aumento o la disminución de la temperatura corporal, que efectúa en el organismo las correspondientes reacciones inversas de (1) aumento (sudor) o disminución en la pérdida de calor y de (2) disminución o aumento (temblor) en la generación metabólica de calor corporal. El termostato de cualquier sistema tecnológico de calefacción o refrigeración imita una práctica tan simple como ésta: compara el estado del sistema con una temperatura óptima para su funcionamiento y, si detecta una diferencia, lo retroalimenta con acciones características para compensarla. La realimentación negativa es fuente de homeostasis y por lo tanto de estabilidad.

Lo contrario ocurre con la realimentación positiva, que propicia la *morfogénesis,* el cambio mediante un círculo de efectos concatenados. Se trata de una cadena causal cerrada que permite la propagación de la variación de un elemento del sistema hacia otros componentes, ocasionando un comportamiento sistémico que va reforzando las variaciones. Hay realimentación positiva cuando, como consecuencia del aumento o la disminución de una parte del sistema, otra parte cambia de manera que la primera aumenta o disminuye aún más. El crecimiento exponencial de la población como ejemplo clásico de realimentación positiva: una mayor población incrementa la posibilidad de encontrar pareja sexual, encuentros que a su vez aumentarán el número de nacimientos y la población…y así sucesivamente.

Ahora bien, sería un error atribuir los bucles o circuitos de realimentación positiva exclusivamente a los procesos de crecimiento y diferenciación. Lo bucles de realimentación operan también en las extinciones: la disminución de los índices de natalidad conduce a una disminución de las probabilidades para encontrar pareja y al consiguiente decrecimiento de la población. La realimentación positiva puede hacer también que una magnitud aumente y otra disminuya: el aumento de la población puede significar una disminución de la capacidad de carga que aumente el índice de mortalidad y, cuando éste es mayor que el de natalidad de la población, conducir a la extinción. La caza de una especie exótica puede hacer descender su población y ocasionar a su vez una escasez que aumente su precio o su valor provocando todavía más su caza. La hipótesis que subyace al título de este libro atribuye a las situaciones socio-ecológicas que actualmente caracterizan nuestra crisis ecológica evidentes signos de realimentaciones positivas. La sequía en la cuenca amazónica, por ejemplo, propicia notables incendios en sus selvas. La intercepción del agua de lluvia en las copas de los árboles propicia su condensación en nubes, ocasionando casi la mitad de toda la lluvia de la selva. La quema de árboles invierte esta realimentación beneficiosa, provocando más sequía que traerá consigo más incendios, menos árboles, menos agua retenida, menos precipitaciones… Cuando intervienen factores antrópicos socio-ecológicos como la tecnología, la economía y los mercados, los bucles de realimentación positiva suelen acelerar aún más los procesos de degradación y extinción. Tecnología y economía son variables rápidas e inestables. La cultura y la educación, por el contrario, son variables extremadamente lentas. La preeminencia que nuestras sociedades de consumo atribuyen a ese valor económico frente a muchos otros valores bioculturales convierte la interdependencia necesaria de todos estos valores ecológicos y culturales, en una dependencia peligrosamente adictiva a uno de ellos, a saber, el valor de cambio. Como veremos en el capítulo primero, Gregory Bateson calificó este tipo de dependencias adictivas como procesos de esquismogénesis, procesos constituidos también por bucles o circuitos de realimentación positiva. Pero, de nuevo, esos bucles no tienen por qué ser siempre deletéreos. También están presentes en la coadaptación y la co-evolución de las especies.

> La coadaptación y la coevolución son propiedades emergentes de los ecosistemas. La coadaptación (encajar unos con otros) es una consecuencia de la coevolución (cambiar juntos). Mientras que la adaptación puede tomar cualquier forma que intensifique la supervivencia, las formas más conspicuas de la coadaptación están asociadas con las maneras en que los animales y los microorganismos se nutren de otros organismos vivos en la red alimenticia. Por una parte, los animales están adaptados para encontrar y comer las plantas o animales particulares que utilizan como alimento. Por otra, tienen la habilidad para esconderse o huir de los animales que se alimentan de ellos, y pueden desarrollar inmunidad ante parásitos y patógenos que los utilizan como hospederos. La coadaptación entre depredador y presa es un juego evolutivo que nunca termina. Los depredadores evolucionan formas más efectivas para capturar sus presas, y las presas responden evolucionando formas para evitar ser capturadas. Los gatos evolucionan un oído sensible para detectar ratones en la oscuridad, y los ratones evolucionan la habilidad de moverse silenciosamente para que los gatos no los oigan" (Marten, 2001: 288).

Bucles en el mar

El aumento del nivel del mar representa el sumatorio de un buen número de bucles o circuitos de realimentación positiva disparados por el cambio climático. Por ejemplo, el calentamiento global provoca el deshielo de los cascos polares, origen de los vórtices de aire frío y de las corrientes de California y de Humboldt, sobre las que recae el equilibrio térmico del planeta. Cada 5 años se dobla el tamaño de la superficie de hielo derretida y la cantidad de radiación solar que no puede ser reflejada a capas superiores de la atmosfera. El deshielo polar es el principal factor en el aumento del nivel del mar, mucho mayor que la expansión térmica del agua y la fusión de los glaciares continentales. Cada año el nivel del mar crece 3.3 centímentos y se calcula que a finales del siglo XX ya había crecido entre 11 y 77 centímetros.

El aumento del nivel del mar intensifica los ciclos hidrológicos y aumenta la probabilidad de tormentas, inundaciones, huracanes y tornados, fenómenos atmosféricos que aniquilan anualmente muchas poblaciones de especies marinas, y devastan la vegetación de la que dependen los ecosistemas oceánicos y sus especies. El calentamiento de los océanos reduce la captura y la solubilidad del CO_2, con lo que baja el pH de los océanos y decrece su nivel de calcificación biológica, como ocurre con el blanqueamiento de los corales por la acidificación de sus aguas (Glikson 2014: 114). El blanqueamiento del coral se debe a la ruptura de la endosimbiosis entre el coral y un organismo con apariencia de planta de color marrón, el *Symbiodinium*, que huye del coral cuando se supera el rango de acidificación. Cuando el nivel de CO_2 atmosférico se duplica, la capacidad de calcificación del coral se reduce entre el 15 y 45%. Los cambios en el ciclo del carbono que pueden conducir a la extinción de los corales abarcan la lluvia ácida y las variaciones en la química oceánica, particularmente del sulfuro de hidrógeno y del metano. Lo arrecifes coralinos son para los ecólogos lo que los canarios para el minero. Cada año perdemos entre el 1 y el 2% de los arrecifes coralinos del mundo, y en la tres últimas décadas hemos perdido el 40%. Perder el coral significa también perder miles de peces y de otras incontables especies marinas que habitan en los arrecifes coralinos del mundo (Ove Hoegh-Guldberg 2012: 269). Las condiciones hidrológicas hacen difícil que los animales de los océanos se protejan de la sobreexposición al calentamiento como pueden hacerlo los animales terrestres. Se entiende que los efectos del cambio climático sobre la fauna marina dupliquen a los que ocasiona sobre la fauna terrestre.

Según la NASA, el nivel del mar ha crecido 8 cm desde 1992, pero la acidificación del agua de los océanos ha alcanzado hasta un 30% desde la era industrial. Muchas especies calcáreas como corales, cangrejos, almejas y ostras están amenazadas en su propia ontogénesis: ninguna de estas especies pueden desarrollar sus conchas, ya que el carbonato cálcico que genera la subida del pH marino las disuelve. El proceso ataca también a los pterópodos, pequeños caracoles marinos, y al plancton, y por extensión a la cadena alimentaria de muchos peces, cetáceos y pájaros. El aumento de la temperatura de las aguas de la superficie significa que absorberán menos oxígeno del aire y por tanto disminuirá notablemente el oxígeno que arribe a las profundidades. Esta desoxigenación alterará el desarrollo de la fauna y la flora marina.

Medusas del Mare Nostrum

La sobrecaptación de CO2 del Mar Mediterráneo es otro de los bucles de extinción que causa estragos en la biodiversidad submarina. Solo en los últimos treinta años, la *acidificación* del Mediterráneo ha aumentado un 10%; y de mantenerse el nivel de emisiones de CO2 a la atmósfera, en las próximas cuatro décadas podría crecer un 30%. La acidificación y de desoxigenación reducen enormemente las poblaciones de peces y moluscos. La combinación del aumento de las concentraciones de ácido y de la temperatura del agua afectará al fitoplancton y al zooplancton, base de la cadena trófica, por lo que numerosas especies de peces verán amenazada su supervivencia. Las principales especies *beneficiadas* de la mengua en la población de peces son las medusas. El cambio climático hará que las medusas se libren de sus depredadores naturales. Por si fuera poco, las medusas resisten mejor la acidificación y el calentamiento del agua. No en vano, un estudio de *Nature, Ecology and Evolution* ha desplazado a la esponja marina del pie del árbol de la vida. Todos los géneros zoológicos parecen proceder de las medusas. El registro fósil las sitúa a inicios del Cámbrico, pero la genética las empuja aún más atrás. Las medusas tienen más partes de su ADN en común con los animales actuales que otras muchas especies (Shen et al. 2017). La imagen del

Mare Nostrum cubierto de medusas promete ser el fondo de los *selfies* de los futuros bañistas del Mar Mediterráneo

Vientos y olas, tiburones y algas

Por otra parte, en la mayoría de los océanos y mares del planeta el viento sopla cada vez más fuerte y las olas son más altas. Esta conclusión se deriva del análisis de millones de observaciones registradas por unos treinta satélites desde hace tres décadas. Esta pauta es universal, aunque las mayores alteraciones se están dando en los mares del sur, y en particular en el Océano Antártico. Los meteorólogos aún ignoran cómo esta intensa relación entre el viento y el mar afectará el clima global. Buena parte del clima y sus variaciones dependen de la interacción entre el borde inferior de la atmósfera y la superficie del mar. Las diferencias de temperatura y el viento condicionan la intensidad de esta interacción. Además, los vientos sobre el océano abierto dan forma al agua, facilitando el flujo de energía con la atmósfera. En realidad, este es el principal mecanismo de captura oceánica de dióxido de carbono. Hasta un tercio del CO_2 atmosférico es eliminado de la circulación por este bucle entre aire y agua. Determinar si la fuerza del oleaje es cada vez más intensa resulta crucial para la predicción del clima a largo plazo. La medición de la velocidad del viento y la altura de las olas se hace ahora con tecnologías digitales que permiten determinar, por ejemplo, que en el océano Ártico la velocidad del viento ha aumentado en 1,5 metros por segundo desde 1985 (Young y Ribal *Science* 2019). En el Océano Antártico ambas han aumentado casi el doble. La altura de las olas también depende de la temperatura o el mar de fondo, pero el factor más determinante es el viento. Las olas del Antártico, por ejemplo, midieron en 2018 un 5% más que en 1985. Por el momento, los efectos más predecibles son el mayor riesgo de erosión e inundaciones costeras. La incógnita es ahora cómo afectará este oleaje al mecanismo global de captura de CO_2. El océano Antártico absorbe el 40% del CO_2 antropogénico anual, el doble de lo cabría atribuirle por su área, el 27% de la superficie oceánica. Esta mayor capacidad de captura puede explicar por qué la Antártida se ha enfriado en las últimas décadas mientras el Ártico se derrite. La fusión del hielo ártico debida al calentamiento provoca un descenso de la salinidad en el Atlántico norte, y cómo este descenso puede decelerar la circulación termohalina de la Corriente del Golfo de México, provocando el descenso en las temperaturas en Europa y otras alteraciones climáticas alrededor de todo el planeta. El desequilibrio energético del planeta multiplica la frecuencia y la gravedad de los incendios forestales.

Todos estos extremos climáticos se han verificado entre 2018 y 2019. Ayer mismo, en la tercera semana de junio de 2019, un oso polar seriamente desnutrido "forrajeaba" entre los escombros de la zona industrial de Talmaj, en el ártico ruso, a ochocientos kilómetros de su hábitat siberiano. La anticipación y la extensión del deshielo altera los ciclos planetarios del agua. La intensificación de los ciclos de lluvias y tormentas multiplican la frecuencia de las inundaciones en el norte de Europa y Asia, así como en los estados del centro y el este de Estados Unidos. Sin embargo, la cantidad de meses de sequía aumentó casi el 50 por ciento en África subsahariana durante el periodo entre 1980 y 2013. Y sin embargo, el ciclón IDAI en Mozambique dejó en abril de 2019 millones de metros cúbicos de agua, a tal punto que buena parte del suelo continental había desaparecido de las imágenes satelitales. Cuando se retiraron parcialmente las aguas, arrastrados por la corriente, miles de cadáveres de personas y animales se amontonaban en la carretera principal entre Mozambique y Zimbabwe.

No todos los bucles de extinción son debidos al calentamiento global. Los bucles pueden anidarse y entrar en sinergias acelerantes. Millones de personas eligen aletas de tiburón como manjar para celebraciones de bodas, bautizos y aniversarios, siguiendo un rito según el cual la longitud del cartílago pescado en la sopa presagia una larga vida para el comensal. Esa curiosa creencia logra acortar la vida de muchos otros organismos, poblaciones y especies. Además de los 2 millones de tiburones que perecen por la pesca ilegal, cada año mueren 73 millones de tiburones para hacer sopa de caldo de tiburón. La elevada posición del tiburón en la pirámide trófica hace que su desaparición altere notablemente muchos ecosistemas marinos. En el mar Caribe, menos tiburones implica más meros, menos peces loro y muchas más algas, en unas aguas ya eutrofizadas por fertilizantes residuales, con lo que se acaba degradando el hábitat de todas las especies del ecosistema caribeño, en cuyas playas no hoteleras se esparcen restos de plástico procedentes de los frecuentes huracanes o devueltos a tierra por las corrientes marinas. Los 3 millones de toneladas de sólidos plásticos vertidos anualmente en los océanos acaban con la vida de 1,5 millones de animales pertenecientes a 265 especies diferentes.

Las playas compradas por los inversores turísticos estadounidenses, como la bahía de Akumal en Quintana Roo, están libres de algas y de plásticos, claro. Una red impide su paso, con lo que las corrientes desvían las algas atoradas en las boyas hacia las aguas donde siguen faenando los pescadores mayas. El sacbé, el sendero de intercambio comercial que atravesaba toda la costa maya, aparece ahora interrumpido por resorts privados defendidos agresivamente por sus nuevos propietarios norteamericanos. La población maya de Akumal ha sido despojada de sus playas.

Los Moai y sus bucles de extinción en la Isla de Pascua

Junto a la desaparición de la civilización maya, el colapso de la civilización de la Isla de Pascua o Rapa Nui es uno de los mejores ejemplos en los que la extinción biocultural viene precedida de unos bucles de realimentación positiva entre la deforestación y la construcción y el transporte de grandes monumentos estatuarios, los célebres Moai. Jared Diamond estableció nueve variables que determinaban la diferencia entre el colapso y la supervivencia en las configuraciones bioculturales como los Rapa Nui, la antigua civilización de la isla de Pascua. Las seis primeras atañen a las condiciones ambientales que se realimentan positivamente o reequilibran las deforestaciones.

(1) La latitud de la isla es directamente proporcional a su régimen de lluvias y, consecuentemente, con la tasa de regeneración del bosque talado.

(2) La temperatura, siempre más alta en los trópicos y el ecuador, es directamente proporcional a la ratio de crecimiento de los árboles del bosque.

De estas dos variables puede inferirse que el grado de deforestación es inversamente proporcional a la pluviosidad y directamente proporcional a la latitud (en términos de distancia del ecuador y descenso de la temperatura).

(3) La deforestación decrece con la altitud. La lluvia sobre la orografía de las tierras altas arrastra corrientes de agua y polvo a las tierras bajas.

(4) El aislamiento de la isla bloquea la posibilidad de emigración, el recurso fundamental con que las especies enfrentan la sobrepoblación. Las especies se ven obligadas a agotar por completo todos los recursos del hábitat isleño.

(5) El tamaño o la superficie de la isla es inversamente proporcional a la densidad demográfica y al impacto humano, así como directamente proporcional a la conservación de bosque intactos.

(6) La proporción de suelo coralino (makatea), característicamente, filoso, de difícil acceso y menos deforestable.

Diamond agrega otras tres variables ambientales mucho más difíciles de anticipar o prevenir por las poblaciones isleñas.

(7) La edad geológica de la isla: a mayor edad, mayor tiempo transcurrido para la dispersión pluvial de nutrientes en una isla volcánica

(8) La occidentalidad respecto de la línea de andesita (mineral volcánico de los depósitos ígneos andinos). Cuanto más al oeste, menos lava y más ceniza transportable, y, por lo tanto, mayor fertilidad y menor impacto de deforestación

(9) Mayor proporción de polvo procedente del Asia Central: a mayor distancia continental por el este, menos polvo llega a la isla y, en consecuencia, se disminuye la fertilidad de su suelo.

Lo cierto es que, según el análisis de Diamond, Rapa Nui resultaba desfavorecida en todos y cada uno de estos factores, pero además experimentaban condiciones bioculturales que dificultaban la anticipación de la deforestación y, por lo tanto, imposibilitaban la previsión y complicaba aún más la toma colectiva de decisiones que impidieran la extinción o el colapso. La toma colectiva de decisiones es un operador crucial que, cuando se alcanza el umbral del dominio de estabilidad o atractor, puede servir de punto de inflexión ecológica, sea hacia la extinción o la recuperación. Toda esta combinación de factores condiciona la resiliencia socio-ecológica de la civilización Rapa Nui en términos de **(1)** el grado de cambio que un sistema eco-social puede experimentar sin perder el control de su estructura y su función, **(2)** el grado de auto-organización de ese sistema y **(3)** su capacidad de aprendizaje y adaptación a condiciones socio-ecológicas siempre fluctuantes. Los habitantes de Rapa Nui no disponían de la flexibilidad y la resiliencia suficientes para escapar al colapso. Probablemente, algún suceso bélico, epidémico o demográfico en general que interrumpió la continuidad de una robusta memoria biocultural. La miopía o ceguera ambiental también puede ser un factor crucial.

El deterioro ecológico puede resultar imperceptible para la población. A veces, ese déficit de recursos culturales y cognitivos contrario a la resiliencia puede obedecer a una imperceptibilidad objetiva. Los cambios pueden quedar fuera de la escala perceptiva humana, como ocurre con procesos como la salinización o la lixiviación. Otras veces, las variables son demasiado lentas y van acompañadas de excesiva fluctuación irregular y ruido de fondo que hacen necesaria una recolección de muestras y datos extendida en el tiempo para detectar las tendencias, como ocurre en muchos casos del calentamiento global, y además, las alteraciones pueden ser perfectamente perceptibles, pero también pueden resultar minimizadas por presiones conscientes o inconscientes. La élite que toma las decisiones puede promover el inmovilismo por temor a una quiebra en el status quo, lo que conduce directamente a la tragedia de los comunes formulada por Garrett Hardin.

El siguiente esquema sistémico puede ayudar a entender los bucles de extinción que operaron en la desaparición de Rapa Nui, la civilización de los Moai.

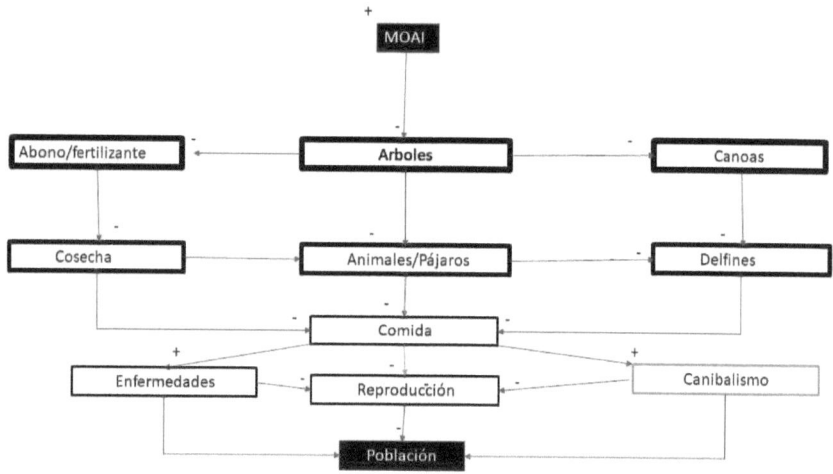

Esquema sistémico de los bucles de extinción en la Isla de Pascua. Fuente: elaboración propia

Los moai eran la expresión monumental de la percepción propia y ajena del dominio y la hegemonía cultural de las élites, por lo que funcionaban de forma semejante a las herramientas bélicas en una carrera de armamentos. La sobreexplotación de los bosques maderables para el traslado y la instalación de los gigantescos Moai, realimentaba positivamente un bucle que disminuía la obtención de alimentos, bien por falta de abono para las cosechas, bien por déficit de madera para construir canoas que les permitieran cazar mamíferos marinos. Más deforestación significa también menos hábitat para la fauna y menos cadenas tróficas con animales terrestres y aves ricos en proteínas. A partir de la desnutrición se explica perfectamente el aumento de las enfermedades, el decrecimiento vegetativo (diferencia entre nuevas vidas y muertes) y finalmente, la extinción de la población.

Menos vida y menos diversa

El *Informe Planeta Vivo* 2016 de la Fundación Mundial para la Defensa de la Naturaleza —WWF (2016)— retrata un mundo mucho menos vivo de lo que sus habitantes humanos sospechamos. Desde 1970 hasta nuestros días, se han extinguido el 39% de las especies terrestres y marinas, y el 75% de especies de agua dulce. El volumen total de organismos de las poblaciones de especies salvajes se ha reducido más de la mitad, el 58%. A este ritmo, señala el informe, a finales de esta década el declive puede alcanzar hasta el 67%. Según Marco Lambertini, director general de WWF, los datos del Informe Planeta Vivo corroboran que nos hallamos en plena sexta extinción (Lambertini 2016, 8). Hoy sabemos que las cinco grandes extinciones anteriores fueron debidas a eventos tectónicos y geotérmicos, regresiones marinas, alteraciones atmosféricas o, como la más popular, gracias a sus grandes protagonistas, los dinosaurios, al impacto de un meteorito en Chicxulub, en la península de Yucatán, a finales del Cretácico. La teoría evolutiva nos dice que fue esa quinta extinción masiva de especies la que abrió paso a los mamíferos, a los primates y, con el tiempo, al género Homo. Millones de años después, hemos de buscar las causas de la sexta extinción masiva precisamente en las conductas de la única que queda de este género, los Sapiens, incluyendo hábitos mentales, mecanismos de negación, disonancias cognitivas y disociaciones que disfrazan la realidad ecológica de las especies con la apariencia de normalidad de su presente evolutivo. Puede que tras nuestra ilusión de control tecnológico de la vida se oculte un profundo miedo a la vulnerabilidad ecológica de nuestra propia especie.

Extinción de fondo y extinción en masa

Las tesis de Darwin sobre la evolución de las especies por selección natural retenían algunos supuestos gradualistas que parecen pervivir en nuestra imagen tecnológica del mundo y que sirven para acallar nuestra conciencia de vulnerabilidad ante grandes catástrofes planetarias como las extinciones masivas. Darwin concebía la extinción y la supervivencia como resultados diacrónicos y graduales de la eterna lucha que las especies biológicas libran entre sí para transmitir su herencia, de ahí que no aceptase la existencia de catástrofes evolutivas como las extinciones masivas, sincrónicas, que afectasen de golpe a la gran mayoría de las especies pobladoras del planeta. La supervivencia era el trofeo con el que la selección natural distinguía la superioridad de las especies triunfantes sobre las especies extintas, las vencidas. Nada podía alterar las bases de esa incesante competición. Las especies competidoras podían cambiar, pero al menos las reglas del juego eran inextinguibles e iguales para todos. En *El Origen de Las Especies* (1859) Darwin equiparaba la evolución de las especies con "la sucesión geológica de los seres vivos". El proceso evolutivo así descrito cobraba la forma de una procesión, una sucesión lineal y continua[1]. Esa era la realidad profunda del proceso, pese a las apariencias de discontinuidad de un registro fósil que presentaba la desaparición de biotas enteras en periodos geológicos injustificadamente breves. Como asegura Stephen Jay Gould, antes que admitir eventos de extinción masiva que quiebren la gradualidad del proceso evolutivo, Darwin prefirió culpar de las aparentes discontinuidades al propio registro fósil, deteriorado por el paso del tiempo, como un libro al que quedan sólo unas pocas páginas (Gould 2006, 199).

La biología evolutiva de las últimas décadas ha hecho finalmente justicia a las apariencias del registro fósil y nos brinda una primera réplica a quienes hoy niegan la realidad de la sexta extinción. Según Gould (2006, 200-203), el registro fósil de la mayoría de las especies es estable y no evidencia cambio direccional alguno: el cambio morfológico registrado es muy limitado y carece de orientación adaptativa. La desaparición individual de especies durante el periodo de estabilidad correspondiente del registro fósil obedece a mecanismos de selección natural por competición perfectamente darwinianos: es la denominada *extinción de fondo*. Sin embargo, la aparición de una nueva especie no se da de la forma gradual que preveía Darwin.

El registro fósil no muestra la nueva especie como el resultado de una gradual transformación del fenotipo de las especies antecesoras. La nueva especie surge de golpe, de una sola vez, con una forma ya

---

[1] Las versiones más ideologizadas del darwinismo social equiparan la historia natural dibujada por el naturalista británico con una procesión de triunfadores, como las marchas triunfales de los emperadores romanos, que celebraban sus victorias haciendo desfilar encadenados a los jefes militares de los pueblos derrotados, y con ellos a las especies animales de las tierras conquistadas.

completa y acabada. Por otra parte, tampoco la extinción es un proceso gradual de pérdidas de ajuste adaptativo. Muchas especies perfectamente exitosas en términos darwinianos han desaparecido simultáneamente del registro fósil tan súbitamente como aparecieron. Según el modelo de equilibrio puntuado de Gould, el registro fósil evidencia dos ritmos de extinción.

El pulso de extinción de especies durante largos períodos es más o menos continuo y responde a la competición entre genotipos con diferentes valores de ajuste o adaptación en el sentido darwiniano. Ese pulso constituye la tasa de extinción de fondo. Durante estos largos períodos de extinción moderada, la tasa de extinción de fondo es baja. Ello se debe a que la competición interespecífica no es el único mecanismo de la evolución con resultados para la supervivencia o la extinción de especies, sino que durante esos largos períodos evolutivos entran en juego otros factores perfectamente darwinianos para contrarrestar las extinciones, como la amplitud del rango de distribución geográfica de las especies o el grado de variación entre especies emparentadas. Son estos factores los que explican la estabilidad de la tasa de extinción de fondo (Leakey y Lewin 1994, 63-64).

En las extinciones en masa, por el contrario, las reglas cambian, de manera que el equilibrio se ve puntuado o alcanza un punto de inflexión, por obra de algún factor o conjunto de factores no estrictamente darwinianos que amplifican exponencialmente la tasa de extinción. En las últimas cinco extinciones, factores ambientales como la regresión de los mares, los cambios climáticos o el impacto de meteoritos sirvieron para algo más que dar otra vuelta de tuerca a la selección natural:

> Las extinciones en masa operan mediante reglas distintas a las que prevalecen en las extinciones moderadas o de fondo. La evolución darwiniana, importante en los periodos de fondo, queda suspendida durante las crisis bióticas. En tales eventos, la supervivencia de las especies no depende de la calidad de la adaptación de cada especie, sino de propiedades como la distribución geográfica de los grupos de especies o clados (los clados muy localizados son vulnerables,

mientras que a los clados con amplia dispersión les va mejor, independientemente del número de especies que contengan) o el tamaño del cuerpo (las especies de gran tamaño son más vulnerables que las pequeñas). La conclusión inevitable es que en las extinciones en masa, la supervivencia de la especie depende tanto de los genes como de la suerte. (Leakey y Lewin 1994, 208).

Ninguna de las especies contemporáneas, incluyendo la especie humana, debe su victoria adaptativa a la persistencia de sus méritos genéticos, a su fuerza o a su astucia, en mayor medida que a su buena fortuna. Los dinosaurios estaban tan bien adaptados como las especies supervivientes a la extinción, e incluso disponían de genes mejores que muchas de éstas. Gobernaban la biosfera, y en parte por el mismo gran tamaño que les hizo perecer tras la lotería cósmica que suponía la caída de un meteorito. El escaso tamaño que condenaba a los mamíferos a buscar escondrijos y vivir vidas nocturnas a finales del Cretácico fue sin embargo el boleto que resultó premiado en ese mismo sorteo. Así pues, sería un error concebir las grandes extinciones como simples filtros para depurar la biosfera de formas de vida inadaptada. Dependiendo de la escala, las extinciones masivas pueden favorecer en mayor o menos tiempo la especiación y la diversidad. El pulso entre la tasa de extinción de fondo y la tasa de extinción en las grandes crisis bióticas decanta las grandes pautas de la historia natural de las especies biológicas. Aún no conocemos con exactitud la escala de magnitud de la sexta extinción, pero las cifras arriba señaladas han llevado a numerosos biólogos a diagnosticar una peligrosa aceleración de ese pulso. Según los cálculos más conservadores, la actual tasa de extinción multiplica al menos 1,000 veces la tasa de extinción de fondo (Leakey y Lewin 1994; Wilson 2016). En cualquier caso, y pese a los negacionistas, existe un amplio consenso entre los biólogos en que (1) esa aceleración no es gradual y lineal, sino exponencial y (2) el cambio climático antropogénico y la globalización económica son dos de los principales factores de la exponenciación en la sexta extinción (Meyer 2006, 29).

Cambio climático, globalización económica y extinción de especies.

La teoría de sistemas permite explicar cómo el cambio climático opera cambios a nivel ecológico a través de los mecanismos de retroalimentación de los ecosistemas. Estos cambios alteran la interacción entre especies biológicas distintas y pueden precipitar en una extinción múltiple y en cascada de especies. Cada especie reacciona de manera individual a los cambios atmosféricos, con lo cual (1) especies que interactúan pueden desacoplarse por cambios en sus rangos geográficos y/o en su fenología. (Los cambios fenológicos son alteraciones de los ciclos de vida de las respectivas especies en interacción, cambios que provocan desajustes en la sincronía o coincidencia temporal de las especies.); y (2) especies que no interactúan pueden empezar a hacerlo, produciendo nuevos acoplamientos. Estos cambios en las relaciones entre especies pueden afectar la estructura trófica de las comunidades bióticas enteras y de los propios procesos de los ecosistemas. Tales efectos indirectos pueden ser mucho más letales que el de las propias condiciones del clima una vez ha cambiado. La biología de la conservación distingue dos tipos de extinción resultantes de los cambios en las interacciones entre especies: (a) el incremento de interacciones negativas con otras especies (parásitos, predadores y competidores); y (b) el descenso en las interacciones positivas (los huéspedes y las presas). En este último caso, el resultado más extremo es la co-extinción: la extinción de una especie conduce a la extinción de otra especie que depende de ella. Cuando son múltiples las especies que interactúan, el cambio climático puede disparar extinciones en cadena o en cascada (Hughes 2012, 337-338).

En el caso de las poblaciones humanas, los cambios operan a través de los mecanismos de realimentación de sistemas complejos *socio-ecológicos*. Los cambios socio-ecológicos que pueden desencadenar la extinción de especies pueden agruparse en tres categorías:

(1) transformaciones del paisaje;
(2) modificación y consumo de recursos bióticos; y

(3) alteraciones geoquímicas (contaminación) (Meyer 2006, 19). Son estas últimas alteraciones las que desencadenan el cambio climático, cuyos efectos sobre la biodiversidad se multiplican gracias a variables culturales como la globalización económica.

En términos biológicos, la globalización económica supone la mercantilización total de la vida. La disponibilidad para la economía de mercado de cualquier punto del globo planetario, desde la fracturación hidráulica de la corteza terrestre para obtener esquisto, hasta la ocupación satelital de la termosfera para las telecomunicaciones, supone inevitablemente la contaminación de la biosfera y la alteración de las dinámicas de los ecosistemas. Nuestra dependencia de los combustibles fósiles del Carbonífero pasa factura a todos los ecosistemas del planeta en forma de gases contaminantes que potencian el efecto invernadero. El calentamiento obrado por el aumento en la atmósfera de los gases que excreta nuestro metabolismo mercantil hace temer a los expertos que la temperatura media global hacia 2070 será la mayor que haya tenido el clima de cualquier población de la especie humana desde su aparición en África hace unos 200,000 años. Ello comporta la desaparición de los climas presentes hoy en una extensión entre el 10 y el 45 % del planeta, desplazados por condiciones climáticas absolutamente nuevas para los organismos que ocupan entre el 12 y el 39 % de la superficie terrestre.

Los 3 millones de toneladas de sólidos plásticos vertidos anualmente en los océanos acaban con la vida de 1,5 millones de animales pertenecientes a 265 especies diferentes. La contaminación del agua dulce afecta ya al 12 por ciento de las especies de estos ecosistemas y la contaminación por tierra, mar y aire amenaza al 15 % de todas las especies migratorias. Los efectos climáticos de la contaminación sobre la biodiversidad se multiplican con la expansión global de las tecnologías y las biotecnologías, que pone en riesgo de extinción a especies biológicas cuyos hábitats han sido colonizados. Además, el empuje mercantil y tecnológico de la especie humana hacia la globalización ha multiplicado la demanda de recursos procedentes de regiones remotas y anteriormente olvidadas de la biosfera. Poblaciones periféricas que antes tenían una economía de subsistencia se han convertido en territorios laborales densamente poblados que atraen trabajadores para la industria trasnacional de la alimentación, de la maderería, de las farmacéuticas o de la minería. Científicos de la NASA han establecido una proporcionalidad directa entre el precio de la soya en el mercado y el tamaño del área del Amazonas deforestada para su cultivo transgénico. Los precios en el mercado local de maderas preciosas de las selvas húmedas de Malasia e Indonesia atraen a las trasnacionales, que pueden multiplicar sus beneficios entre los compradores de ciudades más septentrionales. La deforestación del 80% de estas selvas ha reducido el hábitat de los orangutanes, cuya población ha menguado en pocas décadas hasta en un 90% (Meyer 2006, 32). La biodiversidad de todo el cinturón verde subecuatorial del planeta está en la mira de las grandes farmacéuticas. Por otra parte, las nuevas tecnologías digitales, la telefonía móvil o los electrodomésticos inteligentes exigen minerales como el coltán para fabricar sus componentes. Ecosistemas enteros de Centroáfrica son arrasados para la extracción legal e ilegal de minerales imprescindibles para nuestra cultura tecnológica. Las extracciones ilegales están habitualmente en manos de soldados mercenarios que, además de negociar con empresas tecnológicas de escasos escrúpulos, digamos, satisfacen la creciente demanda de mascotas exóticas debida a consumidores antojadizos y excéntricos, que las exhiben como presunta muestra de su amor por los animales[2].

Ejemplos como éstos se multiplican desde mediados del siglo pasado. No es coincidencia que la presión ejercida por los seres humanos durante los últimos sesenta años haya sido descrita como "La Gran Aceleración" (Lambertini 2016, 8). Tampoco lo sería que la aceleración del deterioro ambiental que registran las cifras de estas primeras secciones estuviesen de algún modo correlacionadas con ciertos porcentajes propios de los sistemas de producción y consumo basados en la alianza entre ciencia, tecnología e industria —como (1) los precios en el mercado bursátil de las empresas de alimentación, las grandes farmacéuticas, las transnacionales que concentran recursos energéticos o nuevas tecnologías, como (2)

---

[2] El tráfico de especies exóticas es una mala expresión cultural de la tendencia filogenética que Wilson (1993) llamaba *biofilia*, resultado de cientos de miles de años de co-evolución de las especies del género humano entre el resto de seres vivos.

el crecimiento del PIB en los países occidentales, o como (3) las tasas exponenciales de cambio tecnológico[3] ...

En el artículo en *Nature* en el que propuso el término *Antropoceno*, Paul Crutzen (2002) señalaba algunas oleadas de cambios globales que proyectan al Homo Sapiens como una de las más poderosas fuerzas geológicas del planeta, haciendo "coincidir" el inicio de esta era geológicas con los mismos años en los que James Watt inventó la máquina de vapor (Crutzen, 2002, 201). En 2008, Zalasiewicz y el Grupo de Trabajo del Antropoceno proyectaban los efectos que estos cambios globales tendrían en la composición bioestratigráfica del planeta:

> La combinación de la extinción global, la migración global de especies y el reemplazo de la vegetación vegetal por monocultivos agrícolas está produciendo una señal bioestratigráfica característica. Estos efectos son permanentes, pues la evolución futura tendrá lugar a partir de la biota que sobreviva y que, frecuentemente, ya ha sido redistribuida antropogénicamente (Zalasiwiecz et al. 2008: 6)

Los efectos de la homogeneización se multiplican hoy gracias a la globalización de los mercados mediante la exención de aranceles proteccionistas. Podría decirse que la tecnología y la globalización económica producen efectos evolutivos inversos a la deriva continental descubierta a principios del siglo XX por Alfred Wegener, interpretada habitualmente como un factor favorable a los procesos de especiación y a la biodiversidad (Kolbert 2016, 222). La movilidad planetaria de la humanidad en el siglo XXI parece hacernos recorrer la historia geológica al revés y *a toda velocidad*. Pero los productos biológicos de la nueva Pangea tecnológica son mucho más homogéneos incluso que los predecesores al antiguo supercontinente. Lo cierto es que, a largo plazo,

---

[3] Como veremos en los capítulos finales de este libro, Raymond Kurzweil viene insistiendo desde hace años en que la tasa cambio tecnológico de los últimos 50 años es también exponencial (Kurzweil, 2016)." En el siglo XXI experimentaremos no cien años de crecimiento tecnológico, sino 20,000" (Singularity University, 2016)

esa especie tectónica inversa y sin placas no sólo redistribuye sino que empobrece la biodiversidad total del planeta.

Antromas y especies acomodadas.

Con la colonización humana de la totalidad del planeta, los antiguos biomas, definidos por el clima y la vegetación, se han transformado en lo que algunos ecólogos llaman "biomas antropogénicos" (Ellis y Ramankutty 2008) o *antromas,* biomas marcados por la presencia ambiental humana. Según Stephen Meyer (2006), la biota animal que queda en el planeta admite otra división tripartita: especies acomodadas, especies reliquia y especies fantasma.

Junto a su tolerancia a factores antrópicos, la alimentación generalista y la alta tasa de reproducción de las especies acomodadas les hace prosperar en sistemas socio-ecológicos urbanos y rurales. Lo más significativo de estas especies es que prosperan mejor en los antromas a los que se han adaptado que en sus biomas originales. Los mapaches se adaptan muy bien a los ambientes suburbanos de todo el continente americano, como los zorros y los ciervos a las periferias de las ciudades inglesas, los jabalíes a los ecosistemas rurales gallegos, los cacomixtles a las poblaciones del semidesierto de Querétaro o las ratas, las ardillas, las palomas, las cucarachas, los perros y los cuervos a cualquier población rural o urbana. Hasta los peces pueden prosperar gracias a la intervención humana: introducidos en los ecosistemas fluviales para la pesca deportiva, los siluros gigantes se alimentan ahora de palomas en las riberas urbanas del río Ebro. La ironía de las situaciones evolutivas de las especies acomodadas es que, gracias a su dominancia ecológica, sus tasas de reproducción y su distribución geográfica, muchas de estas especies dependientes de la ecología humana han optimizado sus probabilidades de especiación, de ramificarse en futuras especies adaptadas a la evolución de sus respectivos antromas (Meyer 2006, 11). Invisible o no, la mano humana orienta indirectamente la evolución de las especies acomodadas. Y mientras la biodiversidad decrece en los ecosistemas salvajes, la diversidad de la vida condicionada por el hombre puede abrirse paso artificialmente en los biomas antropogénicos. Vista así, la diversidad animal que nos queda en los antromas es "de segunda mano", por así decirlo. En cierto sentido, el ojo entrenado del ecólogo puede alcanzar a ver nuestro perfil humano en los caracteres fenotípicos de las especies acomodadas. La homogeneización de la biota de la mano de la economía y la tecnología humana de los últimos doscientos años explica en parte la frase de Heidegger: allá donde mire el hombre, no se encuentra más que a sí mismo.

Meyer denomina especies *reliquia* a las que no prosperan en los antromas. En cierta forma, las especies reliquia son el negativo de las especies acomodadas. Sus integrantes suelen ser especialistas y su tasa de reproducción es baja o muy baja. Algunas de las reliquias siempre han sido raras y escasas, adaptadas a biomas recónditos donde no llegaba la presión selectiva de las poblaciones humanas, como los gorilas de montaña o los leopardos de las nieves. En la era de la globalización, la presión humana alcanza ya hasta los biomas más remotos. La misma especialización que tan bien sirvió al éxito adaptativo de las especies reliquia, impide ahora que emigren a otros lugares cuando se extrema esta presión. Conforme se encogen los hábitats adecuados para su supervivencia, se amplía el riesgo de extinción de estas especies. Pandas asiáticos, elefantes africanos, cóndores californianos, orangutanes surasiáticos y rinocerontes de Sumatra, por ejemplo, se conservan hoy gracias al manejo humano, mediante la cría en cautividad *ex situ* y la reintroducción de poblaciones en sus hábitats originales. Meyer los considera trofeos vivos (Meyer 2006, 13).

La existencia de las especies *fantasma* es bastante trágica y desafortunada. No suelen recibir nuestros cuidados y, aunque los recibieran, muchas especies fantasma no responderían ni al más atento de los tratamientos humanos. Sus características anatómicas, sus conductas y nuestras elecciones, guiadas más por criterios económicos y estéticos que por criterios estrictamente ecológicos, las condenan a la extinción. Por ejemplo, preferimos intentar salvar a los simpáticos ositos panda o a las imperiales águilas de nuestros escudos nacionales que salvar de la amenaza a la poco agraciada salamandra gigante (*Andrias Japonicus*), tan parecida a un pene gigante y fláccido, pese a ser una especie clave para los ecosistemas fluviales de Japón. Las especies fantasmas no suelen ser objeto de nuestra atención, a no ser que interfieran en asuntos humanos. Cuando dañan nuestros intereses, no dudamos en perseguirlas y arrebatarles sus hábitats, reduciendo sus números hasta tal extremo que, cuando por fin tomamos la decisión de conservar la especie, la recuperación de sus poblaciones resulta habitualmente inviable. Los elefantes indios, los leones africanos, los osos cantábricos y los lobos mexicanos languidecen en la biota como apariciones fantasmagóricas, condenadas a desvanecerse más pronto que tarde. De ahí que, según ecólogos como Meyer, la batalla por la conservación esté perdida en términos globales. El futuro de la evolución biológica parece pertenecer al ser humano y a las especies acomodadas a sus biomas.

La deuda de extinción

¿Tan alarmante es la condición de la biodiversidad del planeta? Para la experiencia del habitante común, que poco o nada sabe de ecología, quedan muchas poblaciones de especies salvajes perfectamente saludables que, por lo que se ve, tienen tanto o más futuro que nosotros. Con todo, para pronosticar su trayectoria futura es necesario tener en cuenta no sólo los números del presente, sino también los del pasado. Y de acuerdo con la ratio entre su actual tasa de extinción y la tasa de extinción de fondo, los ecólogos logran ver tras esta saludable apariencia especies en grave peligro de extinción.

La diferencia entre apariencia y realidad en ecología se explica de nuevo por la naturaleza no lineal de los procesos de extinción. La apariencia de continuidad evolutiva de muchas especies podría deberse a la mezcla de supuestos epistemológicos y ontológicos que proyectamos sobre ellas. La creencia en la linealidad y gradualidad de las extinciones hace que el número de organismos *presente* en algunas poblaciones de especies sea tal que nos parezca inconcebible su extinción. Pero ese *presente* no está congelado en el tiempo, sino que depende de su trayectoria histórica y de sus puntos de inflexión poblacional. Y pueden pasar muchas décadas entre el inicio del declive y el colapso de una población amenazada, particularmente cuando se trata de especies longevas o medianamente longevas. El registro fósil de algunas poblaciones agrícolas preindustriales contemporáneas, en aparente armonía con las especies de su entorno, muestra un índice de biodiversidad que evidencia extinciones demoradas en el tiempo, hasta mucho después de que estallara la perturbación ecológica inicial. La fragmentación del hábitat que sigue a la deforestación para el cultivo o la ganadería hace más vulnerables precisamente a las especies más especializadas, mejor adaptadas a sus particulares biomas boscosos y cuyo tamaño óptimo hace que su extinción solo se evidencie largo tiempo después del punto de inflexión que supuso la deforestación. Cuando la desaparición involucra especies clave como los elefantes de la sabana y las tortugas de las Galápagos, capaces de abrir nuevos nichos ecológicos en sus largos desplazamientos geográficos, la fragmentación del hábitat puede arrastrar a la extinción a las especies que hayan ido ocupando esos nichos abiertos. El proceso de extinción de especies vulnerables no es menos real porque tome muchas generaciones más, durante décadas o siglos, dependiendo de que concurran o no otros factores ambientales o genéticos que incrementen su vulnerabilidad y disminuyan aún más sus ya menguadas probabilidades de sobrevivir.

Cuando se conoce la trayectoria de la biodiversidad *presente*, el concepto de *deuda de extinción* permite pronosticar que, en los próximos siglos, la mitad de los organismos presentes en los biomas no antropogénicos están condenadas a extinguirse. Las especies acomodadas seguirán abundando en nuestros sistemas socio-ecológicos. Prosperarán allá donde vayamos, llenando los nichos ecológicos que las especie reliquia y fantasma desocupen, o abriendo nuevos nichos mediante la depredación y el parasitismo. Tal y como predecía Charles Elton (1958), la biota de los continentes irá pareciéndose cada vez más[4]:

---

[4]   Elton plantea el siguiente experimento mental para proyectar el futuro de nuestra biodiversidad. Imaginemos seis grandes tanques de cristal conectados por tubos cerrados. Llenemos cada tanque con mezclas químicas distintas y abramos los tubos unos segundos por día. Si los tubos son muy largos y estrechos, podría pasar mucho tiempo hasta que las seis soluciones se recombinen y se estabilicen como una mezcla homogénea en la que los componentes originales han desparecido como tales. Los tanques son los

Si miramos lo bastante lejos hacia el futuro, el estado al que tenderá el mundo biológico no será más complejo, sino más simple y más pobre. En lugar de seis reinos de vida continentales, con sus componentes menores, cordilleras, islas y volúmenes de agua dulce, separados por barreras que dificultan su dispersión, habrá solamente un reino único de especies cuya dispersión estará limitada por sus características genéticas, sin las restricciones impuestas por las barreras mecánicas (Elton 1958: 51).

Conforme se vayan eliminando las redundancias, la biodiversidad y la resiliencia de los ecosistemas será cada más escuálida. "La madeja de la vida pasará a ser el hilo de la vida" (Meyer 2006, 17). Y, como decía Wittgenstein, la robustez de la madeja no depende de que un solo hilo la recorra, sino de que se superpongan muchas fibras. De esa robustez también dependemos nosotros y nuestros actuales animales domésticos.

¿Gobernar la sexta extinción?

Las sinergias entre el cambio climático y globalización económica pueden desatar en la biosfera nuevos procesos sistémicos con resultados harto difíciles de prever. Al igual que nuestra vida depende del ciclo del oxígeno y del carbono a partir de la respiración pulmonar, la vida de la biosfera depende del ciclo del oxígeno y el carbono que tiene lugar en la atmósfera (Glikson 2014, 150). Los fenómenos meteorológicos extremos de los últimos años señalan ya puntos de inflexión que, más pronto o más tarde, precipitarán cambios en cascada y condiciones ambientales para la vida sin precedentes en la historia natural de nuestra especie. Es muy probable que ya no esté en nuestra mano evitar la sexta extinción masiva de especies.

---

continentes, los tubos representan las vías comerciales de transporte. Según Elton, una vez abiertos los tubos, y aunque lo deseemos, no es posible volver a taparlos del todo, pese a los desesperados intentos de los biólogos de la conservación.

La misma posibilidad de que una buena gobernanza ambiental pueda impedir la sexta extinción sólo puede ser contemplada si, olvidando la no-linealidad de los procesos de extinción, decidimos reducir el conjunto de especies amenazadas y de factores que concurren en las amenazas a un número que, aunque alto, sea manejable. Pero el efecto exponenciador de las sinergias entre dichos factores no hace sino proyectar incertidumbres sobre el supuesto manejo de los controles sistémicos del planeta. Puede que los proyectos de conservación basados en la lista roja de especies amenazadas de la Unión Internacional para la Conservación de la Naturaleza (IUCN) consigan unos cuantos resultados reconfortantes para algunos, pero lograr detener una extinción biológica en masa es otra cosa. La lista roja de especies amenazadas de la IUCN no es más que otro producto institucionalizado de la misma selección humana que ha impulsado la extinción, por lo que refleja tanto nuestras elecciones como nuestras incertidumbres. Entre las categorías de la lista roja y la decisión de emprender uno u otro proyecto de conservación hay una amplia franja de indeterminación, una profunda laguna que solo puede ser salvada con la inevitable ayuda de disposiciones, valores y elecciones humanas. Tienen razón los ecólogos que equiparan los proyectos de conservación de especies basados en listas rojas con artefactos que convierten valores humanos en estructura biótica. Estos artefactos humanos son tan antiguos como la civilización. Desde que empezamos a domesticar especies biológicas, los animales humanos decidimos robustecer unas estructuras bióticas y no otras, y con frecuencia a costa de otras. Las decisiones sobre qué especies debemos proteger tienen más que ver con los sesgos económicos, estéticos y morales prevalecientes que con una estricta funcionalidad ecológica, tal y como argumentamos en el capítulo tercero.

Por desgracia, un enfoque basado exclusivamente en la conservación individual de especies puede dejar casi intactos los efectos de la selección humana sobre la biodiversidad en su conjunto. La estrategia de crear reservas de la biosfera supuestamente inmunes a los efectos negativos de la economía humana puede acallar a corto plazo nuestra mala conciencia ecológica, pero tampoco resuelve el problema. Arrinconar la biodiversidad en recintos estancos que concentren un gran número de reliquias o fantasmas puede incluso tener efectos inversos, incrementando su vulnerabilidad ante la caza furtiva, las catástrofes meteorológicas, la homogeneidad genética, las epidemias. No tenemos por qué suponer que estas reservas se van a mantener siempre en condiciones estáticas, y que el cambio climático pasará por encima de ellas. Por ahora, esas reservas se reducen a unos cuantos enclaves de biodiversidad aislados entre sí por una larga extensión de biomas casi homogéneos, en interacción constante gracias a la globalización económica. Al fin y al cabo, una de las respuestas de las especies para evitar la extinción es variar los rangos de su distribución geográfica. Aunque el establecimiento de corredores biológicos puede ampliar algunos de esos rangos, estos "salvoconductos" humanos son también vulnerables ante las presiones antropogénicas de los entornos circundantes. Reservas y corredores son en definitiva artefactos culturales, parches necesarios para ganar tiempo y reducir la tasa de conversión de especies reliquia a especies fantasma.

Lo cierto es que necesitamos ese tiempo. Puede que perseverar en nuestros esfuerzos de conservación de la biodiversidad salvaje no vaya a reenderezar el curso de la selección natural, pero abandonarlos puede empeorar la situación de ciertas comunidades bióticas clave, diversas, complejas y maduras, como las que sobreviven en el cinturón verde subecuatorial, y que aún procuran la funcionalidad de la biosfera en su conjunto. De ahí que, como argumenta Brian Walker,

> Los conservacionistas deberían pasar menos tiempo preocupados por la supervivencia de tal o cual especie de planta o de animal, y en vez de esto comenzar a pensar en mantener la naturaleza y la diversidad de los procesos ecosistémicos (Walker 1988: 169).

No faltan entusiastas de la ingeniería genética partidarios del extendido credo de la tecnofilia, según el cual el mismo desarrollo tecnológico y económico que nos puede dejar sin más naturaleza salvaje que reliquias y fantasmas, podrá robustecer las poblaciones de las primeras y traer de vuelta a las segundas mediante la clonación. Independientemente del abuso categorial de llamar a tales artefactos humanos "especies salvajes", este tipo de optimismo biotecnológico es algo miope. Pierde de vista las causas fundamentales de la sexta extinción, y al hacerlo está condenado a perpetuarla. No importa que la reproducción de especies amenazadas sea biotecnológica, asistida o por fecundación coital, si no hay hábitats donde reintroducirlas ni nichos ecológicos que estas especies puedan ocupar. Como veremos en nuestro tercer capítulo, la ilusión de control presente en el proyecto de la reintroducción biotecnológica de especies extintas incurre en un reductivismo anatómico. Insiste en la forma, no en la función. Y al hacerlo olvida la condición necesaria para la vida, la evolución de la unidad ecológica organismo-ambiente.

Edward O. Wilson ha calculado que para salvar al mundo de la Sexta Extinción, necesitaríamos construir una mega-reserva capaz de albergar el 50 % de la biosfera (Wilson 2016). Desgraciadamente, nada nos dice de los mecanismos institucionales que podrían hacer realidad esa mega-reserva, más allá de negar que involucre la partición de hemisferios, continentes o estados nación, la derogación de los derechos de propiedad o la exclusión de poblaciones humanas. Wilson cree que la clave radica en reducir la huella ecológica global posibilitada por una nueva economía digital y de servicios, impulsada por energías verdes y potenciada por el perfeccionamiento de las "capacidades racionales humanas". En ese mundo ya sin combustibles fósiles "es perfectamente razonable visionar una red global de reservas inviolables que cubra la mitad de la superficie del planeta" (Wilson 2016, 165). Por desgracia, pese a la confianza de Wilson en la economía ambiental, nuestro actual sistema de libre mercado en expansión global no parece capaz de sujetarse a una gobernanza que imprima un vuelco sobre el statu quo tan radical como el implícito en su visión del futuro de la biodiversidad.

Pensar la ecología como ciencia

Martin Heidegger ofreció una explicación de las relaciones entre la ciencia institucionalizada, el dominio tecnológico humano y la mercantilización de la biodiversidad que ha inspirado a pensadores como el noruego Arne Naess o el mexicano Enrique Leff a adoptar una actitud severamente crítica ante la ciencia ecológica *funcional al capital*, denunciando el maridaje entre la ciencia moderna y la sociedad consumista como verdadero origen de los procesos de hipertrofización del mercado, procesos que a su vez conducen inevitablemente a la degradación serial y a la extinción de la biodiversidad. Naess fue el fundador del movimiento de la ecología profunda, basada en valores ecocéntricos y opuesta al ambientalismo táctico o la ecología superficial, que hacen de la ética de la conservación "sólo un instrumento táctico para la supervivencia de la especie humana" (Naess, 1998: 22). Heidegger vincula convincentemente el éxito predictivo y el poder tecnológico de la ciencia moderna con una imagen matemática del mundo y ésta a su vez con la representación antropocéntrica de la naturaleza como *disponibilidad absoluta*. La matematización de la vida social, científica y mercantil en la era renacentista y barroca, en la era que Heidegger llama la Época de la Imagen del Mundo, brinda la posibilidad de un acceso uniforme a *toda* la naturaleza por parte de todos quienes cultiven este lenguaje cartesiano, instrumento específico de la razón humana.

Según esta interpretación de la crítica de Heidegger, resulta bastante plausible concluir que la mayoría de problemas ambientales son ante todo consecuencias de tratar la naturaleza como un recurso infinitamente disponible *para la especie humana* gracias a las representaciones algebraicas y mecánicas de la ciencia y la tecnología modernas, que le permiten rediseñarla *según los tiempos humanos*. Los partidarios de la nueva conservación creen de hecho que un incendio provocado no es una catástrofe porque dañe intrínsecamente al bosque, sino indirectamente inconveniente en cuanto daña a las generaciones humanas que, en el futuro, ya no podrán disfrutarlo, sea para su propio esparcimiento o para convertirlo en un conjunto de especies vegetales maderables. La idea de obligaciones indirectas hacia la naturaleza se remonta al menos hasta Kant y Tomás de Aquino. Pero en el fondo, y sin saberlo, el antropocentrismo de la nueva conservación revalida al romano Cicerón: el cuello de los bueyes estaba hecho para el yugo. Esto implicaba que la hierba que comía el buey, el agua y los minerales que nutrían la hierba, la atmósfera, el sol y la clorofila de sus fotosíntesis eran meras piezas de un proceso unificado, hecho para el ser humano. En este contexto de argumentación puede entenderse claramente la crítica radical propia de la ecología profunda, en la medida en que la teoría de sistemas comporta una visión homogeneizadora de la biosfera y de los procesos ecosistémicos unificados en beneficio de la especie humana o, en el peor de los casos, para las élites adineradas de las poblaciones occidentales u occidentalizadas.

Los autodenominados neo-conservacionistas llegan a afirmar que la ciencia y la tecnología ya han homogeneizado y domesticado todo el globo terrestre, con lo que la misma idea de independencia de la naturaleza ha perdido todo su potencial crítico. Pero renunciar a la idea de naturaleza no sujeta al control humano supone pensar el mismo planeta como un mero artefacto, un vehículo que, careciendo de un manual de instrucciones, los expertos científicos están consiguiendo entender desde hace décadas. Hoy, la nueva conservación tecnoasistida está haciendo valer sus tesis en la ciencia privatizada del siglo XXI, aunque ya a finales de los sesenta la geo-ingeniería contaba con firmes defensores, quienes no dudaban en emplearla como arma arrojadiza contra la revolución cultural de los sesenta, equiparada científicamente como el romanticismo sensiblero e inútil de la "vuelta a la naturaleza" impulsada por el movimiento hippie. La expresión más hiperbólica de la voluntad de control científico de los geoingenieros queda expuesta en propuestas sistemáticas como la de Richard Fuller, quien en *Manual de Instrucciones para la Nave Tierra* (Fuller, 1969) legitimaba la aspiración a gobernar cibernéticamente el artefacto planetario. En griego clásico, *kibernétiké* era el arte de gobernar una nave.

> Lo que más me interesa de nuestra nave tierra es su condición de vehículo mecánico, como un automóvil. Cuando te compras un auto, no hace falta que te digan que tendrás que llenarlo de combustible, de agua para el radiador y seguir su mantenimiento para tenerlo siempre en condiciones. Y así empiezas a desarrollar cierto sentido termodinámico. Y sabes que si no mantienes en buenas condiciones el auto, se descompondrá. Nosotros no hemos sabido ver nuestra Nave

Tierra como una máquina diseñada de cabo a rabo, que para seguir cumpliendo sus funciones debe ser entendida y asistida en su totalidad. (Fuller 1969: 16)

Cierto es que párrafos como éste podrían ser interpretados como un defensa del arte de cuidar del planeta como si de nuestra propia motocicleta se tratara (Pirsig, 2009). Pero Fuller va mucho más allá. Según él, cuanto más indaguemos científicamente en los mecanismos de la Nave Tierra, mejor entenderemos todos los principios generales que la gobiernan. Una vez entendidos estos principios en su conjunto, nada impedirá que los apliquemos a cualesquiera desafíos ecológicos que el universo en su totalidad pueda plantearnos. Así parecía confirmarlo la aplicación de esos principios generales y objetivos en la reordenación de los recursos físicos de la biosfera que, en opinión de Fuller, ya estaba cosechando importantes victorias. No todos los científicos del último tercio del siglo pasado pensaban el planeta en términos tan explícitamente mecanicistas como los que emplea Fuller, claro. Pero incluso algunos de quienes concebían esa Nave Tierra como un gran organismo, como James Lovelock, co-autor de la conocida hipótesis Gaia, llegaron a proponer que, ante las inminentes situaciones de emergencia que inevitablemente iba ocasionar el cambio climático, era urgente proteger los servicios ambientales del planeta mediante una suspensión autoritaria de las libertades civiles democráticas, (Lovelock, 2010). Mucho antes, Heilbroner (1974) defendía la necesidad de la mano de hierro de una dictadura militar para resolver los problemas ecológicos venideros.

La moderna geoingeniería es quizá el ejemplo más megalómano de los proyectos que Mitcham (1994: 176) adscribía a la nueva "tecnocracia verde". Como Fuller, otros muchos geoingenieros se jactan de estar jugando a ser Dios con el planeta Tierra. Y en eso llegó el movimiento neo-conservacionista para legitimar de una vez por todas la moralidad de ese juego: una vez admitida nuestra hechura en la construcción del artefacto terrestre, no había más remedio que dar un paso al frente y, como dioses responsables, tomar los mandos de la nave[5].

---

[5] Si no nos equivocamos, estas consecuencias totalitarias motivan buena parte de las críticas que Enrique Leff esgrime contra la teoría de sistemas: "La

La aspiración interdisciplinaria y unificadora de la teoría de sistemas puede de hecho alimentar actitudes insensatas, sobre todo cuando olvida la condición de incertidumbre en la que navega todo nuestro conocimiento del mundo y, además, desoye la prudencia a la que esta incertidumbre nos obliga. Ese olvido puede empujar fácilmente a los individuos de la especie humana hacia la *hubris*, la arrogancia que los griegos identificaban con la desmesura o el endiosamiento. Pero la *hubris* es compañera de la *pleonexia*, la codicia o la avaricia, definida por los griegos como el "apetito insaciable de bienes materiales". El primatólogo Franz De Waal (2009) nos llama la atención sobre la rehabilitación neoliberal de la antigua pleonexia en el discurso sobre la codicia que, Gordon Gekko, el ruidoso empresario interpretado por Michael Douglas, pronuncia en la película *Wall Street* (1987): "*Lo importante es que la "codicia" es buena. Es bueno ser codicioso. La codicia funciona. La codicia atraviesa y captura la esencia del espíritu evolutivo*".

Así pues, para los neoliberales de las últimas dos décadas del siglo pasado, la codicia impulsaba el espíritu evolutivo y con ello la propia filogenia de la especie. Ya entonces las élites científicas estaban a un paso de rehabilitar la codicia para la propia causa conservacionista. Pero mucho antes la filosofía del vitalismo ya había intentado blanquear la propia pleonexia. En 1909, partiendo del concepto originario de Platón y sus seguidores, Ortega y Gasset se refiere Ortega no está vindicando aquí el *conatus* de Spinoza. Para él, cada cosa no se limita a perseverar en su ser, sino que, en cuanto cosa viva, aspira a ser todas las demás.

> [...] a la palabra que para ellos definía la vida: pleonexia, es decir, aumento, henchimiento. Vivir es crecer ilimitadamente; cada vida es un ensayo de expansión hasta el infinito. El límite nos es impuesto; es una resistencia que nos opone otra vida que a nuestro lado, e incitada por análoga energía,

---

epistemología ambiental hace su aparición en el escenario del conocimiento cuestionando la aspiración de las teorías de sistemas y del pensamiento holístico a la unidad, a la totalidad y la integración del conocimiento -a través de sus homologías estructurales o de sus interrelaciones ecológico-cibernéticas- así como del carácter técnico y pragmático del proyecto interdisciplinario (Leff, 2006:80)

ensaya su acaparamiento del universo [...] la biología exige
que instituyamos la categoría del henchimiento». Ortega,
1909, vol. II, O.C. (2004), pp. 41-42.

La referencia a la pleonexia como categoría biológica es como
mínimo desconcertante y, dada la época en que escribe Ortega, en
pleno apogeo del darwinismo social en los Estados Unidos, su lectura
individualista de la evolución biológica refuerza una peligrosa confusión
categorial. Independientemente de la solidez de los conocimientos
biológicos de Ortega, la pleonexia como el henchimiento de cada
organismo vivo no deja de recordarnos al inflado pathos de la mosca
de Nietzsche[6]:

[El intelecto humano] no es sino humano, y solamente
su poseedor y creador lo toma tan patéticamente como si
en él girasen los goznes del mundo. Pero, si pudiéramos
comunicarnos con la mosca, llegaríamos a saber que también
ella navega por el aire poseída de ese mismo *pathos,* y se
siente el centro volante de este mundo. Nada hay en la
naturaleza, por despreciable e insignificante que sea, que,

---

[6] Manuel Garrido ha destacado en este texto el homenaje de Nietzsche a
Schopenhauer en el segundo volumen de *El Mundo como Voluntad y
Representación*", y en el que se denuncia la perplejidad del ser que piensa al
encontrarse situado en el universo material descrito por la ciencia: «En el
espacio infinito hay innumerables globos luminosos alrededor de cada uno de
los cuales gira, aproximadamente, una docena de otros globos más pequeños,
que reciben su luz de los primeros, calientes en su interior, revestidos de una
corteza dura y fría, sobre la cual una capa de humedad ha engendrado seres
vivos y conscientes; —esta es la verdad empírica, la realidad, el mundo. Sin
embargo, para un ser que piensa es una posición embarazosa verse colocado
en una de esas innumerables esferas que giran libremente en el espacio sin
límites, sin saber por qué ni para qué, y ser sólo una criatura entre la multitud
innúmera de criaturas semejantes que se oprimen, se agitan y se atormentan
unas a otras; que nacen y mueren rápidamente en un tiempo sin principio
unificador sin principio ni fin : todo ello sin que haya nada permanente, a no
ser la materia y el retorno de las mismas formas orgánicas, distintas unas de
otras, por medio de ciertas vías y canales establecidos de una vez para siempre.
Las condiciones exactas y las reglas de estos procedimientos es todo lo que la
ciencia empírica puede enseñarnos"

al más pequeño soplo de aquel poder del conocimiento, no se infle inmediatamente como un odre; y del mismo modo que cualquier mozo de cuerda quiere tener su admirador, el más soberbio de los hombres, el filósofo, está completamente convencido de que, desde todas partes, los ojos del universo tienen telescópicamente puesta su mirada en sus obras y pensamientos. (Nietzsche 2010, 21)

Las crisis sociológicas y el recuento de especies extintas en el siglo XXI ya deberían habernos desinflado a todos, pero la idea de perfectibilidad infinita de los proyectos humanos nos hechiza una y otra vez. Y tras cada hechizo, la biodiversidad sufre un mordisco. Quizá sea la hora de volver a pensar la cibernética como lo hacía Gregory Bateson, quien la contemplaba como el mayor mordisco a la fruta del árbol del conocimiento de los últimos dos mil años. El primer capítulo gira en torno a la ecología de la mente de Bateson y sus consecuencias para la biología de la conservación, pero ya podemos anticipar que, como sugiere Bateson, la ciencia occidental parece arrebatarnos con una mano lo que había otorgado con la otra, aunque ninguna de las dos manos sabe qué está haciendo la otra. La arrogancia científica puede brotar de esa bipolaridad:

En primer lugar, ahí está la humildad, y la propongo, no como un principio moral, desagradable para gran cantidad de personas, sino simplemente como un elemento de filosofía científica. Durante el período de la Revolución Industrial, el desastre más serio fue quizás el incremento enorme de la arrogancia científica. Habíamos descubierto cómo hacer trenes y otras máquinas. Sabíamos cómo poner un cajón encima de otro para llegar a la manzana, y el hombre occidental se vio a sí mismo como un autócrata con poder absoluto sobre un universo que estaba hecho de física y de química. Y los fenómenos biológicos tendrían, finalmente, que ser controlados como procesos en un tubo de ensayo. La evolución era la historia de cómo los organismos aprendieron más trucos para dominar el ambiente; y el hombre era la criatura que poseía mejores trucos que cualquier otra. Pero esa arrogante filosofía científica está ahora obsoleta, y en su lugar alborea el descubrimiento de que el hombre es sólo una parte de sistemas más amplios, y que la parte nunca puede controlar el todo. Goebbels creyó que podía controlar la opinión pública en Alemania por medio de un vasto sistema de comunicaciones, y nuestros expertos en relaciones públicas tal vez estén expuestos a delirios semejantes. Pero, de hecho, el aspirante a controlador tendría que tener siempre sus espías en la calle para que le dijeran qué es lo que la gente dice acerca de su propaganda. Se encuentra, pues, en una posición en la que tiene que *responder* a lo que están diciendo. Por consiguiente, no podemos tener un simple control lineal. No vivimos en un universo que permita un simple control lineal. La vida no es así. (Bateson 1972, 299)

Lo cierto es que la geoingeniería de Richard Fuller cae en esa visión lineal del control biotecnológico. Pero sería injusto olvidar a los ecólogos que aceptan su tarea con la misma humildad que Bateson mostraba. La mayoría de los expertos en ecología de suelos, por ejemplo, reconoce con entereza que la ecología aún ignora la mayoría de las funciones y relaciones ecosistémicas de los microorganismos de la fauna edáfica. Los ecólogos de la vieja tradición de la biología de la conservación, pese a admitir los errores del enfoque centrado en las especies amenazadas, siguen considerando quimérica y peligrosa la idea de una restauración o una geoingeniería global del planeta como la descrita por Fuller. Pero la idea cartesiana de un mundo-máquina manejable o controlable *ad libitum* pervive en las mentes de los nuevos conservacionistas de la era *pos-salvaje*. La nueva conservación renuncia enteramente a la antigua idea de *límites ecológicos* del crecimiento. Niegan con vehemencia las restricciones impuestas por una naturaleza que escape al control de la tecnología humana. Y los niegan porque han abandonado el mito de una naturaleza independiente del conocimiento y la voluntad humana. Pero en el epicentro del movimiento neoconservacionista encontramos el viejo ideario liberal, convenientemente reverdecido y cada vez más cerca del movimiento posthumanista y la apuesta por singularidad tecnológica de Raymond Kurzweil. La crítica de esta especie de *religión de la tecnología* es uno de los ejes transversales que recorren nuestro trabajo.

El reverdecer del mercado, o nada más verde que el dólar

Empujados también por la ola de neoliberalismo de las últimas décadas, los movimientos ecologistas se han visto obligados a proponer programas orientados a la obtención de resultados medibles. Solo con estos resultados llegan las subvenciones institucionales. El seguimiento del rastro, la cuantificación y la reducción de la huella del carbono en los procesos de producción, distribución y consumo de mercancías es el programa estelar de un movimiento que ahora pretende despolitizarse y admitir de entrada la democracia de mercado como panacea universal. Los mercados invaden así hasta los movimientos más radicales de los años sesenta y setenta, alcanzando ámbitos de la vida social jamás soñados por los neoconservadores de Thatcher y Reagan en los años ochenta (Sandel 2012). La bioeconomía o economía ecológica de Georgescu-Roegen ha sido abandonada en favor de la llamada economía ambiental, en la que los límites de la ecología los fija el mercado, y no al revés. Pero tras esa conversión hay una fe mucho más profunda que barre de derecha a izquierda las sociedades occidentales desde finales del siglo anterior: la fe en la infalibilidad del mercado como mecanismo cibernético auto-regulado o servo- asistido. En los capítulos cuarto y quinto de este libro ahondaremos en esta concepción ambiental de la economía de mercado. Pero digámoslo de una vez: se trata del mercado "de ayer, de hoy y de siempre", como profirió emocionada una actriz de reparto en la película *Volver,* del director manchego Pedro Almodóvar.

¿Pero cómo volver cuando nunca te has ido? Y es que los neo-conservacionistas siguen siendo ante todo viejos neoliberales, como demuestra la adopción entusiasta y acrítica del término *Antropoceno.*

1

La soñada era de la domesticación global de la naturaleza que, lejos de provocar rebeldía o resignación, nos animan a aprender a disfrutar. No tiene sentido llorar por un mundo salvaje que, en realidad, jamás existió. Los partidarios de la Nueva Conservación (Kareiva et al. 1998) piensan incluso que la gobernanza de la biosfera acabará siendo superflua. Todo lo que hay que hacer es convertir la biodiversidad en Capital Natural. Y el Capital, como todo el mundo debería saber, sabe cuidarse solo. Lo garantiza la mano invisible, ahora cibernética y servoasistida. Al menos eso dicen (Kareiva et al, 2011).[7]

El biólogo de la conservación E.O. Wilson no duda en llamarlos antropocenistas, dada su radical oposición a la protección de la biodiversidad de una naturaleza intacta y ajena al control humano (Wilson 2016). Esa naturaleza ni existe ni debe existir. Una vez reconocida la huella de la serpiente humana en todas partes (según el pegadizo lema de William James), los neoconservacionistas aceptan de buena gana todas las consecuencias de una visión antropocénica del mundo. La mera idea de pensar una naturaleza salvaje puede ser inmoral, como una afrenta a las capacidades, las libertades y las necesidades humanas. La única naturaleza que siempre ha existido y que de hecho debe existir es la que acompaña a los trabajos y los días de los seres humanos. Los humanos contemporáneos han completado la tarea de colonizar, controlar y domesticar la totalidad de la biosfera, una tarea iniciada en la revolución neolítica y mejorada generación tras generación. En el capítulo segundo criticaremos esta concepción épica y trasnochada de la domesticación como resultado exclusivo de la agencia y la voluntad humana de control. La concepción co-adaptacionista y co-evolutiva de la domesticación es un buen punto de partida para iniciar la crítica del mito de la razón neolítica, según el cual la historia humana no es sino el esfuerzo por liberarnos de las ataduras biológicas, poniéndolas al servicio de la libertad de la especie humana.

En la práctica, claro, la única libertad que de hecho admiten los antropocenistas es la libertad económica, de empresa o mercado. Pero,

---

[7]   Entre los nuevos verdes Paul Kingsnorth incluye, además de Peter Kareiva, a Stewart Brand; Mark Lynas, Bjorn Lomborg,, Emma Marris, Ted Nordhaus, Michael Shellenberger.Richard D. North, Wilfrid BeckermanBrian Clegg, y (Kingsnorth 2014: 5)

como bien vieron Fromm y Dewey, esa reducción puede suponer hasta la pérdida de su apreciada libertad de empresa. El siglo XIX es el periodo histórico que entronizó la visión liberal de la libertad humana, hoy expresada explícitamente en nuestras democracias de consumo. No es en absoluto casual que Ernst Lubbock acuñara el término *neolítico* en 1865, en pleno siglo XIX, el siglo del progreso, entendido como la sucesión triunfal de las generaciones que van pasándose ordenadamente el relevo, con la práctica obligación de ser cada vez más capaces, cada vez más ricas... y cada vez más rápido. La aceleración exponencial es inherente a la explotación de la naturaleza en el Antropoceno y más aún en el Capitaloceno, a partir del uso de combustibles fósiles. El Capitaloceno se nutre del pasado para mirar exclusivamente al futuro como una fenomenal inversión, eso sí, una inversión cuyo fabuloso costo pagamos todos, mientras que los beneficios quedan en manos de unos pocos. La velocidad de ensanchamiento de la brecha mundial de la desigualdad es directamente proporcional al constante incremento de esos costos ambientales comunes, también conocidos como externalidades negativas. Los capítulos cuarto y quinto del libro abordan estas relaciones de proporcionalidad con cierto detalle.

Por ahora, es posible intuir que la aceleración del proceso de calentamiento global, por ejemplo, puede entenderse en los términos puramente descriptivos, geológicos, bioquímicos y termodinámicos de los que tanto se jactan los neoconservacionistas. Al consumir masivamente hidrocarburos, las poblaciones actuales de seres humanos aún estamos haciendo uso de una vieja luz solar convertida en biomasa y atrapada en cuerpos de animales y plantas del periodo Carbonífero, cuya materia orgánica, comprimida en un medio sin oxígeno, jamás acabó de descomponerse del todo. Lo que comenzó la revolución industrial fue el proceso de combustión sistemática de esos depósitos de carbono. En términos de tiempo geológico, viene siendo como librar de golpe a la atmósfera el calor lentamente acumulado por la naturaleza durante cientos de millones de años. Es esa súbita combustión la que aún impulsa nuestro crecimiento industrial y económico. Este hecho, convenientemente relegado al olvido por el nuevo conservacionismo, resume perfectamente su desprecio por la noción ya clásica de los límites ecológicos del crecimiento.

De hecho, y como veremos en el capítulo cuarto, los neoconservacionistas creen firmemente en los mecanismos de la economía ambiental para internalizar las llamadas externalidades negativas, cuya prolongada inflación hizo inevitable pensar imponer límites ecológicos al crecimiento económico. De hecho, esa fe se transforma en la práctica en la obsesión por poner precio a todo: a las especies amenazadas, a los no amenazadas, a los servicios ambientales actuales y futuros y a la propia biodiversidad en su conjunto. Esa estrategia condiciona decisivamente las políticas ambientales del neoconservacionismo en torno a la protección de especies amenazadas. Contra lo que uno podría pensar, esas políticas no fueron inspiradas ecológicamente por la necesidad de priorizar la conservación de los hábitats sobre las especies, como prácticamente hacen todos los biólogos de la conservación desde hace décadas (Soulé, 1992). Se trata más bien de enfatizar que, cuando todo tiene un precio, incluyendo las especies amenazadas, el cálculo utilitarista puede fácilmente determinar cuáles son las especies que merece la pena conservar: aquellas que proporcionan la mayor utilidad al mayor número de individuos de la especie humana. Así se explica el sorprendente hecho de que los actuales zoológicos y los programas de cría en cautividad conserven ante todo mamíferos emblemáticos y no especies al borde de la extinción. La "derrama económica" proporcionada por los más de 600 millones de visitas anuales a los zoológicos lo justifica, según los neoconservacionistas, tal y como podremos ver en el capítulo tercero. Más adelante, en el capítulo séptimo, intentaremos demostrar que hay alternativas viables para los programas que priorizan el bienestar animal sin desatender los objeticos ecológicos y educativos de la biología de la conservación *ex situ*. Poco tienen que ver esas alternativas con las provocativas proclamas de la nueva conservación. Según aconseja el científico neoconservacionista Erle Ellis:

> Abandonemos el intento de salvar al planeta. La naturaleza
> se agotó. Hoy vivimos en un planeta usado. Si te atormenta,

supéralo. Hoy vivimos en el Antropoceno, una era geológica en la que la atmósfera, la litosfera y la biosfera está siendo conformadas principalmente por las fuerzas humanas (Ellis, E. 2009. Stop trying to save the planet. *Wired*, May 6)

En el Antropoceno neoliberal, la biodiversidad y las especies amenazadas tienen que ganarse la vida como cualquier hijo de vecino, demostrando ser útiles a su público, esto es, a sus clientes.

Algunos neoconservacionistas se afanan en encontrar evidencia contraria a la extinción antropogénica, en la medida en que la extinción de las especies locales podrá ser compensada por las especies invasoras que circulan libremente por el globo, como los capitales y las mercancías. El futuro de la biodiversidad está en manos de estas especies y en su hibridación con las especies autóctonas que resistan el terremoto antropogénico, aunque el proceso sea al menos tan lento como la propia evolución biológica (Thomas 2013: 7).

Pero lo peor del nuevo conservacionismo reside en otra parte, como ya demostró Heidegger en *La Pregunta por la Técnica*. La primacía de su modo de desocultar tecnológicamente la naturaleza como reserva de recursos para el ser humano amenaza con extinguir cualesquiera otros modos de desocultamiento de la otredad ecológica distintos a la racionalidad tecnológica y administrativa. El neoconservacionismo está diciéndole a las democracias de mercado lo que sus élites quieren de hecho escuchar. David Kidner ha calificado el mensaje antropocénico como el asesinato conceptual de la condición salvaje. Otros han hablado de la extinción de la experiencia inmediata con la otredad biológica, con aquello que escapa al control humano, como veremos en el epílogo que cierra el libro. En todo caso, la naturaleza salvaje no es un constructo social, una ficción consoladora o un conjunto de metáforas preñadas de nostalgia. Lo salvaje anida en nosotros, en todo aquello que recibimos como una dádiva, en lo que escapa a nuestro control, a nuestro orden y a nuestra medida. La civilización siempre ha aspirado al control, pero resulta insensato declarar la guerra a aquello que también nos constituye y cuya mera presencia invita a honrar nuestros límites, a asombrarnos por la afluencia con que la vida siempre se abre paso y a reverenciar la diferencia biológica como condición ontológica de nuestra propia existencia como organismos que además de conocer, sienten porque habitan.

De ahí que la desaparición de la biodiversidad en la sexta extinción significa para muchos de nosotros mucho más que la inquietante posibilidad de que colapsen funcionalmente algunos de los servicios ambientales a los que, como a todo lo demás, la economía de mercado ya puede poner precio. Además de posibles pérdidas económicas, las cifras de la sexta extinción son también índices de la salud física y mental de las poblaciones humanas (Shepard 1996: 220). Necesitamos una biosfera diversa para el funcionamiento equilibrado de nuestra mente, que es mucho más que un sistema de cálculo para hacer caja al final del día. Como el resto de su fisiología, el origen de la mente humana es irrenunciablemente ecológico y evolutivo. La mente del Sapiens pertenece al reino animal, al filum de los vertebrados, a la clase de los mamíferos, al orden de los primates y al género Homo. Cada rama del árbol evolutivo ha dejado su rastro en las estructuras y funciones de nuestro cerebro. La mente humana necesita de la biodiversidad animal simplemente porque ha co-evolucionado con ella al menos el 95% de su historia biológica. Este pasado filogenético y co-evolutivo está presente en nuestro genoma. Nuestro desarrollo ontogenético como individuos de la especie depende del despliegue de nuestro genoma según un orden de maduración cuyas fases son activadas epigenéticamente por el contacto del organismo humano con el reino de la vida. El despliegue ontogenético de las disposiciones, las emociones y las identidades de la mente humana también requiere de la interacción con una gran diversidad de especies biológicas, sobre todo con las especies del reino animal, capaces de locomoción. La exclusión de un contacto biológico exigido por el largo pasado paleolítico en el que obtuvimos nuestro genoma, y su reemplazo por condiciones epigenéticas exclusivamente civilizadas y tecnológicas, no augura nada bueno para la maduración ontogenética de los individuos. Contamos ya con numerosos estudios que señalan graves trastornos del desarrollo físico y mental humano, ocasionados inequívocamente por lo que los psicólogos ambientales han denominado *déficit de naturaleza* (Louv 2008). Parafraseando a

Levi-Strauss, la diversidad biológica es buena para comer, pero también para pensar. Por eso la biofilia tiene raíces bioculturales, epigenéticas y cognitivas. Las hipótesis de la biofilia rebasan los límites del presente libro, pero llevan bastante tiempo hirviendo ente los equilibrios de la ecología de nuestra mente, aguardando pacientemente a que, si nos da la vida, les llegue su momento.

Nota de mayo de 2019: Los datos sobre la sexta extinción expuestos en esta introducción pertenecen a fuentes del período 2014-2017. El 6 de mayo de 2019, la Asociación ipbes. Science and Policy for People and Nature, comisionada por la ONU, UNESCO, FAO, CBD, hizo pública una extensa nota de prensa con un resumen anticipando la publicación oficial sobre el incremento de las tasas de aceleración de la extinción y otros datos en torno al cambio climático y otros muchos problemas socioecológicos actualizados a fecha de 2019. Las tablas que aparecen en el ANEXO han sido elaboradas por el estudiante del doctorado en estudios interdisciplinarios sobre pensamiento, cultura y sociedad (DEIPCS-UAQ). Mtro. Armando Martell a partir de esta fuente: Media Release: Nature,,s Dangerous Decline _Unprecedented,,; Species Extinction Rates _Accelerating,, Intergovernmental Science-Policy Platform on Biodiversity and Ecosystem Services (IPBES) Media Release · Summary for Policymakers, photos, _B-roll,,, other media resources: bit.ly/IPBESReport · Media launch webcast live from #IPBES7 (Paris, France Disponible en https://www.ipbes.net/news/Media-Release-Global-Assessment. Último acceso 15/05/2019)

Anexo a la Introducción. Tablas con datos actualizados de la antropogénesis de la sexta extinción

Fuente: Elaboración de Armando Martell a partir del resumen en cifras de IPBES 2019

Tabla 1.

Por los números - Estadísticas clave y hechos del informe General	
Ambiente terrestre severamente alterado por las acciones humanas	75%
Ambiente marino severamente alterado por las acciones humanas	66%
Reducción en los indicadores globales de la extensión y condición de los ecosistemas en comparación con sus líneas base naturales estimadas	47%
Rango de disminución	4%
Área global de tierra mantenida y / o gestionada por pueblos indígenas	
28% Incluyendo áreas formalmente protegidas	>40%
Incluyendo todas las áreas terrestres restantes con muy baja intervención humana	37%
+/- 60 billones de Recursos renovables y no renovables extraídos a nivel mundial cada año toneladas, casi 100% desde 1980	
Incremento del consumo global per cápita de materiales desde 1980	15%
Porcentaje de humedales que se ha perdido presentes de 1700 al 2000, (tres veces más rápido, en términos porcentuales que la pérdida de bosques)	85%

Tabla 2.

Bosques	
Aumento en la producción de madera en bruto desde 1970 (4 billones de metros cúbicos en 2017)	45%
Empleos en la industria forestal	+/- 13 millones
Expansión agrícola que se produjo a expensas de los bosques	50%
Disminución en la tasa neta de pérdida de bosques desde la década de 1990 (excluyendo aquellos manejados para madera o extracción agrícola)	50%
Área forestal mundial actual en comparación con el nivel preindustrial estimado	68%
Reducción de bosques intactos (> 500 kilómetros cuadrados sin presión humana) del 2000 al 2013 en países desarrollados y en desarrollo	7%
Pérdida de cobertura de bosque nativo de 1990-2015 debido a la tala y cosecha de madera	290 millones de hectáreas (+/- 6%)
Aumento en el área de bosques plantados de 1990-2015.	110 millones de hectáreas
Suministros mundiales de madera proporcionados por la silvicultura ilegal (hasta un 50% en algunas áreas)	10-15%
Personas que dependen del combustible de madera para satisfacer sus necesidades de energía primaria	>2 billones

Tabla 3.

Especies, poblaciones y variedades de plantas y animales	
Número total estimado de especies animales y vegetales en la Tierra (incluidos 5.5 millones de especies de insectos)	8 millones
Grado en que la tasa actual de extinción global de especies es mayor en comparación con el promedio de los últimos 10 millones de años, (la tasa se está acelerando)	De decenas a cientos de veces
Especies amenazadas de extinción	más de 1 millón
5,9 millones de especies terrestres del mundo con hábitat insuficiente para la supervivencia a largo plazo sin restauración del hábitat	>500,000 (+/-9%)
Especies de anfibios en peligro de extinción	>40%
Arrecifes de coral, tiburones y parientes de tiburones amenazados	33%
Mamíferos marinos amenazados	>33%
Proporción promedio de especies en peligro de extinción en vertebrados terrestres, de agua dulce y marina (invertebrados y grupos de plantas que se han estudiado con suficiente detalle)	25%
Especies de vertebrados llevados a la extinción por acciones humanas desde el siglo XVI	680
Estimación provisional de la proporción de especies de insectos en peligro de extinción	+/-10%
Disminución de la abundancia promedio de especies nativas en la mayoría de los principales biomas terrestres (principalmente desde 1900)	>20%
Razas domesticadas de mamíferos que se extinguieron en 2016 (con al menos 1.000 más amenazadas)	+/-560 (+/-10%)
Razas domesticas de aves extintas en 2016	3.5%:
Aumento desde 1970 en el número de especies exóticas invasoras en 21 países con registros detallados	70%:
Reducción en la integridad del hábitat terrestre global causada por la pérdida y el deterioro del hábitat	30%
Proporción de mamíferos no voladores terrestres amenazados	47%
Proporción de aves amenazadas cuyas distribuciones pueden haber sido afectadas negativamente por el cambio climático	23%
Proporción de especies de ungulados (mamíferos con pezuñas) que probablemente se extinguirían o sobrevivirían solo en cautiverio sin medidas de conservación	>6

Tabla 4.

Comida y Agricultura	
Incremento en la producción de cultivos alimentarios desde 1970	300%
Áreas terrestres que han presentado una reducción en la productividad debido a la degradación de la tierra	23%
Tipos de cultivos alimentarios globales que dependen de la polinización animal	>75%
Valor anual de la producción mundial de cultivos en riesgo debido a la pérdida de un polinizador	De 235 a 577 billones de dolares (US)
Emisiones anuales de CO_2 secuestradas en zonas marinas y ecosistemas terrestres (equivalente al 60% de la emisión global de combustibles fósiles)	5,6 gigatones
Población mundial desnutrida	+/-11%
Hectáreas de expansión agrícola en los trópicos desde 1980 hasta el 2000, principalmente ganadería en América Latina (+/- 42 millones de ha), y plantaciones en Asia sudoriental (+/- 7,5 millones de hectáreas, de las cuales el 80% es aceite de palma) la mitad a expensas de bosques intactos	100 millones
Aumento de la transformación de la tierra hacia la agricultura entre 1992 y 2015 (principalmente en bosques)	3%
Superficie terrestre del mundo (y +/- 75% de los recursos de agua dulce) dedicados a cultivos o la producción ganadera	> 33%
Territorio libre de hielo utilizado para la producción de cultivos.	12%
Territorio libre de hielo utilizado para el pastoreo (+/- 70% de tierras secas)	25%
Emisiones de gases de efecto invernadero causadas por la limpieza de tierras, la producción de cultivos y fertilización (alimentos de origen animal que aportan el 75% a esta cifra)	+/-25%
La producción mundial de cultivos y el suministro mundial de alimentos proporcionado por explotaciones a tierras pequeñas (<2 ha), que utilizan +/- 25% de las tierras agrícolas (se mantienen generalmente ricas en agro biodiversidad)	+/-30%
Nivel estimado de apoyo financiero en los países de la OCDE (2015) para la agricultura potencialmente dañina para el medio ambiente.	100 billones de dólares (US)

Tabla 5.

Océanos y pesca	
Poblaciones de peces marinos en 2015 que se extraen a niveles insostenibles; 60% son pesca máxima sostenible; 7% están mal alimentados	33%:
Área oceánica cubierta por la pesca industrial	> 55%
Disminución proyectada de la producción primaria neta oceánica debido al cambio climático (solo a finales de siglo)	3-10%
Disminución proyectada de la biomasa de peces para finales de siglo en escenarios de bajo y alto calentamiento climático respectivamente	3-25%
Proporción global de los pescadores comerciales representados por la pesca a pequeña escala (más de 30 millones de personas): representa casi el 50% de la captura mundial de peces	>90%
Participación estimada en 2011 sobre la captura de peces declarada mundialmente ilegal (no reportada o no regulada)	Más del 33%
Disminución por década en la extensión de praderas de pastos marinos desde 1970 al 2000	>10%
Cobertura de coral vivo de arrecifes perdidos desde la década de 1870	+/- 50%

Tabla 6.

Minería y energía	
Tierra total utilizada para la minería (la industria tiene impactos negativos significativos en biodiversidad, emisiones, calidad del agua y salud humana)	<1%
Sitios mineros a gran escala (en 171 países) en su mayoría administrados por 616 corporaciones internacionales	+/- 17,000
Instalaciones de minería marítima de petróleo y gas en alta mar (en 53 países)	+/- 6,500
Subsidios globales para combustibles fósiles que dan como resultado un total de 5 trillones de dólares (US) en costos, incluidas las externalidades por deterioro de la naturaleza; El carbón representa el 52% de los Subsidios post-impuestos, petróleo para +/- 33% y gas natural para +/- 10%.	345 billones de dólares (US)

Tabla 7.

Urbanización, desarrollo y aspectos socioeconómicos	
Crecimiento de áreas urbanas desde 1992	> 100%
Longitud de las nuevas carreteras pavimentadas previstas para el 2050 (con el 90% de la construcción en los países menos desarrollados y en desarrollo)	25 millones de km
Número de represas grandes (> 15m de altura); +/- 17 millones de embalses (> 0.01 ha)	+/- 50,000
Aumento de la población humana global (de 3.7 a 7.6 mil millones) desde 1970 (desigual en todos los países y regiones)	105%
PIB per cápita en los países desarrollados frente a los menos desarrollados	50 veces más alto
Conflictos sobre combustibles fósiles, agua, alimentos y tierras que ocurren actualmente en todo el mundo	>2,500
Activistas ambientales y periodistas asesinados entre el 2002 y 2013	>1,000

Tabla 8.

Salud	
Proporción de medicamentos contra el cáncer que son productos naturales o sintéticos inspirados en la naturaleza	70%
Personas que dependen principalmente de las medicinas naturales	+/- 4 billones
Enfermedades infecciosas propagadas por vectores animales que causan más de 700,000 muertes anuales	17%
Personas que enfrentan inseguridad alimentaria en Asia y África	+/- 821 millones
Población mundial que no tiene acceso a agua potable limpia y segura	40%
Aguas residuales globales descargadas sin tratamiento al medio ambiente	> 80%
Metales pesados, solventes, lodos tóxicos y otros desechos de instalaciones industriales vertidas anualmente en las aguas del mundo	300-400 millones de toneladas
Aumento de la contaminación plástica desde 1980.	10 veces

Tabla 9.

Cambio climático	
Diferencia de temperatura global promedio en el 2017 en comparación con niveles preindustriales, aumentando +/- 0.2 (+/- 0.1) grados Celsius por década	1 grado centígrado
Promedio anual del aumento global del nivel del mar en las últimas dos décadas	> 3 mm
Aumento en el nivel promedio global del mar desde 1900	16-21 cm
Incremento desde 1980 en las emisiones de gases de efecto invernadero que aumenta mundialmente en al menos 0.7 grados	del 100%
Aumento de la huella de carbono debido al turismo (a 4,5 Gt de dióxido de carbono) del 2009 al 2013	40%
Total de las emisiones de gases de efecto invernadero que provienen del transporte y el consumo de alimentos relacionado con el turismo	8%
Fracción estimada de especies en riesgo de extinción por calentamiento a 2 ° C, aumentando al 16% a 4.3 ° C de calentamiento (incluso para el calentamiento global de 1.5 a 2 grados, la mayoria de los rangos de especies terrestres proyectarán una profunda disminución)	5%

PRIMERO

De vuelta al Génesis

La falta de sabiduría sistémica siempre es castigada. Podemos decir que los sistemas biológicos —el individuo, la cultura y la ecología— son en parte sostenedores vivientes de sus células u organismos. Pero los sistemas, a pesar de ello, castigan a cualquier especie que es tan imprudente como para entrar en disputa con su ecología. Puede usted llamar, si así lo desea, "Dios" a las fuerzas sistémicas

Gregory Bateson

Pasos hacia la ecología de la mente: Gregory Bateson

La introducción del libro *Pasos hacia una ecología de la mente* (1972) concluye con una formulación de la intención que animó a su autor a escribirlo. "El propósito de este libro", confiesa Gregory Bateson, "es levantar un puente entre los hechos de la vida y de la conducta y lo que hoy sabemos sobre la naturaleza de los patrones y del orden" (Bateson 1972: 15). El camino que le lleva a esta formulación de sus fines en las escasas páginas de la introducción es tan tortuoso como el de cada uno de sus capítulos y el del libro en su conjunto. *Pasos hacia una ecología de la mente* (1972) es un libro poco amable con el lector. Uno se siente tentado a decir que su estructura es incluso algo desaseada. Más adelante comprobaremos que no es así y que, como ocurre con la *Galaxia Gutenberg* de Marshall McLuhan, la paciencia que nos exige da sus frutos. A simple vista, ojeando su índice, la tesis del libro de Bateson parece semejarse a las formulaciones históricas de Alexander Koyré o de Thomas Kuhn. Según el autor, los orígenes del conocimiento no pueden residir en inferencias puramente inductivas, sino que tienen que ver con una serie de elecciones previas que condicionan decisivamente la selección de datos. Bateson estaba convencido de que las ciencias de la conducta se habían equivocado al elegir las metáforas de la materia y la energía para levantar su puente entre datos sobre la conducta humana y lo que sabemos sobre el orden y los patrones generales de los sistemas complejos y adaptativos:

> [...] han tratado de construir el puente hacia *la mitad que no corresponde* de la antigua dicotomía entre forma y sustancia. Las leyes de la conservación de la energía y la materia se refieren a la substancia más que a la forma. Pero los procesos mentales, las ideas, la comunicación, la organización, la diferenciación, el patrón, etcétera, son asuntos de forma y no de sustancia (Bateson 1972: 15)

Y para mostrarlo, Bateson practica una investigación ampliamente interdisciplinar que él remonta hasta las primeras formulaciones sistemáticas del conocimiento, en una época ya lejana en la que la ciencia, la filosofía y la religión no eran disciplinas separadas en manos de reconocidos expertos. La distinción entre forma y substancia procede de esa época, y no pudo proceder de datos empíricos, pues ningún ser humano ha podido percibir jamás un universo informe y vacío (Bateson 1972: 15). El texto al que recurre Bateson para ilustrar su tesis no es otro que el relato hebreo de la creación en el Génesis (gen 1,2 1-4a), una de las tres fuentes de la actual concepción científica del cosmos, junto al pensamiento cristiano y el pensamiento griego. Resulta pavoroso, admite, llegar a comprobar cómo muchos de los supuestos básicos y de los problemas de la ciencia están prefigurados en un antiguo documento de origen caldeo. La enumeración de estas premisas deja claro en qué tipo de problemas y en qué género de diferencias estaba pensando Bateson.

1) El problema del origen y la naturaleza de la *materia* se descarta de una manera sumaria.

2) El pasaje trata con detalle el problema del origen del *orden*.

3) De tal manera se genera una separación de los dos tipos de problemas. Es posible que esta separación de problemas haya sido un error, pero —error o no— esta separación se mantiene dentro de los elementos fundamentales de la ciencia moderna. Las leyes de la conservación de la materia y la energía siguen aún separadas de las leyes del orden, energía, entropía e información.

4) El orden se concibe como un asunto de seleccionar y dividir. Pero la noción esencial en toda selección es que alguna diferencia ocasionará alguna otra diferencia en un momento ulterior [...] Para tal operación, necesitamos algo como un tamiz, un umbral o, *par excellence,* un órgano sensorial. Es comprensible pues, que se haya invocado una Entidad percipiente para llevar a cabo la función de crear un orden que de otra manera resultaría improbable.

5) Estrechamente vinculado con la selección y la división está el misterio de la clasificación, que será seguido luego por la extraordinaria realización humana de *nominar.* (1972, 14)

Según Bateson, la primera elección de quienes redactaron y compilaron los diez primeros versículos del texto bíblico es desdeñar el problema del origen de la materia y la energía con la supuesta creación *ex nihilo* de un caos informe, opaco y abismal, sobre cuya faz se cierne el aliento de Yahvé. Recordemos que, según la exégesis cristiana, el aliento de Yahvé no es otra cosa que su Palabra, dadora de vida, pero formulada en modo imperativo en el *fiat* del tercer versículo "¡Hágase la luz!". En este imperativo se condensa la elección cultural por el problema del *orden*, que inició con la regulación de la rotación del planeta, del ciclo de días y noches. Por lo que Bateson nos dice después, esta primera división ya prefigura la posterior separación termodinámica entre las leyes de la conservación de la materia y la energía frente a las leyes el orden, la entropía y la información. Bateson piensa que, donde quiera que encontremos estas últimas, estaremos en presencia de procesos *mentales*, pero no necesariamente de procesos *conscientes*. Como Lakoff y Johnson (1980, 1999), Bateson concede gran importancia al inconsciente cognitivo, pero no en el sentido freudiano del contenido reprimido por un superyó culturalmente proscriptor, sino en un sentido más cibernético y constitutivo que atañe a la propia selección de informaciones que obra la conciencia, como veremos después. De esta tesis nace directamente la cuarta premisa, que introduce en el relato del Génesis la célebre caracterización batesiana que hace de la *información* un fundamento del orden. El orden se obtiene mediante selección y división binaria, esto es, mediante la selección de una *diferencia que ocasionará una diferencia*. La información es precisamente aquella diferencia que ocasiona una diferencia, una señal que ocasionará un cadena, más larga o más corta, de subdivisiones. La selección de una diferencia en el tamaño relativo de los elementos de un conjunto, por ejemplo, originará una diferencia en la agrupación en dos subconjuntos, grandes o pequeños. Resulta lógico, continúa el autor, que el texto del Génesis haga de Dios un organismo vivo y capaz de percibir diferencias, concebidas en tanto que umbrales sistémicos para la clasificación. Finalmente, la última premisa enumerada por Bateson introduce el *nombrar*, tras el seleccionar, dividir y clasificar. Esta "extraordinaria realización humana", nombrar o nominar, nos lleva a pensar el cosmos de la información como lo hacía Bateson, según la estructura de la teoría de los tipos lógicos de Bertrand Russell: lenguajes y metalenguajes. Como Russell, Bateson pensaba que muchas de nuestras paradojas y nuestros dilemas proceden de ignorar esta distinción.

Elemental, querido Bateson: son dos relatos.

Los diez versículos en los que Bateson basa su interpretación del orden y de la información del primer libro del Pentateuco pertenecen al llamado primer relato sobre la creación del mundo del Génesis (al conocido capítulo primero de Génesis, *Gen*.1) elaborado ya en la tradición elohísta, cronológicamente posterior a la tradición yahvista, responsable del segundo relato de la creación. Bateson menciona esta distinción de fuentes más tarde, pero no se ocupa de la ordenación cronológicamente inversa de los textos del Génesis. La interpretación cristiana suele atribuirla a la primacía de la razón teológica (tradición elohísta) sobre la razón moral (tradición yahvista). Con todo, un elemento de la quinta premisa pertenece exclusivamente al segundo relato. El nominar como aptitud excepcionalmente humana, tal como describe Bateson, no es una capacidad que se relate en el texto elohísta. Esta radical diferencia entre la comunicación humana y la de otras especies nos obliga a releer con cuidado las propias diferencias en el tratamiento de la información y del orden presentes en ambos textos. En el texto elohísta, la nominación viene efectivamente ligada a la selección, la división y la clasificación, pero es potestad exclusiva de Yahvé, que selecciona, divide y después, una vez percibido el umbral de la diferencia, la sacraliza poniendo nombre a los resultados de su selección. El primer día de la creación, el aliento de Yahvé se cierne sobre una oscura materia en estado líquido y, con un imperativo, hágase la luz, introduce la energía termodinámica *per fiat*, señala la diferencia entre la luz y la oscuridad, y denomina "día" a la primera y "noche" a la segunda. Es importante subrayar que, pese a su omnipotencia, Yahvé renunció a la creación simultánea de todo el cosmos por una buena razón: para hacer del orden un producto de su logos secuencial, de su Palabra. Al igual que la palabra hablada ordena los sonidos de la voz humana, la Palabra de Yahvé ordenaba secuencialmente los días y las noches, pero según los preceptos litúrgicos de la semana hebrea. Cuando tras el sexto día, Yahvé contempló su obra concluida y nominada tierra, cielo, plantas y animales, y por fin, la especie humana, consagró el séptimo día a su entera creación, y descansó. Esta división entre descanso y trabajo sólo es posible para un dios sedentario del Neolítico. Las fuerzas naturales de las sociedades nómadas de cazadores y recolectores anteriores al deshielo del Holoceno eran aplastantes, pero no exigían una semana laboral con un día de descanso sabático y obligatorio. La caza y la recolección obedecían a los ciclos de reproducción biológica y a la migración cinegética, cuyos ritmos, pese a ser estacionales, no permitían la suspensión semanal de las actividades. La semana laboral solo será posible con la administración del tiempo en las sociedades agrícolas, ganaderas y sedentarias. Toda la ordenación secuencial de los días de la creación en el Génesis representaba la sacralización de esta nueva administración del tiempo humano en las sociedades neolíticas. Era la señal sagrada de la salida de un pueblo, y con él de toda la humanidad, de lo que la filosofía occidental łlamará después el *estado de la naturaleza*.

El día siguiente, Yahvé creó la bóveda del cielo para introducir la diferencia entre *dentro* y *fuera*, la separación entre las aguas contenidas en la bóveda y las aguas que quedaban excluidas fuera de este receptáculo terrestre. La metáfora del contenido y del continente (Lakoff & Johnson 1980) será la clave conceptual del primer relato de la creación. En el tercer día, Yahvé hizo surgir los continentes después de seleccionar y reunir todas las aguas del receptáculo en uno solo sitio. Presumiblemente, pues el texto elohísta no lo recoge, Yahvé tuvo que diferenciar entre aguas dulces y aguas saladas, pues ese mismo día, tras separar aguas y tierras, Yahvé introdujo también *per fiat* la energía de la vida, la vitalidad, sobre la materia inerte de los suelos, y en forma de plantas, según su especie, lo que presupone también el proceso cognitivo señalado por Bateson: la selección, división, clasificación y nominación de las plantas según sus diferencias específicas. Esas diferencias entre las especies fitogeográficas se hacen en términos de referencia dividida y no de masa (Quine 1968), capaces de ocasionar o producir entidades discretas. Yahvé crea la cardinalidad de sus conjuntos y especies solo después de crear la ordinalidad de la sucesión temporal. Seguirá la creación de otras entidades discretas: los astros de la bóveda celeste, introducidas por Yahvé en el cuarto día de la creación para diferenciar y señalar las *fiestas* de guardar, los días y los años, y presumiblemente, también las estaciones. La *pauta que conecta* (*pattern that connects*, en el inglés de Bateson) sería ya de orden orbital. En el quinto día Yahvé creó los peces, los cetáceos y las aves. Ese mismo día quinto, Yahvé introdujo el número cardinal en los conjuntos recipientes que había diseñado, las especies, ordenándoles a sus elementos canónicos que se reprodujeran *según su especie* hasta colmar de entidades discretas los mares y los cielos.

Solo el sexto día creará Yahvé todos los animales terrestres, pero dividiéndolos según una diferencia que sólo podía darse ya entrado el Neolítico, separando las especies domésticas de las salvajes ("fieras y reptiles"). Esa diferencia entre las especies animales traerá a su vez, distintas selecciones, divisiones, clasificaciones y nominaciones en los tabús dietarios del Levítico, el tercer libro del Pentateuco. Es en ese mismo sexto día, pero después de introducir la diferencia entre animales domésticos, fieras y reptiles, que Yahvé decide culminar el orden de su creación situando en su cima trófica a una representación temporal de *logos* creador. Ninguna de sus criaturas se asemeja a su creador, así que Yahvé decide introducir la diferencia definitiva para las tres grandes religiones monoteístas. Yahvé crea a la especie *a su imagen y semejanza*, y le transfiere su poder sobre todas las especies animales ya creadas. Y creó simultáneamente los dos géneros, macho y hembra, para que se ajustasen como lo convexo y lo cóncavo, con el fin de que llenasen la tierra y sometieran a todas las especies capaces de desplazarse por ella. También les brindó las plantas capaces de engendrar simiente, que servirán de alimento a toda entidad capaz de respirar. Yahvé solo descansó tras completar el orden de la creación, el cielo, la tierra y las respectivas muchedumbres (*sic*) que colmaban estos vastos recipientes.

El orden que contempla el segundo relato del Génesis se establece mediante una secuencia de diferenciaciones que poco o nada tienen que ver con las del primero. Y es en este segundo relato de la creación donde acontece la *nominación* humana, la característica a la que remite la quinta premisa que Bateson establece en su comparación entre el texto bíblico y la ciencia moderna. Las interpretaciones hebreas más clásicas del Génesis celebran el conocimiento y la ciencia como una consecuencia de la creación de las estrellas, que en el primer relato fungían como lumbreras del orden astronómico generado por Yahvé. La astronomía estaba ligada a la cognición matemática en muchas de las tradiciones culturales que, como la de los caldeos, confluyen en el Génesis. Como ocurrirá con el fuego prometeico, el conocimiento del primer relato es el legado que de Yahvé recibe toda la humanidad en cuanto colectividad, en cuanto especie. Cuando acabó, Yahvé vio que todo lo que había recibido denominación era bueno. Contrariamente, el relato de la tradición yahvista gira en torno al sistema de relaciones entre Yahvé y el *hombre en cuanto individuo* o persona. Por consiguiente, el conocimiento cobrará en el segundo relato una dimensión enteramente distinta. El conocimiento ocasiona una diferencia como posesión individual y genera a su vez la distinción entre el bien y el mal. Resulta curioso que el elemento clave de la quinta premisa de Bateson, el nombrar humano, proceda de un relato en el que, según el propio papa Juan Pablo II,

> Debemos constatar que todo el texto, *al formular la verdad sobre el hombre, nos sorprende con su profundidad típica,* distinta de la del primer capítulo del Génesis. Se puede decir que es una profundidad de naturaleza sobre todo subjetiva y, por lo tanto, en cierto sentido, psicológica. El capítulo 2 del Génesis constituye, en cierto modo, la más antigua descripción registrada de la autocomprensión del hombre y, junto con el capítulo 3, es el primer testimonio de la conciencia humana. Con una reflexión profunda sobre este texto a través de toda la forma arcaica de la narración, encontramos allí "in nucleo" casi todos los elementos del análisis del hombre, a los que es tan sensible la antropología filosófica moderna y sobre todo la contemporánea. (Wojtyla 1979)[8]

Conviene recordar que el blanco de la crítica de Bateson en la introducción de *Pasos hacia un Ecología de la Mente* es precisamente la elección de la sustancia y no de la forma como puente desde el cual las ciencias de la conducta acercan sus datos e hipótesis con los patrones generales. El orden de los procesos de conducta residen en su forma y, pese a no ser subjetivos, son mentales. El orden de la interpretación bíblica de Bateson no es necesariamente consciente, pero el nombrar, el elemento distintivo de la quinta premisa, sí requiere serlo. Tal y como lo caracteriza Karol Wojtyla, el orden del segundo capítulo del génesis es al mismo tiempo antropomórfico y personal. Elige la forma, pero la subjetiviza como *conciencia*. Es en este orden antropocéntrico donde se da el *nombrar* humano, y no en el orden teocrático del primer relato, cuyos diez primeros versículos Bateson dice analizar en sus cinco premisas.

El carácter antropocéntrico del relato de la tradición yahvista es radical e incontestable. Hasta la creación del hombre, la vida vegetal y el orden fitológico permanece en *potencia*. Yahvé dio forma al hombre a partir de

---

[8] JUAN PABLO II, *AUDIENCIA GENERAL Miércoles 19 de septiembre de 1979,* en https://w2.vatican.va/content/john-paul-ii/es/audiences/1979/documents/hf_jp-ii_aud_19790919.html Consultado el 4/12/2018

la arcilla *primaria o caolínica*, según se denomina a la arcilla plástica que se originó en el mismo recipiente en el que aún podríamos hallarla, pues *su formación es* anterior a cualquier desplazamiento de la corteza terrestre. Y Yahvé no mezcla la arcilla con agua. Si no había vida vegetal era porque "Yahvé no había enviado lluvia a la tierra, ni hombre que cultivase los campos" (Gen.2, 5). El texto bíblico sugiere así que la creación de la forma del hombre es muy anterior a las lluvias, las plantas y al período Neolítico en que el propio texto fue escrito, aunque el procedimiento artesanal para extraer esa forma de la substancia, la alfarería, pertenece estrictamente a ese crucial período. En la sagrada creación del hombre, la vida viene después de la forma. Pero mientras que la forma procede de las manos de Yahvé, la vida procede de su *aliento*. El *logos* del hombre procede de un soplo de Yahvé. A partir de la creación del hombre, ese *logos* se irá distribuyendo en orden descendente, y no en orden ascendente, como ocurría en la ordenación propuesta por el relato elohísta. Las potencias vegetales adquieren forma y cobran vida después de la creación del hombre, y de esa forma viva proceden las distintas especies de plantas que pueblan los confines del Edén. El jardín de Edén es creado *ex profeso* por Yahvé para emplazar al hombre en esa ordenación fitogeográfica, el creciente fértil. Allí se subdividían los cuatro ríos bíblicos, y en particular, el Tigris y el Eúfrates (Gen. 2, 14). Yahvé coloca a Adán en el paraíso desde arriba, como quien mueve una pieza del ajedrez, y ese movimiento es simultáneo con la primera orden que recibe de Yahvé: "guarda el jardín y cultívalo" (gen 2, 15). En apariencia, ese cultivo remite en parte a una práctica pre-neolítica, como el cuidado de ciertas plantas de la selva amazónica por parte de los *achuar,* un grupo indígena seminómada (Descola 1986, 2005). Como es sabido, la ordenación agrícola de la información antropogénica solo llegará tras la violación de la segunda orden:

> Puedes comer de todos los árboles, pero del árbol de conocer
> el bien y el mal no comas; porque el día que lo hagas, tendrás
> que morir (Gen. 2, 17).

Recordemos que en el centro del Jardín del Edén había dos árboles: el árbol de la vida y el árbol del conocimiento del bien y del mal. El tabú de Yahvé solo afecta al segundo, mientras que la expulsión del paraíso tras la transgresión afecta al primero. Con la expulsión, Yahvé impide que con el conocimiento obtenido, los transgresores puedan alcanzar el fruto del árbol de la vida y con él la inmortalidad. Eso anularía de facto los efectos del castigo que recibirán Adán y Eva por su transgresión. La muerte llegará, pero el cumplimiento de la promesa no implica la simultaneidad entre la pena y la transgresión. El ser humano será mortal solo después de la lectura de la sentencia, del augurio del dolor de la reproducción y de la dureza del trabajo agrícola iniciado en el Neolítico. El ser animado por el soplo de Yahvé se verá finalmente reducido al polvo, la sustancia de donde Yahvé extrajo su forma. La advertencia se emite en el segundo capítulo, pero la transgresión y la pena se consuman después. La serpiente y la manzana de Eva pertenecen de hecho al tercer capítulo del Génesis: la maldición del suelo, el trabajo y su división, la ganadería y la agricultura, la cultura separada de la naturaleza. Los historiadores suelen remitir los orígenes comunes de la ciencia y la religión a estos últimos cambios (Cauvin, 1994). Y sin embargo, son precisamente estas diferencias las que Bateson deja fuera de su primer análisis. Afortunadamente, las referencias de Bateson a los relatos de la creación del Génesis no se limitan a la introducción de *Pasos hacia una ecología de la mente*.

Charles Darwin y el orden de lo mental

Bateson sabía que se trataba de dos relatos, por supuesto. De hecho vinculaba la oposición religiosa a las tesis de Darwin con la interpretación que del primer relato había realizado el fundamentalismo protestante que imperaba en la Inglaterra victoriana.

> La teoría de la evolución fue asumida, no por una herejía católica, sino por una herejía protestante, a mediados del siglo decimonoveno. Los opositores de Darwin —recordarán ustedes— no fueron Aristóteles ni Santo Tomás, que tenían cierto refinamiento, sino los cristianos fundamentalistas,

cuyo refinamiento no iba más allá del primer capítulo del *Génesis*. La cuestión de la naturaleza de la mente fue algo que los evolucionistas del siglo decimonoveno trataron de excluir de sus teorías, y el asunto no volvería a presentarse para ser considerado de manera seria hasta la Segunda Guerra Mundial. En la Segunda Guerra Mundial se descubrió qué grado de complejidad entraña la mente. Y desde ese descubrimiento, sabemos esto: que en cualquier lugar del universo que encontremos esta clase de complejidad, tenemos que habérnoslas con fenómenos mentales. (Bateson 1972, 295)

Así que, casi trescientas páginas después, Bateson regresa sobre sus pasos y vuelve a reformular la relación entre mente y orden en el Génesis. Los patrones globales que más le interesaban no estaban tanto en el primero como en los capítulos segundo y tercero. El primero, cronológicamente posterior, era cosa de sacerdotes y sacralizaba teológicamente un orden neolítico cuyas fatales consecuencias psicológicas y morales eran objeto del segundo y el tercero ¿Pero qué tienen que ver aquí Darwin y el protestantismo victoriano? ¿Y la Segunda Guerra Mundial? La cosa se embrolla más cuando leemos que el capítulo "Propósito consciente y naturaleza" procede de una conferencia impartida por Bateson tres meses después del mayo francés del 68, en un seminario celebrado en Londres y titulado *Dialéctica de la Liberación*. Y la cosa no mejora cuando leemos el tema de su conferencia en las primeras líneas del capítulo:

Nuestra civilización, que se encuentra aquí en el banquillo de los acusados para ser investigada y evaluada, tiene sus raíces en tres civilizaciones antiguas principales: la romana, la hebrea y la griega; y parecería a que muchos de nuestros problemas están relacionados con el hecho de que tenemos una civilización imperialista, fermentada por lo que fue una colonia pisoteada y explotada en Palestina. En esta conferencia reviviremos el conflicto entre los romanos y los palestinos. (Bateson 1972, 294)

Así que para hablar de la Guerra de los 6 días entre Israel y los países árabes en junio del 67, Bateson nos propone indagar en el orden sistémico de los fenómenos mentales descubierto en la guerra que dio por resultado la creación del estado de Israel. Y en el camino nos recuerda el debate entre religión, mente y evolución en el siglo XIX y las interpretaciones protestantes y católicas de los relatos del Génesis. Finalmente, uno entiende que no se trata de un ejercicio caprichoso; no es posible atisbar el sentido general de los patrones de orden envueltos en los fenómenos mentales sin al menos reconstruir alguno de los patrones mostrados de facto por sus propias y enrevesadas explicaciones. Los patrones de los que escribe están inscritos en su libro, por así decirlo. Su estructura *muestra* lo que su contenido *dice*. Y ese es el propósito de los metálogos, los diálogos entre Bateson y su hija Catherine que salpican algunos de sus libros. Es normal que nos recuerden a la Alicia de Lewis Carroll. O por pasar de Carroll a Wittgenstein, es mucho más fácil mostrar un patrón complejo que decir o describir ese patrón en nuestro lenguaje natural.

> Tenemos que comprender las patologías y peculiaridades de la totalidad del sistema romano-palestino. De esto es de lo que me interesa hablar. No me preocupa defender a los romanos o defender a los palestinos, los apaleados de abajo o los apaleados de arriba. Quiero analizar la dinámica de la íntegra patología tradicional en la que estamos atrapados, y en la que permaneceremos mientras sigamos debatiéndonos dentro del viejo conflicto. No hacemos sino dar vueltas y vueltas de acuerdo con las viejas premisas (Bateson 1972, 293).

La conferencia de agosto de 1968 es uno de los capítulos de *Pasos hacia una Ecología de la Mente* porque encaja limpiamente en el patrón del libro. En esa conferencia, Bateson conecta en un patrón patológico más amplio los datos conductuales de un conflicto bélico ocurrido 14 meses antes, la guerra de los seis días, un suceso clave, vinculados con conflictos territoriales ocasionados por la colonización otomana por la expansión africana del imperio romano o las sucesivas ocupaciones de la ciudad de Jerusalén, sagrada para las tres actuales religiones monoteístas. El año de publicación *Pasos hacia una Ecología de la Mente*, 1972, ese patrón dinámico traería la Masacre en los Juegos Olímpicos de Munich, durante la cual los terroristas árabes de Septiembre Negro contaron con la ayuda de grupos neonazis alemanes para secuestrar a los atletas israelíes. Después vendrían el secuestro del avión de Lufthansa para liberar a los secuestradores olímpicos y las operaciones israelíes de castigo colectivo en los países árabes … y así hasta nuestros días. Teniendo en cuenta que es el propio autor quien contextualiza bélicamente sus orígenes, conviene comenzar por la Segunda Guerra Mundial en busca de esa nueva comprensión de la naturaleza mental de los patrones de orden sistémico.

Prediciendo la conducta y el lenguaje del enemigo

Hasta ahora, sabemos por el propio Bateson que el patrón que conecta la Segunda Guerra Mundial con los dos relatos de la creación del Génesis tiene que ver con la naturaleza del orden y de los procesos mentales, pero también con la diferencia entre éstos y los fenómenos de la conciencia. También sabemos que, según el propio texto de Bateson, el nombrar humano y los propósitos conscientes son temas del segundo relato del Génesis, más sutilmente antropocéntrico que el primero. Por último, sabemos que la adhesión protestante a este primer relato fue una de las causas que inhibieron las investigaciones de corte darwinistas sobre los patrones de lo mental en los distintos órdenes de la vida hasta la Segunda Guerra Mundial. Aunque lo parezca, no es poco.

Recordemos que la Segunda Guerra Mundial finalizó con el lanzamiento de dos bombas atómicas diseñadas a conciencia por los ingenieros del proyecto Manhattan. Pero la tecnología nuclear no fue el único producto científico resultante del esfuerzo bélico. Resulta significativo que Norbert Wiener concibiera una máquina cibernética como la batería anti- aérea partiendo de una interpretación del patrón de conducta del enemigo alemán, mientras que Alan Turing desarrollaba su máquina universal de cómputo a partir de su esfuerzo para descifrar un sistema encriptado que contenía la programación espacio- temporal de los ataques alemanes, cuyos submarinos hundían numerosos buques cargados con suministros y armas vitales para la respuesta aliada frente a los ataques de las potencias del eje. La comprensión del orden de lo mental a la que Bateson alude en su conferencia "Propósito consciente y naturaleza" nos remite primero a la obra de Norbert Wiener. Desde el inicio de la guerra fría hemos sido testigos de varias generaciones de sistemas cibernéticos con servomecanismos de control, o mecanismos de realimentación, entre circuitos lógicos- electrónicos capaces de ejecutar tareas mentales que solo parecían aptas para organismos con sistema nervioso central. Como lógico y matemático, Wiener estaba interesado en el *feedback* que la construcción de estas máquinas inteligentes podía tener sobre nuestra comprensión de la cognición y el aprendizaje humano. Peter Galison ha subrayado la importancia que Wiener concedía a esa realimentación de segundo orden al describir los cambios en la percepción occidental del enemigo alemán, cuyos ejércitos empleaban ingenieros y científicos equiparables en destrezas a los ingenieros de los aliados (Galison, 1994). Su invención de un mecanismo cibernético para computar y predecir trayectorias de sistemas acoplados como los aviones pilotados resultó ser tan útil para la defensa, para disparar objetivos móviles a grandes distancias, como para el ataque. Comprobar la vulnerabilidad de las ciudades enemigas llevó a los científicos estadounidenses a repensar las propias, extendiéndolas hacia la periferia para restar densidad de población a unos centros urbanos ciertamente vulnerables. Después aprendimos a interpretar este tipo de realimentaciones positivas en las carreras de armamentos de la guerra fría. El modelo cibernético del control y la comunicación en animales y máquinas ha fertilizado cruzada e interdisciplinarmente un buen número de disciplinas y áreas de investigación, incluyendo las ciencias de la conducta que tanto le interesaban a Gregory Bateson.

Como Norbert Wiener, Alan Turing presentaba su máquina universal como consecuencia de su nueva comprensión del control y la comunicación del lenguaje del enemigo. Turing trabajaba los servicios secretos británicos, construyendo una máquina digital con la que romper el código cifrado del enemigo alemán. La idea general de Turing era construir un sistema artificial con un soporte de circuitos lógicos compuestos de operadores binarios, con solo dos estados posibles e incompatibles, encendido y apagado, unos y ceros, o perforado y lleno, en el caso de las antiguas máquinas con tarjetas de cartón. La programación consiste precisamente en el diseño de esos circuitos lógicos, una práctica científica que Turing equiparaba con el desarrollo de teorías, sistemas automáticos o procedimientos de decisión algorítmica. La Máquina de Turing representaba el diseño más simple de estos circuitos, y ese diseño era parte de una hipótesis matemática sobre cómo podría construirse una máquina para procedimientos de decisión automática (en el caso de la lógica de primer orden, también para los denominados prueba automática de teoremas). La tesis de Turing-Church nos asegura que todas las tareas efectivamente realizables mediante número finito de pasos o instrucciones puede computarse. Expresada en términos metamatemáticos, la tesis establece que no puede haber ninguna tarea efectiva que no sea expresable en términos de operaciones aritméticas sobre números enteros positivos. La Máquina Universal de Turing no es más que el diseño de un modelo siguiendo esa tesis. Una máquina universal de Turing puede hacer todo aquello que puedan hacer cualesquiera otras máquinas de Turing, funciones recursivas o lenguajes de programación.

Hay que subrayar que, desde el punto de vista de Turing, lo verdaderamente importante era el *diseño,* y no el hardware o soporte duro sobre el que podía *correr* ese diseño. La ingeniería digital no era para Turing nada más que una manera de comprobar la validez de un procedimiento algorítmico de prueba para teoremas matemáticos. Hoy entendemos la digitalización en términos de ingeniería electrónica de comunicaciones, pero sus orígenes son puramente matemáticos: el diseño de procedimientos algorítmicos para *producir* máquinas digitales virtuales, en el mismo sentido de *producción* "top-down" en el que los axiomas de un sistema construyen o producen sus teoremas.

Demostraran o no que las máquinas pudieran pensar, lo que Wiener y Turing mostraban convincentemente era que los procesos que involucraban orden cibernético, sistemas de comunicación autogobernados por realimentaciones positivas y negativas e inteligencia cibernética artificial, eran mentales sin ser necesariamente conscientes. Era patrones ordenados de control. La inteligencia podía entenderse como control semiótico de la conducta, y por lo tanto como un fenómeno mental irreducible a los datos de la conciencia fenomenológicamente entendida, esto es, en primera persona. Con su alusión a la Segunda Guerra Mundial, Bateson no estaba apostando por la robotización de la inteligencia humana. Todo lo contrario. La cibernética mostraba la dimensión semiótica de los sistemas complejos, sean biológicos o artificiales. De hecho, los órganos sensoriales de los organismos vivos aventajan a los sensores artificiales en una característica fundamental: han sido calibrados y afinados por caminos históricos y evolutivos que ya no están al alcance de los ingenieros salvo en simulaciones sesgadas por sus propósitos conscientes, sean bienintencionados o no. Ello nos trae de vuelta y a la conferencia de Bateson "Propósito consciente y Naturaleza" y a los primeros capítulos del Génesis. Recordemos que el texto de la tradición yahvista giraba en torno al sistema de relaciones entre Yahvé y el hombre en cuanto que dotado de una conciencia individual, por una parte, y el bien y el mal ocasionado por el conocimiento, siempre que éste se entendiera como posesión individual de una conciencia que persigue propósitos conscientes.

De Lamarck a Wallace

No podía ser de otra manera. La alusión de Bateson a la Segunda Guerra Mundial no era segunda mano. Como Wiener y Turing, Bateson también se empleó a fondo contra el enemigo nacional-socialista. De hecho, en 1943 fue empleado por el Museo Metropolitano de Nueva York para analizar la propaganda nazi del film *Hilerjunge Quex (1933)*, por el que el director alemán Hans Steinhoff recibió la insignia de oro de las juventudes hitlerianas.

En 1972, Bateson integró el texto de su conferencia londinense del 68 como un capítulo de la parte quinta de *Pasos hacia una Ecología de la Mente*, titulada "Epistemología y Ecología" y destinada a explorar la explicación cibernética de la mente. Un extenso fragmento del capítulo está dedicado a Jean-Baptiste Lamarck, la bestia negra del neodarwinismo. Según Bateson, la reforma protestante y el darwinismo supusieron la interrupción de la exploración sobre mente y la conciencia iniciada en el segundo capítulo del Génesis, continuada por la filosofía griega y tomista, proseguida por Lamarck, retomada a duras penas por Wallace y consolidada ya en la investigación cibernética asociada a la Segunda Guerra Mundial. Lamarck invirtió el orden de la gran cadena del ser (Lovejoy 1933), que hasta entonces descendía desde la mente suprema de Dios hasta las más simples reacciones de los organismos infusorios. Según Bateson, con Lamarck la mente dejó de ser el *explanans* del orden biológico, para convertirse en el *explanandum* del que daba cuenta el propio orden. Pero tuvo que ser un científico más alejado que Charles Darwin del influjo victoriano quien reconociese el orden complejo de lo cibernético y de lo mental en la evolución de las especies por selección natural. Bateson descubre la primera formulación cibernética en la famosa carta que Russel Wallace dirigió desde la India a Darwin y que forzó a éste a reconocer la co- autoría de sus tesis sobre la selección natural (Wallace 1858). En ese texto, Wallace concebía la entera evolución de las especies como un sistema cibernético comparable a una máquina de vapor:

> "La acción de este principio [la lucha por la existencia] es exactamente igual a la del regulador centrífugo de la máquina de vapor, que registra y corrige cualesquiera irregularidades casi antes de que se hagan manifiestas; y de una manera semejante no hay ninguna deficiencia no equilibrada del reino animal que pueda llegar a una magnitud conspicua, porque se haría a sentir en el primerísimo de sus pasos, tornando difícil la existencia y haciendo que la extinción se produjera casi con seguridad (Wallace 1858: 62)

El motor de vapor con un regulador centrífugo consta de un circuito de secuencias causales con un mecanismo de control que opera variaciones sobre el *input* energético para mantener constante el *ouput*, la velocidad de la locomotora. Cuanto más se alejen las bolas del regulador, tanto menor será la entrada de combustible. Cuando este tipo circuitos de secuencias causales están dotadas de energía, el sistema realiza ajustes compensatorios y se auto-regula. Según Bateson, estos son los primeros pasos hacia una comprensión ecológica de los procesos causales de la evolución biológica. Los organismos animales y las plantas coexisten en ecosistemas regidos por equilibrios y reequilibrios compensatorios e inestables, según una combinación sutil de competencia y dependencia. Cualquier alteración del circuito (una especie invasora, por ejemplo) perturbará inevitablemente esos equilibrios de fuerzas ecológicas y generará curvas exponenciales. Cuando los sistemas son socio-ecológicos, tenemos que incluir entre las perturbaciones (o "toqueteos" del circuito cibernético de autocorrección que generan ese tipo de curvas) los propósitos conscientes y las conductas teleológicas de los individuos humanos (o de los agentes económicos en la economía de mercado). Bateson desarrolla el análisis de esa inclusión en el capítulo "Efectos del propósito consciente sobre la evolución humana", un texto también procedente de una de sus conferencias de 1968.

La información que oculta la sombra de nuestra conciencia

En ese capítulo de *Pasos hacia una ecología de la mente*, Bateson desarrolla una de sus hipótesis más arriesgadas sobre la naturaleza parcial de la actividad consciente y presuntamente controlada de la mente humana. Según esta hipótesis, la consciencia funciona como una pantalla no diáfana y selectiva que oculta otras funciones del cerebro con su propia sombra, excluyendo de su foco otros muchos procesos e informaciones de orden mental entre el organismo y su ambiente. Tal es la presión al que la someten las actividades intencionales y controladas de nuestra racionalidad instrumental que, en su opinión, las tendencias escapistas y transmundanas propias de los movimientos juveniles de los años sesenta son un síntoma de la tendencia a compensar nuestro exceso de actividad teleológica y de control consciente y medido de nuestros medios para satisfacer nuestros propósitos.

Mi propia y leve experiencia con el del ácido lisérgico me lleva a creer que Próspero se equivocaba cuando dijo: "Estamos tejidos de idéntica tela que los sueños". Me pareció que el puro sueño era, como el puro propósito, bastante trivial. No eran la trama de la que estamos hechos, sino tan sólo fragmentos y trozos de esa trama. De manera similar, nuestros propósitos conscientes son, tan solo fragmentos y trozos. La visión sistémica es siempre algo distinto. (Bateson 1972: 300)

Vistos de una manera sistémica, el sobrecalentamiento de nuestros propósitos e intenciones conscientes hace que Bateson se pregunte algo muy serio para la propia supervivencia de la especie humana: ¿será la información procesada por la conciencia el tipo de información adecuada para las tareas de adaptación evolutiva de la especie humana? Bateson sugiere que la conciencia envuelve distorsiones sistemáticas de nuestra percepción que, al ser extendida e instrumentada mediante las avanzadas tecnologías contemporáneas, alteran negativamente los equilibrios entre los organismos humanos, sus sociedades y sus ecosistemas. El sistema de selección, diferenciación, división y clasificación de la información filtrada para la pantalla de la conciencia está ampliamente sesgado por fenómenos conscientes como el propósito, la atención y la memoria. Para explicar este marcado sesgo, Bateson recurre a las funciones que cumplen los mecanismos de realimentación negativa y positiva en los sistemas complejos.

Todos los sistemas biológicos y en evolución (es decir, los organismos individuales, las sociedades animales y humanas, los ecosistemas y otros semejantes) están integrados por redes cibernéticas complejas, y todos estos sistemas comparten ciertas características formales. Cada sistema contiene subsistemas que son potencialmente regenerativos, es decir, que escaparían al control en una progresión exponencial si no se los corrigiera. (Ejemplos de estos componentes regenerativos son las características malthusianas de la población, los cambios esquismogénicos de la interacción personal, las carteras armamentistas, etcétera.) Las potencialidades regenerativas de tales subsistemas se contrarrestan por lo común mediante distintas suertes de circuitos reguladores, con el fin de alcanzar el "estado de constancia". Tales sistemas son homeostáticos, es decir, los efectos de pequeños cambios en los insumos serán negados y el estado de constancia se mantendrá mediante un ajuste *reversible* (1972: 301)

Bateson recurre a los procesos de realimentación para subrayar el carácter sistémico de sus hipótesis sobre los posibles efectos evolutivos de los propósitos conscientes. Si la conciencia actúa por realimentación sobre el resto del sistema mental y si la pantalla de conciencia trabaja solo con la información sesgada procedente de muestras parciales de la totalidad de los procesos mentales, entonces tiene que existir una diferencia *no aleatoria* entre la percepción consciente de las relaciones entre el propio yo y el mundo, y la auténtica naturaleza sistémica de esas relaciones. Tal diferencia, arguye Bateson, ha de repercutir necesariamente en los procesos de adaptación, entendidos como los procesos de difusión del cambio en el sistema acoplado organismo-ambiente. Bateson concibe este proceso sistémico de difusión del cambio como una clase de aprendizaje. De este modo, fenómenos de adaptación e inadaptación como la aclimatación y la adicción serían casos particulares de este proceso de aprendizaje sistémico. Puede chocarnos que llamemos así a estos fenómenos, pero lo cierto es que el sistema aprende tornándose dependiente de la presencia en el tiempo de ese primer impacto externo sobre él mismo, cuyos efectos habrían sido neutralizados por realimentación negativa u homeostasis que los propios propósitos conscientes tienden a debilitar y anular. En este sentido final, prosigue Bateson, todo cambio biológico tiende a conservar todo aprendizaje que evite la aversión. El alcohólico que se "recompensa" con una dosis mayor de alcohol lo hace para neutralizar los cambios que el síndrome de abstinencia empieza a inducir. De modo que la división convencional entre recompensas y castigos depende de dónde se tracen los límites entre el sistema global organismo-entorno y un particular subsistema que llamamos *organismo individual*: la recompensa es el efecto de un suceso sistémico que compensa una transformación interna del subsistema que estaba resultando punitoria. Aunque en una jerga sin duda abstrusa, Bateson está apelando a lo que corrientemente llamamos "círculos viciosos", abordados en sus estudios sobre la esquismogénesis o realimentación positiva en patologías como el alcoholismo y la esquizofrenia. Pero como ya hemos visto, la realimentación positiva, además de aplicarse a problemas en relación con las adicciones, sea a sustancias o a conductas como el juego y la pornografía, o a problemas con las relaciones de co-dependencia entre personas, explica también otras curvas exponenciales implicadas en las crisis de los sistemas socio-ecológicos contemporáneos, como el crecimiento económico, las tasas exponenciales de cambio tecnológico o la degradación serial del suelo y la extinción de especies. La razón de esas posibles curvas exponenciales reside en las propiedades de la realimentación en sistemas complejos y adaptativos. Un buen ejemplo de realimentación positiva o curva exponencial se da entre la caza ilegal de una especie protegida y su precio en el mercado negro. Cada vez que se caza un ejemplar de esa especie, disminuye su población y con ello aumenta el precio, lo que incrementa la motivación para cazar otro ejemplar... hasta que se extingue.

Quizá ahora entendamos mejor el contexto de las hipótesis de Bateson sobre los efectos de la conciencia y sus propósitos sobre la adaptación humana: **(1)** Cuando consideramos al individuo como un subsistema O dentro de A, siendo A un sistema más amplio y acoplado *organismo-ambiente* OA, cambia por entero nuestra comprensión de la naturaleza y los efectos del propósito consciente y de la adaptación. La conciencia y el "yo" de un individuo son fenómenos estrechamente vinculados que probablemente expresen fisiológica y conductualmente ciertas disposiciones genéticas a la territorialidad, pero esa expresión depende de dónde se trace el límite entre subsistema A del organismo individual y el sistema inclusivo OA. **(2)** El dualismo aún vigente de las ciencias occidentales nos lleva a asumir la neutralidad causal y la transparencia de la conciencia, pero la conciencia no opera como un par de binoculares de teatro que permiten acercarnos a la escena, percibirla o contemplarla sin intervenir en el guión, dejando la escena intacta, y además sin sufrir ninguna modificación sistemática de nuestra percepción de ulteriores eventos. La cibernética impide ya interpretar los fenómenos conscientes como reflejos colaterales que no realimentan el sistema global organismo-ambiente. Esta interpretación transparente y neutral de la conciencia y sus fenómenos realimenta metáforas que hacen de la mente consciente una especie de observador imparcial situado tras una especie de espejo polarizado, un monitor de TV o cualquier otro dispositivo óptico o panóptico que no produce ninguna modificación en el programa y el funcionamiento de los procesos sistémicos de la mente. Para Bateson, que la conciencia es una diferencia que genera realimentaciones sobre el resto de la mente y de las acciones humanas. La conciencia no puede describir los principios mientras está funcionando, claro, pero nadie dijo que la investigación sistémica tenga que ser en primera persona. Aquellos fenómenos humanos donde detectemos curvas exponenciales en la unidad organismo-ambiente son una buena señal de la intervención de la conciencia y el propósito, y pueden darnos acceso al patrón de orden cuyo equilibrio resulta perturbado **(3)** La teoría de sistemas ha desmentido que el contenido de la conciencia sea una muestra aleatoria de informes sobre acontecimientos que acaecen en el resto de la mente. El contenido de la proyección de la conciencia está seleccionado sistemáticamente entre una gran matriz de acontecimientos mentales. Pareciera, empero, que el sistema de reglas y preferencias que sesgan esa selección de información está condicionado operativamente por el propósito, la atención, los deseos y otros aspectos motivacionales y emocionales de la actividad consciente. Nuestra selección consciente de datos no contempla circuitos íntegros, sino que solo visibiliza arcos de circuitos arrancados de esa matriz gracias a la actividad de nuestra atención selectiva. La selección de los datos de entrada estará sesgada hacia tramos o arcos parciales adecuados para la producción de resultados específicos en función de propósitos específicos, dejando fuera de foco patrones de realimentación mucho más amplios. Es muy probable que los mandatos del deseo y los propósitos conscientes nos lleven a manipular en alguna variable dada, sita en el yo o en el ambiente, ignorando sistemáticamente las redes de realimentación que ligan numerosas variables entre sí. La prudencia será pues esencial para compensar esta ignorancia o falta de sabiduría sistémica[9], particularmente agudizada por la arrogancia de los expertos en disciplinas aisladas. **(4)** A esta arrogancia hay que agregar nuestra habitual jactancia con que los individuos occidentales hablamos de nuestra autonomía como sujetos independientes. Presumimos el control individual de nuestrosbienes psicológicos más profundos, aquellos que constituyen nuestra subjetividad inalienable y de los que nos sentimos más responsables que de nuestra herencia genética. Esta jactancia nos impide admitir que ignoramos gran parte de los sistemas de reglas y preferencias inconscientes que gobiernan la selección consciente de datos. Además, las recompensas que con las acciones planeación y ejecución secuencial y controlada de propósitos de control instrumental y ejecución de propósitos tienden a hacernos potenciales víctimas de ilusiones de control y de autoengaños contrarios a la adaptación.

La revolución neolítica y la religión de la tecnología

En las páginas finales del capítulo "Propósito consciente y naturaleza", en uno de sus sorprendentes giros, Bateson conecta la explicación cibernética del orden de lo mental y las consecuencias evolutivas de una civilización orientada hacia el cumplimiento de propósitos conscientes,

---

[9]   Bateson es especialmente crítico con la falta de sabiduría sistémica de la medicina de su época. Y sabía de lo que hablaba, pues su padre había sido uno de los pioneros de la genética de principios del siglo XX. Un ejemplo de nuestra peculiar combinación entre voluntad de control e ignorancia de contexto sistémico lo podemos hallar en la idea de correlación 1-1 entre genes y rasgos fenotípicos que subyace en la ilusión de control de una variable sita en un sistema intraorgánico cuya fisiología queremos mejorar u optimizar. Eso ya ha ocurrido con la manipulación de variables genéticas en busca de la inhibición de una enfermedad hereditaria. Los genes que se expresarán en una enfermedad pueden protegernos contra otra. Se ha descubierto que el alelo de la anemia de células falciformes (hemoglobina/globulos rojos) protegía contra la malaria y que el alelo de la enfermedad de Tay Sachs contra la tuberculosis. **Salamanca–Gómez 2005, en** http://www.scielo.org.mx/scielo.php?script=sci_arttext&pid=S0016-38132005000500015, consultado el 5/12/18

y nada menos que con una reelaboración de los capítulos segundo y tercero del Génesis. El texto es algo extenso, pero merece la pena reproducirlo íntegramente aquí.

> Consiéntanme, por favor, presentarles un mito. Había una vez un huerto. Contenía muchos millares de especies —probablemente en la zona subtropical— que vivían con gran fertilidad y equilibrio, con abundancia de humus, etcétera. En ese huerto había dos antropoides que eran más inteligentes que los otros animales. En uno de los árboles había un fruto, muy alto, que los dos simios no podían alcanzar. Entonces comenzaron a pensar. Y ése fue el error. Comenzaron a pensar con un propósito. De tanto en tanto, el simio, cuyo nombre era Adán, iba y buscaba un cajón vacío, lo ponía al pie del árbol y se paraba sobre él, pero ni aun así podía alcanzar el fruto. Entonces consiguió otro cajón y lo puso encima del primero. Trepó entonces sobre los dos cajones y finalmente alcanzó la manzana. Adán y Eva quedaron embriagados casi de emoción. *Esa* era la manera de hacer las cosas. Haga un plan, ABC y entonces logrará D. Comenzaron entonces a especializarse en hacer cosas de manera planificada. En efecto, expulsaron del huerto el concepto de su propia estructura sistémica total y de su naturaleza sistémica total (1972, 297)

Una vez expulsado el concepto, prosigue Bateson, pudieron emplearse a fondo en la persecución de sus propósitos, inventaron la agricultura y muy pronto el suelo se degradó. Llegaron malezas y pestes, Adán tuvo que sudar mucho para ganar su pan y, por si fuera poco, Eva empezó a ver en el parto y la reproducción una dolorosa maldición. Bien podríamos añadir que cuanto más hijos paría, más intensamente tenían que trabajar su maltrecho huerto y se veían obligados a emplearlos más jóvenes en las labores agrícolas (Diamond 1987, 2002). Quizá Bateson, lector de Thoreau, estaba adscribiendo a Eva la reflexión sobre la insensatez de ese modo de vida a partir de su lectura del *Walden:*

Conozco a jóvenes, convecinos míos, cuyas desdichas provienen de haber heredado granjas, casa, graneros, ganado y aperos de labranza, pues es más fácil adquirir esas cosas que librarse de ellas [...] ¿Quién les hizo siervos de la tierra? ¿Por qué tiene que comerse sus cincuenta acres, cuando el hombre está condenado a morder solamente un puñado de polvo? ¿Por qué han de empezar a cavar sus tumbas tan pronto como nacen? [...] Y es que los hombres se afanan innecesariamente. Por un sino falaz, generalmente llamado necesidad, tienen que dedicarse a acumular tesoros que la polilla y el moho habrán de corromper [...] es una vida insensata, y así tendrán que reconocerlo al final, sino antes" (Thoreau, 2005, 10-12).

Pese a todo, continúa Bateson, Adán no dejó de perseguir nuevos propósitos

Y por fin inventó el sistema de la libre empresa. A Eva, durante largo tiempo, no se le permitió participar en eso, porque era una mujer. Pero se hizo socia de un club de bridge y allí encontró una válvula de escape para su odio. En la generación siguiente, tuvieron otra vez problemas con el amor. A Caín, el inventor e innovador, se le dijo que "De ti será su [el de Abel] deseo, y tú te enseñorearás de él". Y entonces mató a Abel. (1972).

Las figuras de Caín y Abel introducen otras diferencias que no podrán recibir aquí la atención que merecen. Mitos sumerios anteriores narran el episodio con al menos una inversión. En algunos es el honrado y generoso pastor semi-nómada el que tiene que matar al invasor e inversor agrícola, siempre ávido de tierras que labrar y de grano que acumular (Martos 2012: 41-42).

Sea como fuere, sabemos que el sedentarismo prevaleció y dio lugar a la civilización tal como y la concebimos en el presente. La alusión al bridge y a la libre empresa es más significativa, pues sabemos que era crucial para Bateson. No es la primera vez que nos toparemos con la reforma protestante, cuyas consecuencias tejen la racionalidad teorizada por Max Weber en *La Ética Protestante y el Espíritu del Capitalismo* (Parsons 1930). David Noble ha extendido este análisis en *La Religión de la Tecnología* (2000), reconstruyendo una tradición escatológica específicamente occidental que con la llegada del protestantismo conceptualiza el futuro histórico como un proceso de sucesivas redenciones de la condición mortal a la que la Caída condenó a nuestros primeros padres y con ella a la humanidad en su conjunto. Lo cierto es que la inversión del mito de la Caída y la Expulsión se remonta como mínimo al *Genesis Rabba,* un *Libro de Adán* apócrifo conservado en un texto armenio (Gravas y Patai, 1986, 245) que narra cómo un ángel fue a consolar a Adán y le obsequió unas tenazas y un martillo de herrero, además de enseñarle a uncir bueyes para que no se retrasara en el arar (Graves y Patai 1986, 71). Educado en el puritanismo calvinista, Lord Bacon señalaba la Caída como el inicio de un camino de redención de la culpa a través del progreso científico, tecnológico y moral que su *Nueva Atlántida* ejemplifica. En términos más afines al léxico de Bateson, el capitalismo puritano y protestante ocasiona una señalada diferencia: el éxito en los propósitos conscientes como señal de la gracia divina. De este modo, Bateson interpreta el segundo capítulo del Génesis como una especie de crítica de la razón propositiva y consciente. Las libres empresas que Bateson introduce en su interpretación son hoy las sociedades anónimas representadas en la economía de libre juego entre la oferta y la demanda. Las sociedades anónimas, entidades automaximizadoras que han adquirido la condición jurídica de personas sin siquiera ser organismos biológicos. Idealmente, un consejo de administración que representa proporcionalmente los intereses de los accionistas opera exactamente como lo hace el propósito consciente (Bateson 1972: 304), omitiendo cualquier otra consideración sistémica y mental que vaya más allá del juego consciente de la maximización de intereses en un contexto librecambista, un juego cuya libertad consiste en no admitir más ley que la de la oferta y la demanda, del tener y el querer. El participante idealmente perfecto de este juego sería una conciencia pura, impermeable a las realimentaciones más amplias que proceden de la biologí y la ecología, de nuestros cuerpos y de nuestros ecosistemas. Bateson no puede ver sabiduría sistémica alguna en una interpretación mitológica y religiosa que concibe la victoria en este juego como señal de la gracia, abrazando el propósito, la conciencia, la tecnología y la economía como instrumentos para liberarnos de las ataduras que nuestra condición biológica impone a los jugadores. En esa cultura protestante, *perdedor* no es solo una descripción: es un grave insulto. Para Bateson, la actitud sabia consistiría precisamente en liberarnos de la tiranía del propósito consciente, de la obligatoriedad del tablero y del propio juego de suma cero como el único que la racionalidad consciente puede jugar. Pero una mente pura, siempre consciente y ocupada en cumplir propósitos, no puede habitar sabiamente un organismo vivo ni un ecosistema equilibrado. A la arrogancia y la tiranía de los propósitos conscientes, Bateson opone el desasimiento y la humildad, una virtud paradójicamente defendida por la cultura religiosa que, según Bateson, arranca con el Génesis.

Notas para una crítica de la razón neolítica

> La Naturaleza salvaje no puede catalogarse como improductiva. Para los pueblos cazadores y recolectores que basan su economía en ese despliegue de riqueza −un sistema salvaje natural- un pedazo de tierra cultivada puede parecer extraño y nada bueno, al menos al principio. Los recolectores aprovechan todo el territorio, recorriendo diariamente largas distancias. Los pueblos agricultores basan su vida en un mapa de nodos muy productivos (los campos desbrozados) conectados por líneas (senderos a través del temible bosque). Es un inicio de lo "lineal". Los Reyes de Israel empezaron a talar las arboledas sagradas y los cristianos remataron el trabajo.
>
> Gary Snyder

Presuntos implicados en la sexta extinción.

Según el Grupo de Estudio del Antropoceno de la Unión Internacional de Ciencias Geológicas, el registro estratigráfico del período geológico bajo estudio se caracterizará por la notoria presencia de (1) residuos atómicos, (2) partículas de plástico en los sedimentos marinos y, sobre todo, (3) huesos fosilizados de aves domésticas como la gallina común

(Carrington 2016), la especie actualmente de mayor éxito reproductivo en toda la familia de las aves. La ingeniería genética permite ya producir en cadena animales domésticos que engordan más y antes, y que, gracias a redes de distribución mercantil cada vez más ágiles, proveen diariamente de carne a cientos de millones de familias de todo el planeta. La industria avícola mundial procesa más de seis billones de pollos al día, mientras que en apenas unos siglos de vida urbana se han extinguido prácticamente todas las especies silvestres que compartían ancestro con las aves domésticas. En términos generales, la presencia de animales domésticos entre los marcadores del Antropoceno contrasta nítidamente con el abrupto declive del número de especies salvajes en el registro del período, tan sólo comparable con el de las cinco anteriores extinciones masivas. Sumada a la probada correlación entre producción industrial de carne, gases de efecto invernadero, cambio climático y declive de la biodiversidad, la presencia mayoritaria de fósiles de animales domésticos en el registro geológico del Antropoceno robustece las hipótesis de William Ruddiman (2003) y Andrew Glikson (2014), quienes sitúan la domesticación neolítica de la naturaleza en los orígenes del Antropoceno, esto es, del mismo período geológico que, según dicha correlación, precipita la sexta extinción masiva de especies. Glikson y Ruddiman infieren sus hipótesis a partir de una marcada correlación estratigráfica entre la aparición de la agricultura y la ganadería y el incremento de gases de efecto invernadero en el registro geológico del Neolítico. Andrew Glikson ha denominado "La Gran Combustión del Neolítico" (Glikson 2014) al incremento anómalo de los niveles de CO_2 y de metano hace 8,000 años y 5,000 años respectivamente, producto de la deforestación, los incendios y el cultivo de arroz en Eurasia. La gran combustión del Neolítico, según William Ruddiman, marca el inicio del Antropoceno: "El Antropoceno empezó hace miles de años, como resultado del descubrimiento de la agricultura y de las innovaciones tecnológicas en las prácticas agrícolas" (Ruddiman 2003, 261). Como la sexta extinción, el calentamiento global de hoy podría tener antiguas raíces agrícolas[10].

---

[10] Las plagas y las pestes, el abandono de cultivos y la repoblación de bosques captores de carbono explican, según Ruddiman, las oscilaciones del CO_2

Desde las primeras etapas escolares, la historia oficial nos obliga a recitar que la invención de la agricultura posibilitó nuestro ingreso en la senda segura de la civilización, empujando a la humanidad a superar finalmente su prolongada condición primitiva, dejando atrás una existencia nómada y menesterosa, regida exclusivamente por ciclos naturales y fuerzas atávicas. Las investigaciones de Glickman y Ruddiman permiten ahora ubicar la aparición de la agricultura en el marco mucho más amplio de la historia natural, reinterpretando esa supuesta gesta de la civilización como el primer punto de inflexión ecológica hacia el declive de la biodiversidad y la sexta extinción. Las innovaciones culturales posteriores al nacimiento de la agricultura (desde la fusión de los metales, el empleo de animales para arrastrar arados metálicos, la invención del arado de vertedera, hasta la mecanización, los fertilizantes, los pesticidas y las actuales semillas transgénicas) multiplicaron sinergias que han ido acelerando el firme declive de la diversidad biológica iniciado hace diez milenos. Esas invenciones tecnológicas han servido para maximizar la producción agrícola, dando paso a nuevos procesos de realimentación positiva entre el incremento de la producción de alimentos y el crecimiento demográfico de las poblaciones sedentarias (Tudge 2000, 21). Las consecuencias ecológicas de estas sinergias entre las dinámicas productivas y el crecimiento demográfico se concretan en la pérdida y la fragmentación de los hábitats de las especies no domésticas y la desaparición de corredores naturales entre sus distintas poblaciones. Finalmente, la contracción y la fragmentación de los hábitats de los distintos biomas producen una merma considerable en la variabilidad genética de incontables especies salvajes, lo que incrementa su vulnerabilidad frente a plagas, fenómenos atmosféricos u otros factores ambientales.

Pero los efectos de la domesticación sobre la diversidad biológica no se agotan en la fragmentación de hábitats silvestres. El inevitable flujo genético entre las especies domesticadas y las especies salvajes reduce el ajuste adaptativo de estas últimas, al tiempo que amplía la brecha entre la presente tasa de extinción y la tasa de extinción fondo (Turcotte *et al.*

---

durante el último milenio, así como las oscilaciones climáticas dentro de la llamada Pequeña Edad De Hielo (1300-1900 d.c).

2016). La trayectoria general de la biodiversidad hacia la sexta extinción parecía ya trazada desde el Neolítico.

Como ya anticipamos, en esa trayectoria general han ido precipitando con el tiempo una serie de puntos de inflexión ecológica que aceleraron el declive de la diversidad biológica. Los intercambios biológicos propios de las invasiones imperiales europeas y asiáticas, la expansión mercantil de la Europa renacentista y barroca, la Revolución Industrial, el uso de combustibles fósiles, el consumo excesivo de carne o la obsolescencia programada de los bienes de consumo, por ejemplo, imprimieron nuevos giros de declive acelerado de la biodiversidad, pero su ocaso inicia con la aparición en la agricultura en el Neolítico.

Pese a lo que digan unos cuantos negacionistas recalcitrantes, resulta innegable que la selección humana viene siendo el factor de mayor peso en la evolución biológica desde el Neolítico. Ese peso es hoy tan aplastante que tendemos a ignorar que la civilización aún representa una parte infinitesimal de nuestra evolución como especie. Durante al menos el 95% de nuestra historia natural, la existencia de la especie humana no dependía de la domesticación de la naturaleza. Caza y recolección eran modos de apropiación social de la naturaleza ajustados adaptativamente a los ciclos ecológicos gracias a prácticas como la migración, que imitaba la conducta social de otros muchos seres vivos. La domesticación neolítica de la naturaleza desplazaba cientos de miles de años de prácticas bio-miméticas (Benyus 2013) en favor de intervenciones que incidían en el desarrollo ontogenético de los seres vivos, alterándolo a partir de la vigilancia y el control de funciones biológicas como la nutrición, la reproducción y la interacción social entre miembros de una misma especie o de especies distintas.

La hipótesis de Jacques Cauvin: las causas mentales de la domesticación de la naturaleza

El campo semántico de términos como *invención cultural, intervención, vigilancia* y *control*, invita a equiparar la domesticación con un proceso iniciado por agentes causales que disponen de determinadas capacidades, contenidos e intenciones mentales. Algunos de los primeros arqueólogos europeos atribuyeron abiertamente la domesticación de animales a una toma de decisiones reflexiva y prudente de los últimos cazadores recolectores, provocada por su hartazgo ante las miserias de la vida nómada:

> [Estaban] obligados a vivir al día, persiguiendo animales que cazar o que pescar. La prudencia les aconsejó juntar y llevar consigo las crías de las madres muertas en sus cacerías, para convertirse en pastores. Después abandonaron el nomadismo para obtener una residencia fija y se convirtieron en agricultores (Daniel 1967, 44).

No es difícil imaginar los siguientes capítulos de este relato de progreso en la evolución de la cultura humana, según el cual, en un primer esfuerzo épico, los seres humanos lograron liberarse de las cadenas de la existencia animal. El arqueólogo Jacques Cauvin estableció una conexión causal entre la gesta heroica de la agricultura y las grandes revoluciones conceptuales del Neolítico, posibilitadas a su vez por capacidades, contenidos e intenciones de carácter exclusivamente mental, que predispusieron a ciertas poblaciones del creciente fértil a asumir intencionalmente el control de sus relaciones ecológicas con ciertas especies animales y vegetales, todo con la intención de abandonar las penurias de la subsistencia, optimizar su manutención y procurar su crecimiento demográfico. En *El Nacimiento de los Dioses y el Origen de la Agricultura* (1994) Cauvin atribuye explícitamente la domesticación de la naturaleza a una decisión consciente de la mente neolítica. En la domesticación de animales y plantas, mente y producción simbólica precedían según Cauvin a demografía y producción económica[11].

---

[11]   Pero no fueron solo los discursos arrogantes del humanismo (Ehrenfeld 1981) los que responsabilizaron de la domesticación a decisiones conscientes de los humanos de la prehistoria. En un primer y controvertido estudio sobre la domesticación, Jared Diamond recurría a los resultados de la Paleopatología para brindar un recuento de los efectos patológicos que la domesticación tuvo sobre la vida humana en el Neolítico, calificando la agricultura como "*la peor equivocación que ha cometido la especie humana en toda su historia*". Diamond no

Según Cauvin, la invención de la agricultura exigía antes "una revolución en los símbolos de la mente humana", cuyo estallido también supone propiciado por la insatisfacción mental de los Sapiens prehistóricos ante las penurias propias de la vida nómada. En su opinión, la transformación simbólica que incontestablemente precedió y determinó causalmente la aparición de la agricultura fue de orden religioso. Para Cauvin, las figuras zoomorfas de los cazadores recolectores del Paleolítico Superior, por ejemplo, representaban un conjunto no estratificado de deidades en el que ninguna especie animal disponía de una autoridad por encima de las demás. La agricultura, sostiene Cauvin, fue posible gracias al reemplazo de esa serie transversal de símbolos zoomorfos por los símbolos antropomorfos de una deidad única, encarnada en el creciente fértil del Neolítico por la autoridad soberana de una antigua diosa oriental, en cuyo séquito de fieras peligrosas se concreta simbólicamente el poder para domesticar animales subordinados y familiares[12] (Cauvin

---

duda en atribuir el error a una decisión mal tomada: "*Conforme aumentó la densidad demográficas de las poblaciones de cazadores recolectores, los grupos tuvieron que elegir entre encontrar fórmulas para limitar su crecimiento o dar los primeros pasos a la agricultura para alimentar más bocas*" (Diamond 1987, 95-98) Quienes eligieron la primera opción desaparecieron por la presión selectiva de los segundos, a cuyas poblaciones la agricultura premiaba con más bocas que nutrir y más brazos para producir … Según esta lógica, nosotros somos los sucesores de aquellas primeras sociedades de agricultores, nuestra cultura tecnológica es la heredera de la cultura agrícola, y la biodiversidad aquello que, como las sociedades nómadas de cazadores recolectores, sigue desapareciendo con la evolución de nuestros sistemas producción. Todo ello, según Diamond, por culpa de una mala decisión, una especie de pecado original que nos expulsó del paraíso de la caza y la recolección.

[12] Las excavaciones arqueológicas de Klaus Schmidt iban a prestar una ayuda inesperada a las tesis de Cauvin. En 1995, el arqueólogo alemán había dado con las ruinas Göbekli Tepe, una gran edificación construida en el territorio turco del creciente fértil. Considerado el primer templo religioso de la historia, Göbekli Tepe contenía varias esculturas antropomórficas, en forma de T, sin rostro pero con brazos en los costados, que portaban sobre sí representaciones escultóricas de animales peligrosos para el hombre. Lo que resultaba muy enigmático era el volumen de la construcción y su datación: había sido levantada en el año 11,500 AC, varios siglos antes de la sedentarización y de las sociedades agrícolas. Según Schmidt, la construcción de complejos monumentales contaba ya entre las capacidades de los

1994, 69). Con la topología vertical de la diosa de la fertilidad se transforma la imaginación humana en un *arriba*, donde reina la Madre Universal y un *abajo*, simbolizado por los brazos suplicantes de los seres humanos: "Resulta significativo que la mismísima noción de soberanía se manifieste por vez primera en la imaginación artística del período Neolítico, mucho antes de que su trasposición social causara su aterrizaje sobre la tierra" (Cauvin 1994, 71).

Nuestro énfasis en la palabra *causa* no es accidental.

> La nueva deidad transforma la autoconciencia del espíritu humano y estimula en él nuevas iniciativas, como un antídoto jamás antes probado, que actúa por primera contra una vieja enfermedad existencial. Hasta ese momento las sociedades del Neolítico se habían limitado a ser espectadoras pasivas de los ciclos naturales de reproducción en el mundo vivo, pero a partir de entonces asumirían la responsabilidad de intervenir como productores activos. Esa intervención era tecnológicamente posible desde hacía tiempo, pero nunca antes habían pensado en esa idea, y ni siquiera habían sentido el deseo de hacerlo. (Cauvin 1994, 71).

Y no lo habían hecho *porque* la cultura aún no estaba preparada para la agricultura y la ganadería, con lo que Cauvin da a entender que la preparación vendría de una revolución simbólica, religiosa y antropomorfa: "El deseo de cambiar, de progresar, que caracteriza desde entonces la historia humana y que la diferencia de centenares de miles de años de lenta evolución, tiene su origen en esta revolución cultural" (Cauvin, 1994, 71).

---

cazadores-recolectores, y no solamente entre las comunidades sedentarias de agricultores. Según Schmidt, primero llegó el templo y la religión, después la ciudad y la agricultura. En su opinión, las figuras T son guardianes antropomórficos, y su séquito de animales peligrosos representan formas de dominar miedos ancestrales antes de dar paso al control neolítico del entorno mediante la agricultura y la domesticación (Schmidt 2010). Sobra decir que hay arqueólogos que discrepan de esta controvertida interpretación y que no ven en Göbekli Tepe un lugar de culto, sino un conjunto habitacional (Banning 2011).

La domesticación como resultado de presiones selectivas

Estudios mucho más recientes sobre los orígenes de la agricultura y la domesticación de animales desafían este modelo progresista de evolución cultural, retomando de alguna forma las tesis de Darwin. En *Variaciones de los animales y plantas bajo domesticación* (1868), Darwin defendía que los mecanismos de la selección artificial no eran tan distintos de los de la selección natural. Según David Rindos y Stephen Budiansky, desde un enfoque darwinista, la selección artificial de las variaciones de acuerdo con un diseño finalista en un ambiente cultural obedece a los mismos mecanismos que la selección natural de las variaciones independientemente de cualquier diseño, sino por obra de las presiones selectivas propias del entorno silvestre o nativo. Bajo este enfoque evolutivo, lo que importa es la selección, no el agente selector ni los orígenes naturales o inducidos de las variaciones a seleccionar. Tanto la selección artificial o domesticación como la selección natural son el producto de las presiones selectivas presentes en sus respectivos ambientes, sean naturales o artificiales.

Más que producto de una intención deliberada, David Rindos caracteriza la domesticación como una relación co-evolutiva de mutualismo. En su opinión, las relaciones entre humanos domesticadores y plantas domesticadas no son diferentes de las que mantienen algunos insectos sociales con algunas plantas, como la relación simbiótica entre las hormigas y las acacias (Rindos 1984: 102). Stephen Budiansky extiende la conclusión de Rindos a animales mamíferos como los osos hormigueros, en relación simbiótica con una especie de calabaza. Con el agua que le provee la calabaza, el oso hormiguero evita un peligroso desplazamiento a una fuente de agua, río o manantial, con lo que minimiza la probabilidad de ser depredado. La planta aprovecha la digestión del oso hormiguero como tratamiento previo para la germinación de sus duras semillas; el hábito del oso hormiguero de enterrar sus heces hace que estas semillas obtengan unas condiciones de profundidad y fertilidad óptimas para que las semillas germinen y la calabaza se reproduzca. La clave de la relación está más del lado de la calabaza que del oso, piensa

Budiansky. La calabaza ha perdido su toxicidad, de modo que resulta comestible para el oso hormiguero (Budiansky 1992, 102). Budiansky aduce este ejemplo de pérdida o supresión de factores protectores como una de las vías hacia la agricultura y la ganadería en tanto que relaciones simbióticas: las ventajas evolutivas de hacerse indefenso[13].

Budiansky ha atribuido esas ventajas evolutivas a la neotenia, la retención de rasgos y conductas infantiles en el desarrollo animal. La neotenia facilita considerablemente la relación de domesticidad, dados los beneficios productivos que procura al domesticador y el éxito reproductivo que procura a la especie domesticada. Según Budiansky, lo que mejor distingue a los animales domésticos de sus parientes salvajes es precisamente la retención de sus conductas juveniles y la reducción del período en el que alcanzan su madurez sexual. La neotenia actúa precisamente sobre los mecanismos del desarrollo ontogenético de los organismos, reteniendo rasgos que propician su domesticación al tiempo que se reducen los tiempos para su madurez sexual. "Un animal

---

[13]   No es difícil ver que la pérdida de la distancia de seguridad y de las reacciones de huída facilitan la domesticación del animal. Es posible que en términos de calidad de vida individual, el animal domesticado no obtenga más que un déficit biológico. Pero no es ahí donde hay que buscar las ventajas adaptativas de la domesticación para el animal domesticado, según Budiansky, sino en el éxito reproductivo de su especie tras la selección artificial y la reproducción en cautividad. Recordemos los números de las poblaciones de gallinas de la presente industria avícola. Budiansky cree que, al seleccionar variantes neoténicas favorables a la domesticación, los cazadores recolectores hacían lo mismo que la evolución biológica había hecho cuando cambiaron las condiciones ambientales de la Edad de Hielo. Para Budiansky, la neotenia es el punto de confluencia entre evolución y domesticación. En su "Homenaje biológico a Mickey Mouse" (1980), Stephen Jay Gould analizó el progresivo rejuvenecimiento de imagen de la caricatura del ratón de Disney como una especie de inversión neoténica de desarrollo ontogénico. Cuando debutó en al cine, el ratón Mickey no era ni tan inofensivo ni tenía el rostro tan redondeado, con las orejas de soplillo. El malicioso ratoncito de los comienzos se había convertido en un héroe nacional con las facciones y el comportamiento modélico de un niño bueno, apacible y encantador. Pese a no ser su intención, el rejuvenecimiento humano que desvela Gould en Mickey Mouse nos proporciona una acertada analogía con la domesticación de la naturaleza como control humano de la ontogénesis del organismo para hacerlo apto para el consumo biológico y cultural humano.

neoténico es aquel que alcanza la madurez sexual mucho antes de que se puedan activar y desarrollar completamente las conductas adultas de sus ancestros" (Budiansky 1992: 119). La domesticación opera a partir de la neotenia, de la selección artificial y la cría en cautividad de especies que han retrasado o suspendido la activación de determinadas fases del desarrollo previsto por su genotipo.

Como Budiansky, Melinda Zeder responsabiliza a la neotenia de las dos primeras vías hacia la domesticación: (1) la curiosidad infantil para aproximarse y carroñear los restos de los alimentos de grupos humanos a su vez tolerantes al comensalismo y (2) la conversión en dóciles rebaños de aquellas presas más indefensas y más tolerantes a la proximidad humana. La experiencia ya ganada en estas dos primeras vías dio paso, según Zeder, a una tercera vía (3), la intervención humana directa sobre especies más sumisas y más aptas. Con todo, y aunque el factor intencional es más evidente en la tercera vía, Zeder no excluye la intervención de factores intencionales en fases posteriores de las dos primeras, toda vez que, ya producidas las variaciones genéticas que dieron lugar a los rasgos favorables para la domesticación, hubo un factor *intencional* en la selección artificial y la cría en cautividad de los individuos con esas características neoténicas, como la indefensión y la curiosidad, y no con otras. Zeder ha categorizado muchos de los rasgos conductuales que facilitan la domesticación de los animales: su organización en grandes grupos gregarios estratificados jerárquicamente, su conducta sexual promiscua y dominada por los machos, su temprana madurez sexual, su alimentación generalista u omnívora, su tolerancia ambiental, su baja dependencia de la búsqueda de madriguera o refugio... (Zeder 2012, 166).

La confusión entre las causas y legitimaciones culturales de la domesticación.

En cualquier caso, las investigaciones de Rindos, Budiansky y Zeder desmienten la tesis de Cauvin sobre los orígenes causales de la domesticación en pre-adaptaciones mentales, en revoluciones simbólicas o ideológicas conducentes a la intención y a la decisión de domesticar.

La voluntad de domesticar no precedió causalmente a las *primeras* domesticaciones, que fueron fruto de variaciones favorables, no dirigidas más que por la propia dinámica selectiva entre mutaciones genéticas y cambios ambientales.

Y aun así, la tesis de Cauvin sobre el carácter religioso de la revolución Neolítica no resulta tan desacertada cuando la interpretamos en términos de *razones* y no de *causas*. Atribuir las *causas* de la domesticación de plantas y animales a disposiciones de la mente neolítica hacia la religiosidad no es lo mismo que atribuir a esa mentalidad neolítica la capacidad de ofrecer *razones* religiosas para legitimar la domesticación como una de sus prácticas socio-ecológicas. Y aquí conviene recordar esa larga historia humana en la que las producciones simbólicas de la cultura, las cosmogonías mitológicas, las representaciones de las artes plásticas, escénicas y musicales, al igual que productos más discursivos como la religión, la literatura, la filosofía y la ciencia han servido para legitimar culturalmente prácticas que, como la agricultura y la domesticación de animales, produjeron cambios en los medios de producción, en la apropiación de recursos bióticos y en la distribución social del poder, cambios que cristalizaron en cierto *statu quo*. Jared Diamond hablaba abiertamente de las relaciones de dominación, segregación y exclusión provocadas por los sistemas productivos del Neolítico basados en la agricultura y la domesticación de animales (Diamond 2002). Las deidades de la fertilidad y sus atributos animales constituían representaciones religiosas de la domesticación y de la producción agropecuaria con la probable función de legitimar esas relaciones sociales, sea sólo entre seres humanos y seres humanos o entre seres humanos y animales domesticados. No sorprende que la representación divina de la fertilidad que Cauvin concibe entre las causas religiosas de la agricultura sirviera en realidad para legitimar un sistema de relaciones de dominación. No sería la última vez que el caudal simbólico de una cultura sirviera para justificar una determinada correlación de fuerzas sociales. Autores como Jonathan Friedman hablan explícitamente de una economía política fundada en una "religión de la productividad" durante el Neolítico, cuya doble función consistía en administrar la acumulación de prestigio y generar votos propiciatorios a las divinidades para que concedieran cosechas de mayor riqueza, "una religión de la productividad en la que, en su inmediata apariencia, queda invertido el proceso real del trabajo. Los excedentes no se representan como producto del trabajo, sino como obra de los dioses" (Friedman 1974, 231).

Este tipo de ritos religiosos cumplen también cierta función causal, en la medida en que la legitimación religiosa retroalimenta positivamente las mismas prácticas de apropiación de la naturaleza que legitima. La religión no es el origen de la domesticación, pero la justifica y la potencia. Como afirmaba Paul Shepard, para los antiguos agricultores la madre es la metáfora viva del poder del universo. Siembras y plegarias son los insumos que deben proporcionar tierras de cultivo y lluvia. Esta metáfora productivista tiene evidentes repercusiones en las sociedades humanas y animales. Cuando la producción no alcanza, la Diosa Madre proveedora se convierte para el agricultor en una temible y odiosa madrastra. O en el Padre Inmisericorde del Antiguo Testamento, capaz de negar el pan, la lluvia y la cosecha a quienes desoyen su voz y perpetúan prácticas totémicas y paganas. Donde mejor se expresa la religión de la productividad propia del Pentateuco es en las bendiciones y las maldiciones del Deuteronomio:

> Que el Señor mande contigo la bendición en tus graneros
> y en tus empresas [...], que te enriquezca con el fruto de tu
> vientre, el fruto de tu ganado y el fruto de tu suelo, en la
> tierra que el Señor había prometido a tus padres que te dará
> a ti [...] Que el señor te abra su rico almacén del cielo, dando
> a su tiempo la lluvia a la tierra y bendiciendo todas tus tareas
> (Deuteronomio 28: 8-12; Schoekel 1993, 346)

Pero hay de aquel que no escuche la voz de Dios y siga idolatrando animales, comiendo sangre, grasa y vísceras[14] como los antiguos

---

[14] El libro del Levítico contiene tabúes religiosos que condenan y excluyen las prácticas alimentarias de los cazadores recolectores. Hay animales puros, como los animales de pezuña hendida o bisulcos, apropiados para la domesticación ganadera, y animales impuros, como los insectos, los moluscos y demás invertebrados de las costas y de los bosques, propios de las actividades de recolección de aquellas sociedades que los hebreos deben detestar, pues Yahvé

cazadores recolectores, o manteniendo tratos con los chamanes de la prehistoria:

> Maldito seas en la ciudad, maldito seas en el campo. Maldita tu cesta y tu artesa. Maldito sea el fruto de tu vientre, el fruto de tu suelo, las crías de tus reses y el parto de tus ovejas ... saldrás al campo cargado de semillas y recogerás una miseria, porque se lo comerán las langostas ... de tus árboles frutales y cosechas se apoderarán los insectos" (Deuteronomio 28: 16-42; Schoekel 1993, 346-347).

Yahvé recompensa a monoteístas civilizados e industriosos con los frutos de la agricultura, mientras condena a la miseria a quienes le desobedecen y siguen idolatrando animales o practicando costumbres alimentarias y sexuales propias de tribus salvajes, nómadas e incivilizadas. Deben asumir con contrición su responsabilidad por la mala cosecha y abandonar de una vez por todas esas prácticas anteriores a la civilización, si quieren recuperar el favor divino en forma de cosecha abundante. El texto bíblico emplea abiertamente el lenguaje simbólico de una religión de la productividad que legitima las costumbres y las relaciones de poder de una cultura agrícola.

La legitimación filosófica de la dominación.

El discurso filosófico sobre la racionalidad neolítica ha equiparado la domesticación humana de la naturaleza con su superación cultural, enalteciendo el mito de la racionalidad neolítica como el verdadero

---

las detesta. También son impuros plantígrados como los osos, uno de los animales más poderosos en las mitologías prehistóricas (Shepard 1990). Los hebreos no deben comer la carne de los animales desgarrados por una bestia en el campo, una referencia directa al carroñeo que también practicaban al menos las primeras sociedades humanas. Las aves de presa, que riegan la tierra de los cadáveres de otros animales son igualmente impuras. De los animales puros y aptos para sacrificios propiciatorios, Yahvé prohíbe comer precisamente la sangre, la grasa y las vísceras, precisamente aquellas más preciadas por los cazadores recolectores, dada su aportación calórica.

origen de la cultura humana y de su progreso, entendido como la constante mejora de la condición humana en el mundo natural, gracias al conocimiento y la tecnología, infinitamente perfectibles y mejoradas generación en generación. El acto fundacional de una cultura agrícola es la suspensión de la satisfacción inmediata de las necesidades biológicas que hace al hombre nómada y esclavo de la naturaleza.

Con Hegel y Ortega, la astucia de la razón humana demora la gratificación instantánea e instintiva de las necesidades, poniendo a trabajar a la propia naturaleza para cubrirla *regularmente*, tanto las Como ya vimos, Cicerón pensaba que el cuerpo del buey estaba hecho para el yugo, el buey subyugado para la agricultura, la agricultura para beneficio del hombre y, con el monoteísmo, el hombre para mayor gloria de Dios.

Durante siglos, la filosofía académica occidental ha intentado justificar la domesticación occidental del mundo —la redistribución, en beneficio de las élites, de las fuerzas ecológicas y psicológicas pertenecientes al conjunto de la vida - levantando una serie de oposiciones insalvables pero interconectadas, como la dicotomía entre humanidad y naturaleza, razón e instintos o alma y cuerpo. Algunos textos de la *Política* de Aristóteles justifican filosóficamente esta interconexión de dualismos subordinantes en una red de relaciones de poder propias de un gobierno centralizado por las élites. Pese a su extensión, la relevancia del texto de Aristóteles justifica su inclusión:

> Evidentemente, no puede negarse que no sea natural y bueno para el cuerpo el obedecer al alma, y para la parte sensible de nuestro ser el obedecer a la razón y a la parte inteligente. La igualdad o la dislocación del poder, que se muestra entre estos diversos elementos, sería igualmente funesta para todos ellos. Lo mismo sucede entre el hombre y los demás animales: los animales domesticados valen naturalmente más que los animales salvajes, siendo para ellos una gran ventaja, si se considera su propia seguridad, el estar sometidos al hombre. Por otra parte, la relación de los sexos es análoga; el uno es superior al otro; éste está hecho para mandar,

aquél para obedecer. Esta es también la ley general que debe necesariamente regir entre los hombres. Cuando es un inferior a sus semejantes, tanto como lo son el cuerpo respecto del alma y el bruto respecto del hombre, y tal que es la condición de todos aquellos en quienes el empleo de las fuerzas corporales es el mejor y único partido que puede sacarse de su ser, se es esclavo por naturaleza. Estos hombres, así como los demás seres de que acabamos de hablar, no pueden hacer cosa mejor que someterse a la autoridad de un señor; porque es esclavo por naturaleza el que puede entregarse a otro; y lo que precisamente le obliga a hacerse de otro es el no poder llegar a comprender la razón sino cuando otro se la muestra, pero sin poseerla en sí mismo. Los demás animales no pueden ni aun comprender la razón, y obedecen ciegamente a sus impresiones. Por lo demás, la utilidad de los animales domesticados y la de los esclavos son poco más o menos del mismo género. Unos y otros nos ayudan con el auxilio de sus fuerzas corporales a satisfacer las necesidades de nuestra existencia (Aristóteles *Política* 1, 2).

Dualismos filosóficos como los señalados en el texto aristotélico invierten y ocultan la dependencia de la cultura humana con respecto a las demás especies. Aristóteles justifica que el ciudadano griego satisfaga las necesidades biológicas de su existencia gracias a la dominación de las demás especies animales, y a la esclavización de quienes no son ciudadanos, apelando a una serie de dicotomías ya preexistentes, verticales y excluyentes. Según Aristóteles, nada más *natural* que el cuerpo obedezca al alma, los sentidos a la razón, la hembra al varón, el esclavo al amo o los animales al hombre. Según el filósofo, la domesticación de los animales redunda en su propio beneficio. Hoy sabemos que, en realidad, la domesticación de las especies conlleva su devaluación en términos biológicos. Y no resulta muy verosímil creer que Aristóteles esté pensando en beneficios darwinianos como el ajuste adaptativo y el éxito reproductivo de las especies domesticadas. Con todo, no podemos atribuir la errónea creencia de Aristóteles a la pobreza de los conocimientos zoológicos de la época. Además de ser una falsedad empírica, esa descripción supuestamente naturalista de las relaciones de dominación oculta la vulnerabilidad y la fragilidad de la existencia humana con la fuerza de exclusión de las dicotomías filosóficas. La discontinuidad entre humanidad y animalidad subordina la segunda a la primera[15], convirtiéndola en accidente y ensalzando así la excepcional omnipotencia de la razón humana, que puede controlar variables tan "accidentales" como las necesidades orgánicas de las especies y la capacidad ecológica de carga de los ecosistemas. La dicotomía excluyente entre cultura y naturaleza oculta la dependencia que las poblaciones humanas tienen de las demás especies y ecosistemas, al tiempo que justifica la violencia de su explotación[16].

Históricamente, la dependencia ecológica de la vida humana ha originado todo tipo de miedos y obsesiones. Las dicotomías filosóficas pueden entenderse como recursos culturales que enmascaran la conversión del miedo al desamparo, al dolor, la enfermedad y la muerte, además de la hostilidad y el resentimiento contra una naturaleza que, por muy ajena que sea para el humanismo filosófico, hace posible la propia vida de la cultura. En términos más freudianos, las instituciones de la vida civilizada pueden entenderse como las defensas levantadas

---

[15] "Elevar la humanidad por encima de la naturaleza ha costado unos cuantos miles de años. En este tiempo el pensamiento occidental ha caído en un estancamiento simplista de dualismos y discontinuidades: cuerpo y alma, mente y materia, tierra y cielo, hombre y naturaleza, bien y mal. No se trata de un dilema insoluble, aunque es mucho más peligroso de lo que nos permitimos averiguar" (Shepard 1967, 113).

[16] La pensadora ecofeministas Val Plumwood está convencida de que el patriarcado, la opresión y la domesticación de las mujeres, la conversión de lo femenino en categoría sexual y de las mujeres en máquinas reproductoras, no es independiente de la domesticación de los animales, las plantas, las tierras, las aguas o las rocas, de la subordinación absoluta de todo lo no humano a las exigencias neuróticas de una mente desamparada e insegura. Mujer y naturaleza se identifican con la *otredad* enajenada, que no se sabe dominar, y que por lo tanto está pidiendo a gritos ser legítimamente gobernada y administrada. Al fin y al cabo, "husband" (esposo) y "husbandry" (ganadería, agricultura) comparten su origen etimológico. La violencia de género no es independiente de la violencia de especie que la mente domesticadora viene practicando desde el Neolítico.

por el super-yo/cultura contra la supuesta hostilidad del ello/naturaleza, síntomas de una vulnerabilidad que los dualismos filosóficos se encargaban de negar y ocultar.

Domesticación y regresión infantil.

Paul Shepard (1982) ha sugerido que el síndrome de domesticación, la generación de consecuencias imprevistas en la domesticación de las especies zoológicas, puede entenderse también como un síndrome de regresión infantil derivado de la selección artificial de rasgos neoténicos ya señalada páginas atrás. Si anatómicamente significa un déficit, en términos conductuales la domesticación equivale a sustraerles a los organismos adultos de las especies de aquellos comportamientos que los caracterizaban como tales a partir de su ontogénesis y de acuerdo con el orden de desarrollo previsto por su dotación genética específica. La domesticación, como vimos, prolonga intencionalmente las fases infantiles de su ontogénesis. La selección neoténica de rasgos y conductas favorables a la domesticación anula la autonomía de los animales domesticados, haciendo que dependan de los seres humanos para subsistir y reproducirse, tal y como las crías humanas dependen de sus progenitores para madurar. La domesticación de las plantas y la producción agraria también imponen a los organismos estrategias de regresión infantil en mayor o menor grado. La obsesión por los productos lleva al agricultor a suspender los procesos de sucesión ecológica en las fases iniciales, infantiles o inmaduras, durante las cuales se maximiza la producción de biomasa, impidiendo que los ecosistemas alcancen su clímax, la complejidad interespecífica propia de comunidades biológicas maduras y estables. El monocultivo de cereal, por ejemplo, no es tan distinto del césped del *green* de un campo de golf, rasurado puntualmente para mantenerlo eternamente infantil, sin tallos muertos, flores o florescencias (Haskell 2012, 222), sin molestos hierbajos que impiden que ruede la pelota hasta el hoyo. Aplicamos pesticidas para minimizar la fricción en el *green* o para maximizar la producción de semillas, pero en ambos casos desterramos las fuerzas biológicas que aseguran la variedad y la complejidad. Ese destierro simplifica el ecosistema agrario y lo desprotege ante nuevas amenazas para las que, dada su eterna juventud, no podrá desarrollar defensas. Cumplida la amenaza, no nos queda más remedio que aplicar nuevos pesticidas, y así sucesivamente...

Como el síndrome más general de domesticación, el síndrome de regresión infantil genera más necesidades de las que originalmente pretende satisfacer. Según Henry D. Thoreau:

> El agricultor se empeña en resolver el problema de la subsistencia por medio de una fórmula más complicada que el problema en sí. Para proporcionarse los cordones de los zapatos especula en cabezas de ganado. Con habilidad prodigiosa ha colocado una trampa, provista de un delicado resorte, para atrapar la comodidad, pero se le va el pie y es él el que resulta cazado. He ahí la razón por la que es pobre. Y por parecidos motivos lo somos todos, en relación con las mil comodidades que disfruta el salvaje (Thoreau 1998, 25)

La domesticación de la naturaleza no ahorra a la humanidad unos esfuerzos físicos que, una vez ahorrados, iban a liberar un tiempo precioso para los proyectos espirituales de la cultura. Diga lo que diga Ortega, el esfuerzo por ahorrar esfuerzo nos encadena cada vez más al trabajo. En realidad, como sugiere Thoreau, los domesticadores de la naturaleza caen en trampas como las de las telarañas, en las que cuanto más se mueve la presa más apresada queda. La filosofía occidental ha ensalzado esta trampa como un rompeaguas definitivo, una revolución neolítica que rompe con un largo pasado irracional e inaugura la senda segura de las ciencias. La cultura y el progreso. Hoy sabemos que el tipo de racionalidad que supuestamente inaugura la revolución neolítica y rompe la cadena ecológica entre evolución de las especies e historia humana, en realidad cerraba una puerta para abrir otra, no las infinitas opciones del progreso al alcance de la libérrima razón humana, sino un pasillo único e irreversible, una trayectoria sistémica que el pensamiento occidental siempre se empeñó en pensar como libertad. Lo cierto es que el resultado inevitable de la domesticación es una huida hacia adelante, una espiral que pudo y puede producir vértigo y angustia. De este modo, la mente sedentaria se ha ido poblando de fantasmas que resultan difíciles de desalojar, como el miedo a la escasez y al desamparo. Paul Shepard ha intentado explicar nuestra destructividad ambiental y sus efectos sobre la diversidad de la vida como respuestas hostiles y arrogantes que en realidad ocultan debilidades, miedos y obsesiones. Shepard recurre al psicoanálisis de Freud para caracterizar muchas perturbaciones conductuales de la moderna mente urbana en términos de regresiones infantiles en su proceso de maduración: el temor al abandono, las fantasías infantiles de omnipotencia, las fijaciones orales, el miedo al desamparo, la incompetencia fisiológica, la obsesión por el alimento, la absoluta dependencia de los individuos inmaduros, el narcisismo.

El malestar en la cultura en el Antropoceno.

La domesticación de la naturaleza significa la reducción de nuestro mundo circundante a las cosas hechas por y para los seres humanos[17] Las variedades biológicas son reducidas a *existencias*, en el sentido heideggeriano de reservas almacenadas y disponibles. Dado que nos servimos de los objetos y los procesos del mundo circundante como medios de auto- representación, los animales humanos que crecen alejados de la diversidad de la vida corren el riesgo de quedarse estancados en narcisismos y fantasías infantiles de omnipotencia que resultan autodestructivas y que, inevitablemente, acaban por dañar el ambiente socio- ecológico del que, lo quieran o no, depende su propia

---

[17] Heidegger también parecer señalar esos riesgos psicóticos en las apariencias engañosas de omnipotencia humana: "Sin embargo, precisamente este hombre que está amenazado así se pavonea tomando la figura del señor de la tierra. Con ello se expande la apariencia de que todo cuanto sale al paso existe sólo en la medida en que es un artefacto del hombre. Esta apariencia hace madurar una última apariencia engañosa. Según ella parece como si el hombre, en todas partes, no se encontrara más que consigo mismo" (Heidegger 1994, 28-29)

existencia. En *El Malestar de la Cultura,* Sigmund Freud pronosticó acertadamente los impactos que las fantasías de omnipotencia de la cultura podrían tener sobre la integridad de la naturaleza.

> Desde hace mucho tiempo el ser humano se había forjado un ideal de omnipotencia y omnisapiencia que encarnó en sus dioses, atribuyéndoles cuanto parecía inaccesible para sus deseos o le estaba vedado, de modo que bien podríamos considerar a estos dioses como ideales de cultura [...] Así, reconocemos el elevado nivel cultural de un país cuando comprobamos que en él se realizan con perfección y eficacia cuanto atañe a la explotación de la tierra por el hombre y a la protección de éste contra las fuerzas elementales; es decir, en dos palabras, cuando todo está dispuesto para su mayor utilidad. En semejante país, los animales salvajes y dañinos habrán sido exterminados y florecerá la cría de los domésticos (Freud 1920, 2024).

Nuestro mundo tecnológico y global se asemeja mucho al país de Freud. La idealización freudiana de una explotación óptima de la tierra se ha verificado y extendido hasta completar la mercantilización total, la disponibilidad para la economía de mercado de cualquier punto del globo planetario, desde la fracturación hidráulica de la corteza terrestre hasta la ocupación satelital de la termosfera. La biotecnología hace ahora florecer la cría de animales domésticos mediante la selección controlada de aquellos genotipos que optimizan la producción de bienes para consumo humano. Pero el síndrome de domesticación prueba que optimizar el control de un proceso suele alterar el curso de muchos otros. Contrariamente a lo que sugería Freud, la sexta extinción de especies salvajes no es el fruto de un exterminio programado en favor de la cría de especies domésticas, sino una consecuencia no deseada de lo que para él eran los *ideales* culturales de saber y de poder absolutos. Hemos visto que tales ideales no fueron los orígenes causales o las causas primeras de la domesticación, sino las razones que legitimaban y realimentaban las prácticas agrarias del Neolítico. Con el tiempo, la religión de la productividad se ha transformado en la ideología del progreso como crecimiento. El crecimiento económico, entendido como un desarrollo atento solo a directrices económicas —como un desarrollo que ignora los límites ecológicos de los sistemas económicos— genera hipertrofias, atrofias y otras patologías del desarrollo. El ocaso de la biodiversidad puede pues entenderse como el resultado de algunas psicopatologías del desarrollo —como las fantasías infantiles de omnipotencia, tan propias de esa imagen ideal de la civilización como una progresión ascendente hacia la movilización tecnológica de todas las fuerzas productivas de la naturaleza. Sabemos que tras ese ideal totalizador suelen ocultarse patologías narcisistas. Quizá haya llegado el momento de releer con cuidado la obra de Erich Fromm, quien, pese a no vivir el delirio digital de nuestros días, vinculaba acertadamente la biofobia con el narcisismo y el exhibicionismo propios del consumidor compulsivo de modernas tecnologías (Fromm 1964, 96), como si la biodiversidad fuera un catálogo que exhibir desde un dispositivo electrónico.

Los memoriales a la sexta extinción zoológica

> Los zoológicos, las mascotas y los animales domésticos nos regalan satisfacciones personales por obra la miseria ecológica de nuestras vidas. La incómoda verdad es que son en realidad perversiones patológicas. Los documentales de animales, las mascotas, los zoos y los juguetes son groseros substitutos para satisfacer una necesidad innata. Al poseerlos, dejamos casi de preocuparnos por la supervivencia de los animales salvajes. Así dejamos que las formas salvajes de vida se vayan deslizando hacia la extinción de puntillas, sin hacer apenas ruido
>
> Paul Shepard

Introducción

La creciente sensibilidad pública sobre el bienestar de los animales en los zoológicos ha obligado a sus defensores a justificar su existencia apelando a la seriedad de las misiones científicas, conservacionistas y educativas que en la actualidad los zoos pretenden desempeñar, ocultando a veces que la mayoría de sus clientes, las familias que visitan los zoológicos en fines de semana y días de asueto, siguen buscando meramente diversión. De hecho, la publicidad de cualquier zoológico contemporáneo podría hacer pensar a sus potenciales clientes que su visita supone una experiencia profundamente educativa que, en términos acumulativos, también supondrá un serio impulso a la conservación de especies amenazadas.

Hay que admitir que, dadas las estadísticas anuales de los zoológicos, su potencial para esas nobles empresas parece innegable. Se calcula que hay cerca de 1,000,000 de animales cautivos en unos 10,000 zoológicos en todo el mundo (Animal Ethics 2013), visitados anualmente por más de 600 millones de personas, cerca de la décima parte de la parte de la oblación mundial (WAZA 2013). Cifras tan abultadas nos hacen ya sospechar que, si jugaran un papel tan determinante como sus defensores reclaman, los zoológicos tendrían que haber producido ya resultados verificables y decisivos para la investigación científica, la conservación de especies amenazadas y, sobre todo, para la educación ambiental de tantos visitantes. En este capítulo, tras examinar los datos disponibles sobre el impacto científico, conservacionista y educativo de los actuales zoológicos, aduciré algunas razones por las cuales, en su presente estado, los zoológicos no cumplen ni pueden cumplir su presunto cometido.

Antes de discutir sus éxitos, cabe preguntarse si la auténtica naturaleza de los zoos no queda mejor retratada por otras cifras. El Statistics Brain Reserch Institute calcula que el volumen anual de negocio tan sólo de los zoológicos estadounidenses es de 16,000 millones de dólares. Así que, olvidando por el momento sus efectos sobre el medio ambiente ecológico y social, parece que los zoológicos son ante todo un espléndido negocio. Y para serlo, necesariamente tienen que obedecer las leyes de la economía de mercado, empezando por la ley de la oferta y la demanda. Este primer imperativo comercial arroja ya una primera duda sobre su efectividad para la conservación de especies amenazadas, pues sesga decisivamente las políticas de adquisición de animales en el negocio de zoológicos. Según el Captive Breeding Specialists Group (Grupo de Especialistas en Cría en Cautividad, CBSG, por sus siglas en inglés), los 370 zoológicos de los 34 países pertenecientes al programa de reproducción en cautividad del CBSG, sólo destinan entre el 5% y el 10% de su espacio a alojar especies amenazadas, y éstas representan entre el 10% y el 23% del total de especies vertebradas que alojan en ese espacio (Margot, 2010: 12).Y sólo 1 de cada 7 especies pertenecientes a los 837 zoológicos del International Species Information System (ISIS) pertenece a la Lista Roja de especies amenazadas de la IUCN (Conde et al. 2013, 5). Al parecer, los zoológicos del presente prefieren adquirir ejemplares de especies emblemáticas de megafauna mamífera procedente de lugares exóticos, que funcionan como imanes para sus clientes. Además, el porcentaje de ingresos que la gran mayoría de los zoos destina a la conservación de la biodiversidad es siempre menor del 20%, una cantidad a todas luces muy reducida, al menos en comparación a la que, según las funciones con las que se publicitan y sus espectaculares cifras, podrían destinar (WAZA 2013; Conde et al. 2013, 2). Antes de insistir en la legitimidad científica, ecológica y educativa de los zoológicos, sería bueno que sus defensores se preguntaran primero si, para cumplir las funciones que reclaman, los zoológicos pueden seguir siendo negocios privados, y si no sería mejor que pasaran a mano de instituciones sin ánimo de lucro, que destinen la práctica totalidad de los beneficios a las funciones que presuntamente les legitiman. Así y todo, aún cumplida esta condición, restarían muchas otras que, en mi opinión, las actuales estructuras de los zoológicos impiden satisfacer.

¿Qué conservan los actuales zoos?

Por ejemplo, ¿qué podrían hacer los zoológicos para reducir la tasa de extinción de especies en un porcentaje significativo? E.O. Wilson ha estimado que el número de especies actualmente existentes sobre la Tierra oscila en un rango entre 5 y 30 millones. De todas estas especies, la Unión Internacional para la Conservación de la Naturaleza (IUCN 2015) sólo ha logrado evaluar el estado de 77,340 de las cuales 56,685 corresponden a especies animales. Según la Lista Roja de Especies actualizada en junio de 2015 por la IUCN, existen 2,315 especies de animales críticamente amenazadas o en grave peligro de extinción, 3,430 especies simplemente en peligro o amenazadas, y 4,928 especies vulnerables. En total, serían 10,673 las especies susceptibles de ser conservadas *ex situ* por los zoológicos mediante programas de reproducción en cautividad y reintroducción en hábitats nativos. Los zoológicos realmente implicados en la conservación son sólo el 10% del total mundial, unos 1,000, organizados en la World Zoo Conservation Strategy. Ahora bien, sus programas de reproducción y cría en cautividad podrían atender unas 2,000 especies como máximo (Margot, 2010: 13), menos del 20% de las especies evaluadas y amenazadas. Estas cifras para nada justifican la existencia de los zoológicos como centros de reproducción, cría y reintroducción de especies en peligro de extinción. Pero supongamos que todos damos por bueno ese 20%. ¿Se corresponden los proyectos de la Estrategia Mundial de Cría en Cautividad con las especies realmente amenazadas?

Veamos los porcentajes de la Lista Roja de la IUCN. Según esta lista, de todas las especies evaluadas, se encuentran en peligro de extinción el 41 % de los anfibios, el 26 % de los mamíferos, el 13 % de las aves, el 40% de los peces, el 30% de los reptiles y el 51% de los invertebrados (IUCN 2015; Margot, 2010: 15). Estos porcentajes deberían indicar las prioridades de los zoológicos que proclaman estar realmente implicados en las tareas de conservación, una élite de parques zoológicos que dicen diferenciarse de los demás por un código ético de buenas prácticas. Sin embargo, los programas de los zoos europeos y norteamericanos pertenecientes a la Estrategia Mundial de Cría en Cautividad atienden a criterios taxonómicos inversos: sólo el 1,4 % de las especies son de invertebrados, pese a que más de la mitad de las especies de invertebrados evaluados se halla en peligro de extinción. Lo mismo ocurre con los peces y los anfibios, que reciben una atención del 0.3% y 1%, respectivamente. Las especies mejor tratadas por estos programas de cría en cautividad son las de mamíferos (70%) y de aves (20%), seguidas de los reptiles (7%) (Margot 2010: 15). Los números, claro, corresponden a las especies de animales abrumadoramente presentes en los zoológicos: son los animales que más gustan a los visitantes (sobre todo, cuando son crías), no aquellos cuyas especies necesitan mayor protección.

También son escasos los programas de cría en cautividad que logran con éxito reintroducir organismos y poblaciones en los hábitats nativos, sólo un 11% del total de programas y de este porcentaje sólo el 10% procede de los parques zoológicos (Beck 2005, 156). Es fácil averiguar por qué. Al igual que la vida en prisión, la vida en cautividad en los parques zoológicos conlleva transformaciones morfológicas, fisiológicas y conductuales que, a largo plazo, pueden ocasionar divergencias genotípicas y fenotípicas entre las poblaciones cautivas y las poblaciones libres de una misma especie, de manera que las primeras acaben no siendo representativas de las segundas salvo en un sentido estrictamente anatómico o morfológico. En la población cautiva, ciertas conductas como la tolerancia al ruido o a la presencia humana pueden tener más valor adaptativo que otras, como la alerta o la tendencia a huir, transmitiéndose de generación en generación. Las conductas así relegadas son sin embargo crucialmente adaptativas una vez reintroducido el individuo en un hábitat salvaje o no cautivo, mientras que, a la inversa, las conductas favorecidas por la cautividad resultarán perjudicar la adaptación a tal grado que, según varios autores, el fracaso en la reintroducción es inversamente proporcional al éxito en la adaptación a las condiciones de cautividad (Beck et al 1998). (Quizá algo parecido pueda pasar con la reinserción social de los presos una vez cumplida su condena). Siempre serán necesarios proyectos de enriquecimiento ambiental para el reaprendizaje conductual antes de la reintroducción, y sobre todo para los animales más presentes en los zoos, los mamíferos, pues sus conductas predatorias, anti-predatorias o de vida grupal obedecen más al aprendizaje ecológico y social que a la programación genética, por lo que su desarrollo en aislamiento y en cautividad impide la correcta expresión ambiental de esas conductas.

En general, pues, la selección de animales en los zoológicos no obedece a razones de orden ecológico, sino a intereses económicos, preferencias de los clientes y juicios estéticos (Margot, 2010: 16). El sesgo antropocéntrico de los principios de adquisición de los zoológicos desmiente sus propósitos científicos y conservacionistas. Los defensores de los zoológicos suelen replicar que, dada nuestra proximidad filogenética con toda la clase de los mamíferos, las especies emblemáticas mantenidas artificialmente en cautividad son los verdaderos embajadores de la biodiversidad en el reino de los seres humanos. En ese caso, la relevancia de la conservación de las especies de mamíferos cautivas en los zoológicos (monos, jirafas, leones, gacelas, tigres, osos, etc.) sería más indirecta que directa, menos ecológica que educativa. Sin embargo, muchos detractores de los zoológicos negamos que la experiencia humana que procura la visita al zoológico urbano sea tan educativa como sus defensores pretenden.

¿Qué enseñan los actuales zoos?

Bernard Rollin ha equiparado el objeto de sus visitas juveniles a los zoos con el estado psicológico buscado por los asiduos a los shows de *freaks* en el siglo XIX: complacerse en la desgracia ajena, en el poder nivelador del infortunio, "el consuelo ontológico que procura el que alguien esté peor que yo" (Rollin, 2010: 59). Ralph Acampora ha propuesto una sugerente analogía, basada en lo que acierta en llamar "la economía del deseo", entre la conducta visual de los visitantes de las exhibiciones en los zoológicos y la de los consumidores de pornografía. A su entender, los zoos, como la pornografía, sobre-exponen la naturaleza de sus objetos, haciéndola desaparecer (Acampora 2005, 69). Este tipo de críticas fenomenológicas de la experiencia humana en los zoos puede extenderse a través de la comparación entre la experiencia del encuentro con los animales no-humanos en sus hábitats salvajes y el encuentro humano con los animales cautivos en jardines zoológicos. En los párrafos que siguen intentaremos mostrar que, al igual que la tenencia de mascotas exóticas, el consumo de flores durante todo el año (exportadas desde latitudes que permiten su cultivo en cualquier época) la elección de pieles de animales exóticos para vestirnos o calzarnos, la preferencia por maderas de árboles centenarios para amueblar oficinas o el interior de nuestros medios de transporte, y la afición a documentales televisivos sobre vida salvaje, las visitas a los zoológicos son expresiones culturales malogradas de nuestra biofilia, de nuestra tendencia innata a afiliarnos con la diversidad de la vida, de salir al encuentro de la naturaleza salvaje, producto de ciento de miles de años de co-evolución biológica (Wilson, 1983). En comparación con el libre encuentro con los animales en su hábitat, el formato del encuentro con la otredad animal sustrae a la experiencia humana en el zoológico cualquier posible contenido biofílico y cualquier posible enseñanza para la conservación ambiental.

Permítanme recurrir a un sencillo experimento mental, elaborado a partir de una visita al zoo de la ciudad de Querétaro, en México.

Domingo en la mañana. Reina un ambiente festivo en la casa familiar. Tras un desayuno tardío y caprichoso, los niños van a visitar el parque zoológico Wamerú de Querétaro en compañía de sus progenitores. Pocos de los padres que suelen visitar los zoológicos saben algo de zoología, y menos aún de ecología, y no suelen recurrir al servicio de los guías, si es que los hay y si es que están suficientemente preparados. Inmersos en una procesión de familias humanas que recorren las sucesivas exposiciones de animales, los niños reciben muy pocas explicaciones. Es domingo, no un día de escuela, y se trata de divertirse. ¿Qué mensaje puede recibir un niño de siete u ocho años ante la exhibición de una familia de babuinos enjaulados, por ejemplo? Ante todo, que los monos están allí con el exclusivo propósito de divertirle a él y a niños que, como él, están comiendo golosinas reservadas a los días de fiesta. Difícilmente puede este mensaje ser un elemento valioso para la conservación y la educación ambiental. Es cierto que los animales enjaulados se parecen a los monos que puede ver en la tele de su casa, pero chillan mucho y no se comportan igual. Además, el niño probablemente se pregunte por qué los monos están encerrados y él está fuera. Por algo deben estar encerrados, pensará. Algo que tiene que ver con él y con el resto de niños que, como él, se acercan a las jaulas de la mano de sus padres. "¿Por qué están en la jaula?" puede preguntar el niño. "Para que puedas verlos", muy probablemente responda su progenitor. Así que están encerrados para que los veamos y nos divirtamos, razona el niño ¿Pero verlos haciendo qué?

Pongámonos por el momento en el lugar del niño. Para él, a diferencia de su propia familia, los babuinos de esta familia enjaulada hacen cosas muy extrañas. El babuino más pequeño, encaramado a su madre, procura no caerse mientras ve cómo toda la familia sigue a la matriarca y da vueltas y vueltas a su jaula circular. Finalmente, el pequeño decide unirse al griterío de los demás. Se ven muy asustados, pero el niño todavía no alcanza a saber por qué. Su corta edad le impide deducir que los dueños o los empleados de los dueños de Wamerú tuvieron la funesta idea de alojar a los leopardos a escasos metros de los babuinos, sus presas naturales en las sabanas de África. Como consecuencia, los dos grupos de animales están sumamente estresados y desarrollan conductas anómalas.

Hoy sabemos que la restricción espacial que supone el confinamiento del animal en el zoológico conlleva otras muchas alteraciones conductuales muy poco educativas. Hediger, uno de los primeros biólogos dedicado a la vida en la cautividad de los zoológicos, las resume del modo que sigue: desocupación; empobrecimiento del mundo subjetivo; liberación de energías plenamente empleadas en el hábitat nativo (en las relaciones presa-predador, por ejemplo); imposibilidad de una adecuada diferenciación cualitativa del espacio; carencia de opciones alimentarias; imposición de microclima; conducta antisocial; imposibilidad de evitar libremente el contacto con miembros de la misma especie; aumento en el riesgo de infección; coprofagia e hipersexualidad (Hediger 1950, 31-32). Según Hediger, estas dos últimas anomalías conductuales ejemplifican el patrón común de la mayoría de las consecuencias del encierro en los recintos de los zoológicos. Hediger denomina este patrón conductual *hipertrofia de valencias*, la sobrevaloración de algunas de las conductas perfectamente equilibradas y funcionales de los individuos y las poblaciones de las especies en sus ecosistemas nativos (Hediger1950, 88).

La coprofagia es una conducta adaptativa para animales como los conejos, que vuelven a ingerir los nutrientes que no han sido debidamente digeridos. Pero, según Hediger, en algunas especies residentes en los zoológicos, la coprofagia es una conducta anormal resultante de una hipertrofia de valencias, esto es, de una sobrevaloración del excremento debido a su presencia conspicua en condiciones de aislamiento como las celdas y las jaulas, cosa bastante improbable en el hábitat nativo. El ejemplo que Hediger elige es muy revelador: "El simio antropoide, en su vida arriba de los árboles, casi nunca tiene contacto con el excremento, que habitualmente cae al suelo. Cuando, en cautividad, lo encuentra en el suelo de su jaula, el simio lo examina con total naturalidad, primero con un trozo de madera, luego con los dedos. Y como se los ensucia, se los lame, y aquí tenemos el comienzo de la coprofagia" (Hediger, 1950: 88). Un elemento que en el hábitat nativo no entraba en escena, que se hallaba más allá del campo visual del simio, en la jaula cobra una presencia tan conspicua que atrae exageradamente la atención del animal, normalmente desocupado y aburrido. Y no parece que la exhibición de individuos coprófagos en el zoológico resulte muy edificante en términos de educación en la conducta de las especies.

Los etólogos suelen distinguir entre el estrés adaptativo de los animales en su ambiente natural, que regula la conducta adaptativa de los organismos, y el estrés crónico, responsable de las conductas anómalas de los animales en cautividad. Morgan y Tromborg reportan una serie de estudios que muestran que el carácter crónico de ese estrés supone la incapacidad para dar por concluida la respuesta al factor estresante, y está ligada a áreas del cerebro dañadas por la circulación de unos niveles de glucocorticoides desmesurados y constantes (Morgan & Tromborg, 2007). El estrés crónico también está ligado a la reducción de las actividades de exploración y de la complejidad conductual, al aumento de la inhibición, del temor, de los sobresaltos, la mayor tendencia a la agresión y a esconderse, y, en general, a la propensión hacia otras conductas anormales que aún podemos observar en muchos animales cautivos: anorexia e hiperactividad, autolesiones, canibalismo y autocanibalismo[18], poliuria (o micción desacostumbrada y voluminosa), depresión, hipervocalización, lameduras exageradas del suelo, barrotes y otros objetos, frecuentes desmayos, lignofagia, geofagia, polidipsia, beber la orina, arrancarse plumas propias y ajenas, perseguirse el rabo y mordérselo, estereotipias ... No parece que tales conductas vayan a enseñarle al visitante muchas cosas aprovechables para la conservación de las especies. Era de esperar que, según un estudio realizado hace ya algunos años, entre las expresiones más oídas en los zoos estadounidenses se encontraran términos como "chistoso", "vago", "sucio" y "ridículo" (Ludwig 1981: 314).

En resumen, la experiencia de observar conductas expresadas en condiciones de cautividad no nos enseña nada sobre las verdaderas conductas que las especies pueden desarrollar a partir de la interacción

---

[18] Hediger (1950, 150) da cuenta de un caso de autofagia o auto-canibalismo de una leona, y sabemos que los pulpos en cautividad pueden comerse sus propios tentáculos. Algunas serpientes ratoneras colocadas en bandejas mueren al intentar devorarse a sí mismas.

entre genomas y hábitats naturales. Más allá de la ocasional compasión por su encierro, dicha experiencia tampoco incrementa la empatía hacia la especie ni la disposición a cooperar para su conservación. Pues, ¿qué valor educativo puede tener una visita a un pabellón de conductas anómalas? ¿Acaso esa visita despierta la empatía hacia las conductas sanas e inspira la cooperación necesaria para proteger el ambiente que las hace posibles? ¿Por qué habría de tener más valor educativo que el encuentro con pájaros, peces y lagartijas en el parque o en las orillas de un río?

Fenomenología del encuentro con la otredad animal

Tras descubrir el "consuelo ontológico" que en realidad motivaba sus visitas, Bernard Rollin sólo regresó una vez al zoológico, y abandonó pronto su visita, entristecido y asqueado (Rollin, 2010: 260). Muchos de quienes visitábamos de niños los zoológicos hemos sentido ese asco y esa tristeza, sentimientos que también acompañan a la percepción de los zoológicos como expresiones culturales malogradas de la biofilia, de la necesidad biológica de encuentro con los animales que Wilson (1984) adscribe a la moderna especie humana. Ansiamos participar en el encuentro con los animales en una forma más dinámica y mucho más intensa, como cuando su presencia libre e inesperada en su propio hábitat nos conmueve, nos cautiva y nos asombra, como una suerte de epifanía[19] El formato del zoo, por el contrario, ha sido diseñado para brindarnos el control de un encuentro "asegurado" con otras formas de vida, de modo que la experiencia, como el experimento científico, sea repetible *ad libitum* con solo retroceder unos pasos. Así ocurre con la naturaleza muerta, con la vida disecada y exhibida en las vitrinas y en los dioramas de los museos de historia natural. Y ese formato, que intenta emplazar al animal y asegurar el encuentro, sustrae de la experiencia humana cualquier contenido biofílico. La otredad animal salvaje es esquiva: no se deja visitar tan fácilmente. El encuentro con la otredad salvaje se nos aparece como una suerte de concesión, de presente o dádiva, que hay que agradecer y respetar. La asombrosa inasibilidad

---

[19] Del verbo griego *fainein*, mostrarse o dejarse ver.

de ese encuentro forma parte integral de un aprendizaje ambiental desprendido, que no malogre la biofilia con expresiones culturales de posesión y dominación, hostiles a la vida.

La exhibición en el zoológico, por el contrario, asegura la eterna disponibilidad del producto animal por el precio de una entrada. En el encuentro real con un animal salvaje en su hábitat nativo hay un elemento contingente, azaroso. Lejos de estar asegurada, la simultaneidad de las formas de vida animal y humana está situada, es decir, pertenece a una situación necesariamente efímera, lo que hace de ese encuentro una experiencia singular e irrepetible. En el zoo, por el contrario, la inactividad de mamíferos carnívoros como los leones, por ejemplo, suele impacientar a los niños, quienes, ignorando, como ignoran, los patrones de conducta de los felinos, les reprochan pasársela durmiendo. De hecho, su descanso frustra las expectativas de acción que la publicidad del zoo alimenta en los niños, y esa frustración a veces les incita a arrojarles algo para ver si reaccionan. Las restricciones que el encierro impone a la conducta del animal pueden alimentar en el observador fantasías de omnipotencia, de control y de dominación, al tiempo que despojan al animal observado de su verdadera otredad, reduciéndolo a una abstracción, a la mera visualidad anatómica.

El pensador ambiental Paul Shepard insistió hasta su muerte en que, para hacer frente a los daños ecológicos que causan sus sistemas sociales, la especie humana debía ir más allá de la abstracción a la hora de percibir la naturaleza[20] (Shepard, 2003). Y durante la última década, los psicólogos ambientales han llegado a una conclusión parecida, denunciado el carácter contraproducente de una educación ambiental *intra muros,* alejada del contacto directo con la naturaleza, basada en proposiciones científicas abstractas y descripciones generales. Pero hay abstracciones que, en términos ambientales, son aún más contraproducentes que las abstracciones científicas. Por muy al aire libre que estén, y aunque sus contenidos no adquieran la forma de proposiciones y leyes genéticas, químicas o termodinámicas, los zoológicos urbanos deparan una educación ambiental abstracta. Muchos detractores de los

---

[20] "La substitución de los lugares por las imágenes fue el primer paso para la construcción de lugares que parezcan imágenes" (Shepard 2003, 36)

zoos entendemos que la cautividad sustrae la verdadera naturaleza y la conducta de los animales salvajes, reduciéndolas a una abstracción morfológica. En este sentido, el contenido de los zoos no es naturaleza, sino naturaleza abstraída y organizada para consumo humano. Hay quien se atreve a decir que los zoológicos son naturaleza *mejorada* (Hediger 1950)[21], pero ya hemos visto por qué ni las transformaciones morfológicas, fisiológicas y conductuales que provoca la cautividad, ni la conversión de la otredad animal en pura visualidad para los seres humanos, puede constituir mejora alguna.

Con la cautividad se pierde inevitablemente la radical situacionalidad del encuentro en el hábitat nativo, y con ella el elemento contingente que le confiere al encuentro su intensidad emocional y su carácter educativo. Uno aprende a encontrarse con animales en libertad. Sin ese aprendizaje *extra muros*, comparada con la absoluta disponibilidad de las abstracciones biológicas perceptibles en los zoos, la vida natural en los hábitats salvajes puede resultar para algunos incluso monótona.

La naturaleza abstracta de los zoológicos puede entenderse algo mejor si nos fijamos en el carácter abstracto de los documentales cinematográficos y televisivos sobre vida salvaje. La autenticidad que uno busca en la vida salvaje, no humana, queda inmediatamente desmentida por el proceso mismo de elaboración del producto visual. Tras la grabación, se necesitan horas y horas de edición para seleccionar, descartar, reordenar, compactar y construir los relatos visuales de la vida salvaje que exhiben los excitantes documentales de Animal Planet

---

[21] Según Hediger, gracias a la "seguridad" de los zoológicos, los animales están más relajados y, careciendo de predadores, se liberan del estrés que producen las presiones selectivas del ambiente natural o nativo, de ese "estado de nervios" (Hediger, 1950: 155) que les lleva a estar siempre alerta, pendientes de cualquier peligro para emprender la huida o la persecución. Se hacen mansos, nos dice Hediger, y "la mansedumbre significa que se ha suprimido la tendencia a huir y la distancia de seguridad, esto es, significa estabilidad emocional" (Hediger 1950: 156). Esta mansedumbre permite que sean atendidos de sus enfermedades por los veterinarios, atención médica que muy difícilmente cabe dispensar a los animales salvajes en sus hábitats nativos. Así que, según Hediger, "comparado con el estado salvaje, el amansamiento de un animal salvaje solo tiene ventajas [...] poco parece importarle al animal amansado carecer de libertad subjetiva de movimientos" (Hediger, 1950: 156).

o National Geographic. Como los artefactos bióticos de los zoológicos de los que habla Keekok Lee (2006), estos documentales presentan una naturaleza ya apta para el ávido consumidor visual urbano. Como ocurre con los zoológicos, aunque su producción pueda haber tenido por origen la biofilia cognitiva del productor y/o de los consumidores, sus consecuencias pueden ser mucho menos biofílicas de lo que suele defenderse. La predominancia de documentales sobre megafauna exótica, sobre el papel ecológico de los leones en la sabana africana o de los osos polares en el Ártico, por ejemplo, tiene como consecuencia que muchas personas sepan mucho más de estas especies emblemáticas de lo que saben sobre los animales y plantas de sus alrededores, esto es, de lo que saben de la naturaleza sobre la que su conducta dejará realmente una huella ecológica. Y es primeramente esa naturaleza local la que debería ser objeto de los auténticos esfuerzos de conservación. Por desgracia, la mayoría de las veces, la naturaleza local queda desplazada y desatendida: convertida en objeto de consumo exclusivamente audiovisual, la experiencia secundaria y artificial de animales exóticos solo logra alejarnos de las especies locales con las que convivimos. En mi opinión, todos deberíamos procurar experiencias afectivas y directas, de primera mano, con la vida salvaje de los entornos próximos, de manera que la naturaleza deje de ser el correlato externo de una experiencia abstracta, vicaria y distorsionada, un lugar idealizado y remoto, donde viven animales casi mitológicos que sólo podremos ver encerrados en algún zoológico. Los animales en libertad de los entornos próximos merecen más nuestra atención, y siempre será más fácil participar en su conservación cuidando hábitats locales a los que, a diferencia de sabanas y océanos polares, sí tenemos acceso. Y tampoco hay ningún buen motivo para pensar que los encuentros con rinocerontes o tigres cautivos en el zoo sean más educativos y cultiven más la biofilia que los encuentros con luciérnagas o ranas en los ríos cercanos. La experiencia en la naturaleza es más significativa cuando carece de un formato abstracto predeterminado. En términos del cultivo de la biofilia, siempre es preferible la experiencia situada, teñida de motivaciones, emociones y afectos hacia los seres vivos y los ecosistemas en cuya conservación podemos realmente participar. El encuentro humano con especies locales puede además redirigir nuestra atención hacia las relaciones ecológicas, y esa redirección es más decisiva si cabe cuando logramos descubrir esas relaciones ecológicas no muy lejos de donde estamos. De este modo, las experiencias ambientalmente situadas pueden educarnos en la composición de los ecosistemas a los que las especies pertenecen, y nos motivan para cuidar los hábitats locales de cuya conservación depende la supervivencia de los animales con los que hemos podido encontrarnos.

El necesario encuentro con invertebrados

Una de las experiencias más probables en un entorno próximo es el encuentro con especies locales de invertebrados. Y hay una buena razón para ello. El célebre entomólogo Edward. O Wilson ya nos había enseñado que, del 1,032,580 especies descritas por la ciencia en 1987, el 95% son invertebrados (990,000 especies). Entre los vertebrados, menos de la décima parte son mamíferos (unas 4,000 especies) son mamíferos. Las especies de aves (9,040) son algo más del doble que las de los mamíferos, pero son infinitamente menos que las de los coleópteros (290,000) El 93% de los 200 kg de biomasa animal presente en una hectárea corresponde a especies de invertebrados. Su importancia ecológica trasciende estas cifras abrumadoras. Suele preocuparnos el misterioso declive de las poblaciones de abejas, sobre todo por la inevitable mengua en la polinización de las plantas y, en particular, de nuestros cultivos. Pero la amenaza de extinción de los invertebrados pone en peligro otras muchas cosas:

> Necesitamos a los invertebrados, pero ellos no nos necesitan a nosotros. Si mañana fuera a desaparecer la especie humana, el mundo seguiría como si tal cosa. Gaia, la totalidad de la vida se auto- recuperaría y regresaría a la riqueza ambiental de hace unos milenios. Pero si desaparecieran todos los invertebrados, es dudoso que la especie humana sobreviviese más que unos cuantos meses. Los peces,

reptiles, anfibios y mamíferos correrían la misma suerte y casi al mismo tiempo. Después vendrían las plantas con flores, y con ellas las estructuras físicas de la mayoría de los bosques y demás habitas terrestres del mundo. La tierra se pudriría. Conforme se apilara y se secase la vegetación muerta, estrechándose y cerrándose los canales de los ciclos de nutrientes, perecerían otras formas de vegetación, y con ella los últimos restos de vertebrados. Los hongos restantes, tras una súbita y gigantesca explosión de sus poblaciones, perecerían también. En unas cuantas décadas la tierra regresaría al estado de hace 1,000 millones de años, compuesta principalmente de bacterias, algas y unas cuantas plantas multicelulares (Wilson 1987, 345).

Teniendo en cuenta esta sombría proyección, y recordando además que el 51% por ciento de las especies de invertebrados conocidos se halla en peligro de extinción, cuidar los hábitats de las especies locales de invertebrados debería de ser uno de los objetivos prioritarios de nuestros proyectos de educación para la conservación. Además, nuestro encuentro con animales invertebrados puede abrigar experiencias de gran valor para la conservación. El biólogo David George Haskell ha logrado como muy pocos otros capturar el valor ambiental de una de estas experiencias con animales invertebrados:

Igual que la luminosidad y el color de las flores o que la exuberancia del canto de los pájaros, el parpadeo de las luciérnagas abre una ventana y disipa la niebla que media entre nosotros y una experiencia más verdadera del mundo. Cuando los niños persiguen luciérnagas entre risas, no persiguen coleópteros, sino que capturan el asombro. Cuando el asombro madura, se va adentrando en la experiencia para buscar en su interior capas más profundas de maravilla. Ese es el objetivo más elevado de la ciencia. Y la historia de la luciérnaga abunda en asombro oculto. El destello del coleóptero invita a la admiración por la capacidad de la evolución de improvisar una obra maestra a partir de una materia prima nada extraordinaria (Haskell 2014: 199).

En términos educativos, el nexo conductual forjado en el encuentro con las especies locales es mucho más robusto que el que se logra al echar una moneda y seleccionar el icono del animal a cuya conservación el cliente decide ayudar, como ocurre en el zoológico del Bronx. Finalmente, el contacto humano con las mutualidades de organismos-con-su- ambiente puede impulsar la educación para la conservación de los ecosistemas mucho más que las miradas altaneras en días festivos a animales encerrados y enloquecidos en instituciones que, en una explícita referencia a Foucault, Ralph Acampora también ha llamado "*zoo-ópticos*" (Acampora 2005). Quizá, como afirman algunos autores (Bradshaw, Smutts & Durham 2010), para reencauzar las expresiones culturales de nuestra biofilia cognitiva tengamos que renunciar a nuestro supuesto derecho a dirigir esa clase de miradas, a contemplar el tipo de espectáculos disponibles en los zoos, para agradecer el asombro en el que los animales diferentes a los humanos aún nos sumergen cuando no están cautivos.

Los fetiches del homo oeconomicus: locos, idiotas y tragedias

La persistencia de un *fetiche* y sus efectos socio-ecológicos

El *homo oeconomicus* es una ficción operativa de la economía liberal clásica y neoclásica que funge como unidad de acción o agente de decisión racional de la conducta humana en una sociedad adulta, es decir, en una población humana en la que los individuos se responsabilizan de obtener su propio bienestar mediante elecciones obtenidas a través de la reflexión y el cálculo. Además del utilitarista y el benthamita, uno de los precedentes filosóficos estructuralmente idénticos es el egoísta racional de Thomas Hobbes.

La expresión *Homo oeconomicus* también remite a una abstracción conceptual, un modelo predictivo de las ciencias económicas de los tres últimos siglos sobre la conducta humana perfectamente racional, caracterizado por tres rasgos: el «homo oeconomicus» se presenta como "maximizador" de sus opciones, racional en sus decisiones y egoísta en su comportamiento. La racionalidad de la teoría económica liberal exige la existencia y las capacidades de cálculo de un individuo, que decide racionalmente a la hora de seleccionar y excluir entre opciones o cursos de conducta alternativas.

Una de las primeras acepciones del «homo oeconomicus» se encuentra en el libro II de La riqueza de las naciones de Adam Smith (1776).

> En todos los países donde existe una seguridad aceptable, cada hombre con sentido común intentará invertir todo el capital de que pueda disponer con objeto de procurarse o un disfrute presente o un beneficio futuro. Si lo destina a obtener un disfrute presente, es un capital reservado para su consumo inmediato. Si lo destina a conseguir un beneficio futuro, obtendrá ese beneficio bien conservando ese capital o bien desprendiéndose de él; en un caso es un capital fijo y en el otro un capital circulante. Donde haya una seguridad razonable, un hombre que no invierta todo el capital que controla, sea suyo o tomado en préstamo de otras personas, en alguna de esas tres formas, deberá estar completamente loco (Smith 1980: 34).

En este sentido, el «homo oeconomicus» no es una noción meramente descriptiva de cierto tipo de comportamiento económico centrado en sí y para sí, sino un concepto prescriptivo que pretende dirimir entre la normalidad y la exclusión en el reino de una sociedad económicamente racional: "carece de toda cordura" quien no maximiza sus preferencias. Tal maximización admite ser cuantificada exactamente en magnitudes económicas, sea por intercambio, por ahorro o por acumulación. La verdadera libertad se expresa en la conducta económicamente cuerda que, organizada inteligentemente, conduce a una sociedad racional en el que cada agente económico, egoísta y calculador, maximiza invariablemente sus utilidades. Fuera de esa sociedad, excluidos del reino la cordura, solo existen los locos, abandonados a su suerte y a la deriva.

En otra obra hemos criticado la noción de *homo oeconomicus* como condición de posibilidad para que pueda siquiera formularse la *Tragedia de los comunes* (TC) de Hardin[22]. Garrett Hardin formula TC a modo de experimento mental, no como una situación históricamente acontecida.

---

[22]   Esteban 2013: 287 y ss.

Ello le permite simplificar su modelo, anulando o manteniendo como constantes las variables situacionalmente relevantes para posibilitar su siniestra predicción. Hardin nos pide que imaginemos un pastizal en el que puede pastar el ganado de todos los miembros de cierta comunidad de pastores racionales, esto es, económicamente cuerdos. En este escenario, según Hardin, cada pastor es un *homo oeconomicus* que, de acuerdo a los supuestos normativos de Adam Smith, no está loco: intentará mantener en los recursos comunes tantas cabezas de ganado como le sea posible. "Como un ser racional, cada pastor busca maximizar su ganancia" (Hardin, 1968: 1244). Para cada pastor/*homo oeconomicus*, el incremento de una cabeza de ganado trae al pastor los beneficios íntegros derivados de su venta (1), mientras que los costos externos debidos al sobrepastoreo producidos por ese incremento son compartidos por toda la comunidad: estos costes marginales resultan del cociente entre el total n de pastores (1/n), por lo que serán necesariamente menores a 1. Siendo pues el beneficio (1) n veces el costo (1/n), "el pastor racional concluye que la única decisión *sensata* para él es añadir otro animal a su rebaño"

(Hardin, 1968:1244[23]). Pero ésta es la conclusión a la que llegan todos y cada uno de los pastores *racionales* (sic) que comparten el recurso común. De ahí que el pastizal finalmente se agote. Y esa es precisamente la tragedia. Cada *homo oeconomicus* es prisionero de una *racionalidad* que lo impulsa a incrementar su ganado ilimitadamente en un pastizal que resulta finito como recurso (Hardin, 1968:1244). Hardin consigue representar una imaginaria trampa en la que los individuos se sienten atrapados mientras ven como se acaban sus propios recursos (Ostrom, 2011: 45). En este sentido, La Tragedia de los Comunes ejemplifica uno de los bucles de extinción socio-ecológica más paradigmáticos de este libro.

---

[23] La cursiva es nuestra: sensatez equivale a cordura, lo opuesto a la locura. La comunidad de pastores de Hardin constaría de un conjunto de hombres económicos estrictamente cuerdos. Los locos son los otros, cuya presencia es molesta, los susceptibles de ser embarcados sin destino en la nave de los locos, los que sobran. En la sociedad tecnológica presente, los locos sería los desahuciados y los sin techo.

La TC de Hardin surge de un razonamiento más o menos fundado en Thomas Hobbes, Adan Smith y en Jeremy Bentham cuyos supuestos son los siguientes (Alcoberro, 2019)

1.- Todo hombre busca la felicidad
2.- La felicidad se logra a través de la posesión
3.- Para que sea posible la posesión de un bien se necesita la propiedad privada
4.- Sólo la propiedad efectiva de un bien permite su intercambio
5.- Es el mercado el que garantiza el intercambio
6.- El mercado está movido por dinero
7.- Al permitir la posesión, el dinero da la felicidad

En términos económicos, la formulación que Hardin hace de TC obedece de cerca uno de los principios de la elección racional ortodoxa, el principio de coste marginal. Según este principio económico, el coste marginal es el aumento del coste total necesario para producir una unidad adicional (el sobrepastoreo que implica introducir una vaca, en el ejemplo de Hardin). Producir y vender una unidad extra incrementa tanto los costos como los ingresos del productor. La predicción subsiguiente es que se producirán y venderán unidades adicionales del bien hasta que el coste adicional de producción (coste marginal) sea igual al ingreso adicional que proporciona esa unidad extra. Como buena parte del coste marginal no corre a cuenta del pastor maximizador de Hardin, es fácil ver que en su caso ese "hasta cuando" se extiende "hasta que se acaben los recursos comunes". Hasta entonces, bajo estos supuestos de maximización, la decisión del pastor cuerdo/*homo oeconómicus* de Hardin de añadir una vaca más en el pastizal comunitario habría sido racional en el sentido de que el coste marginal (el sobrepastoreo) es compartido por todos los usuarios del pastizal. Tal como Hardin plantea el problema, es la exclusividad *a priori* de ese tipo de racionalidad maximizadora la que determina la situación que constituye la tragedia. En su experimento mental, el pastor racional no puede hacer otra cosa que maximizar la relación entre costes y beneficios. Algunos defensores del modelo económico del *laissez faire* han llegado a defender que la empresa corporativa, su unidad funcional, no puede ser otra cosa que una máquina de producir externalidades negativas, esto es, de asignar a los demás, buena parte de los costos sociales y ecológicos de la apropiación de recursos comunes para la producción de sus beneficios o utilidades empresariales. Tampoco Hardin concibe otro tipo de agentes racionales que los maximizadores o productores de externalidades negativas. Hardin ni siquiera contempla la posibilidad de que esa racionalidad maximizadora no sea tan completa, irrevisable y absoluta como pretende. Hardin no alcanza a visualizar sus propios fetiches.

De hecho, Hardin insistía en proclamar la absoluta legitimidad del deseo humano de maximizar beneficios en cualquier situación. Aceptada esa legitimidad, Hardin optó más bien por deducir de TC una advertencia sobre las trágicas consecuencias ecológicas de los regímenes de propiedad comunitaria que privilegian la justicia distributiva sobre la eficiencia ecológica. Como los pastores de su ejemplo no son capaces de establecer racional y comunitariamente las condiciones que todos deben cumplir para evitar el colapso de los recursos comunes, es el buen juicio de una autoridad *externa* el que debe imponérselas. De modo que, tras "descubrir" TC, Hardin dice haberse sentido obligado a difundir las implicaciones éticas de la finitud de la naturaleza concebida como conjunto de nichos ecológicos en los que se desarrolla la lucha inter e intraespecífica por los recursos. Hardin se empeñó en demostrar que la fragilidad de ese escenario de escasez ecológica es incompatible con la libertad, la igualdad y la justicia, residuos en su opinión de una equivocada moral judeocristiana.

Según Hardin, cuando la supervivencia de su especie está en juego, a las autoridades humanas no les queda sino regular administrativamente las interacciones individuales en el ambiente o entorno natural mediante nociones científicas netamente descriptivas, como el concepto de *capacidad de carga*. Hardin define la capacidad de carga como *el máximo número de individuos de una especie dada que, teniendo en cuenta cambios de estación y factores como su capacidad de regeneración, un ambiente puede soportar sin comprometer su equilibrio a largo plazo* (Hardin, 1986). Tras la advertencia de la Tragedia de los Comunes, indica Hardin, "el primer mandamiento del nuevo decálogo moral es 'No excederás jamás la capacidad de carga de ningún ambiente'" (Hardin, 2001: 53). Es decir, no se debe dejar que viva demasiada gente simultáneamente si no se quiere destruir la capacidad de carga y por lo tanto reducir cuantitativa o cualitativamente las vidas humanas *posibles* en periodos de tiempo subsiguientes. Para obedecer este precepto, el concepto de capacidad de carga tendría que administrar las actividades humanas relativas a la reproducción y, por implicación, a la alimentación. Como no se puede maximizar a la vez el incremento de la población y de la calidad de vida (Hardin, 1968:1244), y apelar a la autocontención reproductiva resulta inútil, la solución de Hardin es la exención del derecho a procrear libremente. Según Hardin, la *capacidad de carga* es una noción con mayor capacidad normativa que la *santidad de la vida,* precepto que atribuye a la tradición de las éticas judeocristianas, pero que puede extenderse incluso hasta el budismo. Como muchos otros autores, tampoco Hardin vacila en apostar por la prevalencia de la capacidad de carga sobre los derechos humanos. Ni se preocupa en esconder que dicha apuesta depende a su vez de *dar por sentada* "la legitimidad del deseo humano de maximizar ganancias" (Hardin, 1977). Dicho sea con otras palabras: para evitar la tragedia, el deseo humano de maximizar ganancias se convierte en un derecho (o en un deseo legítimo) que no puede distribuirse entre el total de una población humana. O lo que es lo mismo, se transforma en un privilegio. La justicia derivada del concepto ético de *capacidad de carga* no es distributiva, no alcanza para todos. Esta concepción estrecha de la racionalidad humana permite a Hardin predecir TC, sus fatales conclusiones y remedios expeditivos. Pero visto el camino recorrido, podemos ver que Hardin bien pudo extraer una conclusión absolutamente distinta, simplemente con atender a situaciones que empíricamente no han precipitado a numerosas comunidades al agotamiento de los recursos comunes. La conclusión bien pudo haber sido que, *por sí sola*, la racionalidad instrumental ortodoxa o completa —entendida como maximización de las relaciones de eficiencia entre medios y fines que reflejan el propio interés, la racionalidad abstracta a la que responde la noción de homo oeconomicus— conduce inexorablemente al agotamiento de los recursos comunes- una forma de extinción socioecológica que Hardin generalizaba en el bienestarismo socialdemócrata de su época. Pero el que ésta sea la única elección racional de los pastores es un supuesto *a priori*. Resulta crucial insistir sobre este hecho: ante el resultado de TC, Hardin siempre pudo poner en cuestión la suficiencia y la completitud de la teoría clásica de la racionalidad de la conducta humana, cuyo fetiche privilegiado es el *homo oeconomicus*. Al postular que la única estrategia de su pastor racional es la maximización de beneficios, Hardin lo hace abstenerse de cooperar en el mantenimiento del pastizal gracias a una *inferencia de externalización*, esto es, contando con que los otros sí cooperarán (no introducirán una cabeza de ganado más). Así podrá el pastor aprovecharse en su propio beneficio de un bien común procurado por la supuesta cooperación juiciosa que él sí adscribe a los demás pastores.

Resulta comprensible que Amartya Sen llamara "tarados racionales" (Sen, 1977: 336) a los agentes que "identifican la racionalidad con la *maximización del propio interés*" (Sen, 1989: 8), olvidando toda restricción procedente de su libre compromiso con personas y proyectos. La palabra *idiota*[24] proviene del griego ιδιωτης (*idiotes*). Esta palabra la utilizaban los antiguos griegos, y muy particularmente Aristóteles, para referirse a aquel que no se ocupaba de los asuntos públicos, sino sólo de sus intereses particulares.

Combinando los análisis de Amartya Sen y de Elinor Ostrom (2003), podemos resumir este modelo engañosamente predictivo de la racionalidad ortodoxa o "completa" del *homo oeconomicus* en los siguientes puntos.

(1) Cada agente dispone de un conjunto de preferencias fijo, completo y lógicamente consistente, no contradictorio, que emplea en cualquier situación y para cualquier propósito.

(2) Existe una correspondencia o una correlación perfecta entre estas preferencias y determinadas contrapartidas o recompensas monetarias, de manera que, por ejemplo, todos los agentes preferirán siempre, cualquiera que sea la situación real, recibir

---

[24] La raíz de idiota es ιδιος (*ídios*) que viene a significar solo, aislado y, en algunos casos, particular y privado.

dinero a no recibirlo, independientemente del origen de ese dinero y de las consecuencias que ese devengo pueda tener sobre su comunidad y/o sobre su propia reputación.

(3) Cada agente dispone de toda la información y todo el conocimiento posible para realizar un perfecto cálculo analítico de los costos y los beneficios relevantes implicados en cada una de las estrategias o cursos de acción a seguir.

(4) De acuerdo con este cálculo, todo agente maximizará las utilidades o los beneficios subjetivamente esperados sin que su conducta atienda a ninguna restricción normativa, propia o comunitaria.

(5) Cada agente dispone pues de recursos ilimitados de tiempo y capacidades cognitivas ilimitadas para procesar información procedente de su ambiente, pero no dispone de la capacidad de empatía, reflexión moral y compromiso con el resto de los agentes.

(6) Es muy significativo que en TC los agentes sean prisioneros de una situación en la que *no* pueden comunicarse. La racionalidad ortodoxa o completa prescinde del habla; significativamente, el *homo oeconomicus* es un hombre incomunicado y silente.

Para Ostrom, "la maximización de las ganancias es una herramienta teóricamente útil para predecir el comportamiento en situaciones de mercado estático; no permite a un teórico predecir qué empresas tienen mayor probabilidad de sobrevivir ni tampoco los cambios tecnológicos o institucionales innovadores" (Ostrom, 2011: 345). Dicho de otro modo, la concepción maximizadora de la racionalidad niega implícitamente la capacidad adaptativa de los ciudadanos para incrementar la resiliencia de los sistemas sociales. Ostrom demuestra también que tampoco existe una variable única, como el precio de mercado, que pueda servir de fundamento para tomar decisiones racionales en una situación de recursos comunes y que, por lo demás, existen relaciones no monetarias que pueden ser importantes para esa decisión. En consecuencia, "no es una estrategia teórica sensata suponer que las elecciones de las reglas se toman para maximizar una única variable observable" (Ostrom,

2011: 346). Los "modelos analíticos compactos" como el de Hardin o el dilema del prisionero pueden producir predicciones claras de dilemas sociales precisamente porque omiten este tipo de variables empíricamente relevantes.

> "Para lograr que un modelo sea manejable, los teóricos deben partir de supuestos simplificadores. Muchos de éstos equivalen a establecer un parámetro (por ejemplo, la cantidad de información disponible para los participantes o el grado de comunicación) que sea igual a una constante (información completa o ninguna comunicación)" (Ostrom, 2011: 322).

Así se explica que los modelos que manejan supuestos como "la presencia de información completa, acciones independientes, simetría perfecta, cero errores humanos, ninguna norma de comportamiento aceptable, sin costos por monitoreo y ejecución y sin capacidad para cambiar la estructura de la situación misma, ayudan al analista a generar predicciones precisas" (Ostrom, 2011: 312). La simplicidad del modelo resultante, válido sólo en situaciones específicas y bajo tales supuestos idealizados, ha permitido que muchos economistas pasen a considerarlo como *el* modelo general de elección racional. "Sin embargo, la aparente simplicidad y generalidad no son equivalentes. Hacer equivalente una variable a una constante generalmente reduce el rango de aplicabilidad de un modelo en lugar de ampliarlo" (Ostrom, 2011: 312). Acudiendo a la evidencia empírica, Ostrom demuestra que el modelo simplificado que predice TC sólo se cumple en situaciones y comunidades con factores internos característicos y no como consecuencia de una racionalidad impotente o defectuosa.

> "Puede ser que los participantes simplemente carezcan de la capacidad de comunicarse entre sí, que no sepan cómo tenerse confianza y que ignoren que deben compartir un futuro común. También puede pasar que individuos con mayor poder que buscan sacar provecho de la situación actual (mientras que otros pierden) pueden bloquear los esfuerzos de

los menos fuertes por cambiar las reglas del juego" (Ostrom, 2011: 65).

En vez de asumir que los usuarios de un bien común jamás podrán escapar de la trampa en la que su racionalidad les atrapa, la investigación de Ostrom sobre los casos de éxito que evitan TC muestra que la capacidad de los individuos para evadirse de varios tipos de dilemas sociales varía empíricamente de situación en situación. Los resultados del análisis de dichas variaciones en los casos de éxito que evitan TC son realmente pertinentes para argumentar a favor de la posibilidad de posible punto de inflexión (Marten 2001[25]) y realimentación que saquen a las comunidades de los bucles o tragedias de extinción.

(1) Los individuos tratan generalmente de resolver sus problemas comunes de la manera más efectiva posible, no de obstaculizar todas las iniciativas que entorpezcan la maximización de beneficios individuales.

(2) En lugar de suponer que la mayoría de los individuos son incompetentes, malos e irracionales y que sólo unos pocos son omniscientes (entre ellos el observador o analista económico de la situación) es más razonable suponer que todos tenemos capacidades finitas más o menos similares para comprender la estructura de ambientes complejos e intentar transformar sus condiciones.

(3) En lugar de considerar las decisiones de los individuos en torno a las reglas y los cambios de reglas para resolver problemas como resultado de procesos mecánicos de cálculo, es más razonable concebir esas elecciones como resultado de procesos falibles para sustentar mejores juicios sobre beneficios y costes inciertos.

(4) Cuando las situaciones ambientales problemáticas implican complejidad, falta de predictibilidad, de información, de confianza y de comunicación, es *más* razonable asumir esos problemas e investigar qué factores apoyan o entorpecen los esfuerzos de los participantes, que desechar su tratamiento a

---

[25] Véase José Miguel Esteban (2013) capítulo 2

favor de la simplicidad predictiva, condenando a los participantes a que sea una autoridad externa quien los gobierne.

Uno de los corolarios que Ostrom extrae de su análisis de TC debería servir para prevenir a los científicos sociales occidentales de la trampa intelectual que puede suponer una aceptación acrítica de ciertos supuestos abstractos de los dilemas sociales, que son precisamente los que pueden abocarnos conceptualmente a bucles de extinción que parecen exigir dictaduras tecnocráticas

> La trampa intelectual cuando uno se apoya enteramente en modelos como base del análisis de políticas es que los académicos suponen que son observadores omniscientes, capaces de abarcar la esencia del funcionamiento de sistemas complejos y dinámicos, y elaboran descripciones estilizadas de algunos aspectos de esos sistemas. Con la falsa confianza que deriva de una falsa omnisciencia, los académicos plantean propuestas a los gobiernos en el marco de sus modelos como poderes omnicompetentes, capaces de rectificar las imperfecciones en todos los campos. En las concepciones contemporáneas del orden social, el gobierno a menudo es considerado como un agente externo cuya conducta es exógena a la situación modelada. Los analistas que adoptan esta posición se ven a sí mismos como analistas de los comportamientos de los individuos privados y luego como asesores de lo que el gobierno debe hacer (Ostrom, 2011: 357.

Lo cierto es que, ignorando las advertencias de Ostrom, el «homo oeconomicus» de los intelectuales neoliberales se ha ido convirtiendo en un "idiota moral", e incluso en un peligro para la economía mundanal, una amenaza para las reglas de imparcialidad que deberían presidir la libre competencia según los postulados de la economía neoclásica.

En 1930, Keynes protestaba sobre ese sesgo hacia la idiotez moral del homo oeconomicus como el verdadero obstáculo al libre desarrollo de la creatividad humana en direcciones no- económicas:

Cuando la acumulación de riqueza ya no sea de gran importancia social, habrá grandes cambios en los preceptos morales. Podremos librarnos de muchos de los principios pseudomorales que han pesado durante doscientos años sobre nosotros, siguiendo los cuales hemos exaltado algunas de las cualidades humanas más despreciables, colocándolas en la posición de las más altas virtudes (cit. Por Alcoberro, 2019).

Por de pronto, la predicción bienestarista de Keynes no solo no se ha cumplido, sino que, en la segunda década del siglo XXI, la idiocia griega se ha cobrado su tributo en la tragedia de la biodiversidad, el agua y la atmósfera como bienes comunes que no estamos logrando conservar. Bien podríamos decir que *el homo oeconomicus*, pese a su carácter ficticio, cobra realidad al realimentar bucles de extinción como la tragedia de los recursos bióticos comunes. Aunque más indirecta en términos causales, la idiocia griega es tan efectiva como el calentamiento global o el incremento de la deuda de extinción[26].

El presunto valor económico total de la biodiversidad

En 1947, en plena Guerra Fría y mucho antes de que Hardin publicara en *Science* "The tragedy of the coomons" (1968), Ralph T. King propuso una tipología de valores asociados a la conservación de la diversidad zoológica ampliamente seguida en el área del manejo de recursos naturales. El propósito explícito de la tipología de King era promover la investigación para la valoración económica total de los recursos de la fauna silvestre de Estados Unidos (King, 1948:283). Su tesis es que "el *valor económico* total de estos recursos resulta de la suma de sus diferentes valores *más* el valor de los distintos servicios que realiza", agrupando unos y otros bajo los siguientes rubros generales: (1) valores comerciales, (2) valores recreativos o de esparcimiento, (3) valores biológicos, (4) valores sociales, (5) valores estéticos y (6) valores científicos.

---

[26] Sobre la deuda de extinción, ver supra, Introducción, p. 28 y ss.

(1) Valores comerciales son los ingresos derivados de la venta de animales salvajes, de sus productos o del uso regulado de animales salvajes y de sus crías.

(2) Valores recreativos son los costos de actividades deportivas y hobbies que, como la caza, involucren la búsqueda o persecución de fauna silvestre.

(3) Valores biológicos son los costos de los servicios que la fauna silvestre brinda a los seres humanos, por ejemplo, el control de plagas de insectos o roedores, fertilización, etc. Son valores de servicios que el ser humano podría realizar por sí mismo, sin el concurso de los animales silvestres, pero incrementando los costos operativos o valores de servicios para los que depende enteramente de la fauna silvestre.

(4) Valores sociales son aquellos que la comunidad recibe como consecuencia de la presencia de animales salvajes (King, 1948:283).

(5) Valores estéticos del ambiente son aquellos que inspiran las artes, y tienen una significación histórica y patriótica, como el águila calva o el río Mississippi de Mark Twain.

(6) Valores científicos son costos que los animales salvajes pueden tener para la investigación de fenómenos naturales que puedan afectar al ser humano directa o indirectamente.

Lo primero que llama la atención de la clasificación de King es su propia concepción del valor. Los valores pueden orientar la acción humana en muy distintas direcciones, no siempre positivas. Como dice Stephen Covey, hasta los gángsters tienen valores. Cualquier axiología que se pretenda empírica ha de incluir los valores negativos. Un "disvalor" o valor negativo como el miedo a los lugares boscosos, la aversión ante los insectos, el horror a los reptiles o a los cuerpos sin pelo puede materializarse en una conducta contraria a la conservación, al igual que pueden favorecerla la empatía o la identificación con la maternidad de los mamíferos, la elegancia del vuelo de un ave o la eficiencia y la reciprocidad de las relaciones simbióticas. John Locke, el padre del liberalismo clásico, decía sentir verdadero malestar ante la vista de un paisaje agreste, invadido por las hierbas, por la *maleza*, desaprovechado para el cultivo. Una travesía en barco por la densa jungla africana, como en *El corazón de las tinieblas* de Joseph Conrad, puede empujar al colono aprensivo a una vasta deforestación.

Por otra parte resulta notable que, tratándose de un ecólogo, King no incluya el valor científico que la biodiversidad puede tener como *modelo* productivo o tecnológico, tal y sucede con las prácticas de la biomímesis[27]. Y todavía es más llamativa la ausencia de los valores morales asociados a la conservación de la biodiversidad. El sentido de justicia y equidad interespecífica, la empatía o los sentimientos humanitarios juegan de hecho un gran papel en las motivaciones de muchos conservacionistas. Siendo esto así, cabe sospechar que esta ausencia obedezca a la resistencia de los valores morales a la cuantificación. Recordemos que el objetivo explícito de King es la valoración económica total de la biodiversidad animal.

También sorprende la absoluta indeterminación en la que King deja a los valores sociales de la diversidad zoológica. Tal como los define, parecerían valores económicos asociados, por ejemplo, con la afluencia del turismo para la observación de la vida silvestre. Nada nos dice de cómo las actividades de conservación de la biodiversidad afectan positivamente a las dinámicas de participación social, a la cooperación, la solidaridad, el arraigo o el sentido de orgullo comunitario y pertenencia o a la participación en las instituciones, tal y como demuestran las prácticas de los puntos de inflexión ecológica de Gerald Marten. En la tipología de King, el valor comunitario de la conservación de la biodiversidad queda relegado al valor simbólico anejo según él al valor estético – ya de por sí depauperado en la tipología de King, reducido casi al valor patriótico de la conservación de especies emblemáticas o parajes naturales de significación histórica para cierto país, como el cañón del Colorado, el río Támesis, el Mar Muerto, el volcán Popocatepetl o las cumbres tibetanas.

Estas deficiencias son sin duda atribuibles al monismo o reduccionismo axiológico de King, a la busca del *valor económico* en tanto que común denominador al que reducir todos los valores. La

---

[27] Sobre biomímesis, ver Esteban (2013), capítulo 2

siguiente cita de su texto es muy significativa. "Como afirmaba Taylor 'teóricamente, todo el mundo está de acuerdo en que la administración de los recursos naturales debe obedecer al principio del 'máximo uso'. Pero 'máximo uso' es una frase vacía, si no se especifica en términos económicos'" (King 1947:284). Es casi imposible no ver aquí un nítido reductivismo económico, radicalizado en una racionalidad exclusivamente instrumental o maximizadora de las utilidades.

Consecuentemente, la tipología de valores ambientales de King es resultado de una concepción exclusivamente instrumental de la racionalidad ambiental. La indefinición de los valores sociales se traduce de hecho en el rechazo de King a la participación democrática en los procesos de gestión y toma de decisiones en cuestiones ambientales. King asume un punto de vista aún común entre algunos científicos, declarándose abiertamente partidario de una tecnocracia de expertos que no sólo desempeñe un papel como órgano informativo y consultivo, sino que también tutele todos los planes locales para la conservación de los recursos ambientales:

> La conservación de la vida silvestre es el único tema de gran interés, él único de los principales asuntos públicos en el que los problemas complejos y técnicos se deciden o resuelven por votación popular... el público busca la ayuda de los profesionales de la medicina, de la ingeniería, etc., como líderes a los que seguir en sus respectivas áreas. Las personas no sólo esperan de estos profesionales que les mantengan informados, sino que les impongan las cosas que más convienen al interés de todos. Pese a las quejas y las críticas, las personas y las organizaciones aceptan y obedecen los programas elaborados por los expertos, y casi nunca piensan que son ellos mismos y no los expertos los que deben hacerlo ... la pregunta es si los expertos en biodiversidad están dispuestos a asumir ese liderazgo (King, 1948: 289).

Las cosas han cambiado mucho desde el llamamiento de King. La percepción pública de la aceleración de los procesos de degradación ambiental, incluyendo verdaderas catástrofes como la del petrolero Exxon Valdez en Alaska, el accidente nuclear de Chernóbil, la tragedia de la química Union Carbide en Bophal, India y la enfermedad de Minamata provocada por el vertido de mercurio en el mar de Yatshusiro, ha extendido también la idea de que no es seguro dejar la gestión ambiental exclusivamente en manos de expertos, científicos y tecnólogos, cuya alianza con empresas, gobiernos e industrias ha sido en buena medida responsable de la crisis. Los movimientos ecologistas de finales del siglo XX generalizaron la opinión de que la ciencia era tanto parte del problema como de su solución, por lo que era necesario establecer mecanismos de presión y de control público en la toma de decisiones en cuestiones ambientales con repercusiones para todos.

La clasificación de valores ambientales de King resulta un claro precedente de posteriores proyectos públicos para la racionalización económica de los procesos ambientales. Su hipótesis principal, basada en el concepto de valor económico total de la biodiversidad, es ciertamente notable: "Ya que mucha gente no es consciente del valor económico total de los recursos, nada para ellos justifica el gasto de dinero, tiempo y energía que hay que dedicar a la conservación de la vida silvestre" (King, 1947: 286). Hay algunas objeciones inmediatas a esta tesis. En primer lugar, no es cierto que la conducta humana obedezca siempre a motivaciones económicas. La insistencia en la figura histórica del *homo oeconomicus* como modelo universal y atemporal de la racionalidad de la conducta humana resulta a veces más prescriptiva que descriptiva. ¿De dónde saca King la idea de que para tomar decisiones ambientalmente correctas tenemos necesariamente que hacer un cálculo total del valor económico de los recursos naturales implicados en cada situación? ¿Desde cuándo nuestra decisión de no usar bloqueador solar antes de sumergirnos en un río o un cenote depende de la valoración económica del total de servicios ambientales que se verían afectados con nuestra perturbación del ecosistema? Hoy sabemos que el valor económico total de los servicios ambientales que la biodiversidad provee gratis a todos los habitantes del planeta sería superior a la suma de los productos internos brutos de todas las economías nacionales del mundo. Sinceramente, siendo importante, no parece que este dato baste para impulsar por sí mismo las prácticas conservacionistas de muchos de los habitantes del planeta. El error consiste en asumir que el valor económico percibido es el único móvil de la conducta y desatender otras muchas motivaciones inspiradas por otros valores ambientales que impulsan la conducta y que se resisten a la cuantificación en unidades monetarias. En ese sentido, la desatención a los factores afectivos y emocionales se perpetúa hoy en los errores de la presenta economía ambiental: el *fetiche* del homo oeconomicus arrastra pesadas cadenas en la ecología de la mente de quien profesa la fe en el mercado como mecanismo servoregulado que, finalmente, siempre pone las cosas en su sitio.

La teoría de la decisión racional regida por la tipología axiológica de P. King guarda una premisa omitida difícilmente disimulable. King supone que la transmisión de conceptos ambientales mediante un canal de comunicación exclusivamente racional y que, una vez estos conceptos resultan asentados en su racionalidad ambiental, se desplegarán por sí mismos en hábitos y prácticas socialmente responsables. Todo depende del cultivo de la inteligencia o racionalidad económica de los individuos. En la práctica, King olvida lo que el popular psicólogo Daniel Goleman denominó acertadamente Inteligencia Emocional; olvida atender las necesidades psicoafectivas del niño, su fascinación por la experiencia inmediata; olvida la primacía del contacto directo con la vida en la biosfera, el vínculo biofílico que relega a un segundo o tercer plano las generalizaciones conceptuales. Pese a ello, el ambientalismo de las últimas décadas sigue obsesionado con la racionalidad económica, las tecnología eco- eficientes y con la medida de las huellas del carbón. El mejor ejemplo del alcance de esta obsesión tecnófila es el propio psicólogo Daniel Goleman, quien cifra ahora la *inteligencia ecológica* en el tratamiento técnico de la huella ecológica por parte de los productores y los consumidores (Goleman 2009).

Como casi todos los científicos estadounidenses, incluyendo el propio E.O. Wilson Goldman encuentra en el libre mercado la pared para frenar la radicalidad de los cambios necesarios para enfrentar la sexta extinción. Ambos comparten la creencia en el mercado como mecanismo cibernético, servoregulado y optimizador, paradigma contrastado de la eficiencia en cualquier área en la que se le dé acceso:

el sistema de precios corregido en todas sus fallas de mercado sería para ambos la mejor garantía de la justicia ambiental. En el caso de Daniel Goleman, el fallo de mercado que se presenta como obstáculo para la sustentabilidades el tupido velo de la ignorancia en la que obran los ciudadanos al tomar decisiones de consumo: ignoramos la huella ecológica de los productos que elegimos consumir, cuando nosomos llevados al engaño por los disfraces verdes diseñados por los psicólogos de la publicidad empresarial.

El remedio de Goleman no es otro que la *transparencia radical* de la información sobre efectos contaminantes y ecológicamente deletéreos de cada bien de consumo, una información que ahora podría ser accesible gracias a las tecnologías de la información digital y de los *big data*. La transparencia radical se consigue con la información obligatoria de la huella ecológica en el etiquetado digital de cualquier producto en el mercado, fácilmente decodificable por nuestros dispositivos celulares.

> La transparencia radical convierte el conocimiento del impacto que provocan los distintos productos (como la huella de carbono, los ingredientes químicos peligrosos que lo componen y el conocimiento de las condiciones laborales en que se fabrican) en una fuerza que puede influir de forma sistemática en las ventas. En este sentido, la transparencia radical cuenta con una nueva generación de aplicaciones tecnológicas que permiten procesar informáticamente inmensas bases de datos y ofrecernos un resumen de sus conclusiones que facilite el proceso de toma de decisiones. Cuando conozcamos el verdadero impacto de nuestras decisiones, podremos utilizar esa información para provocar cambios que nos orienten en una dirección más adecuada. Ya disponemos, a decir verdad, de una gran diversidad de ecoetiquetas con datos muy precisos que evalúan aspectos muy concretos. La siguiente ola de la transparencia ecológica llegará como un *tsunami* y será todavía mucho más radical (Goleman 2009: 14)

En los párrafos siguiente, Goleman da un paso más, apelando a la supuesta transparencia de los mercados financieros

> La transparencia radical nos permitirá advertir las consecuencias de las cosas que fabricamos, vendemos, compramos y descartamos, un conocimiento que va mucho más allá de la zona de confort habitual en la mayoría de las empresas. También remodelará el entorno del mercado, promoviendo la aceptación de una extraordinaria variedad de tecnologías y de productos más "verdes" y más "limpios" y, de ese modo, nos obligará a cambiar. Esta revelación ecológica nos abre un horizonte económico hasta ahora inédito que consiste en implantar una regulación que aporte transparencia al mercado y nos permita conocer el impacto oculto de nuestras compras. De ese modo, los compradores dispondrán de una información sobre sus decisiones semejante a la que emplean los analistas de mercados financieros para ponderar los beneficios y las pérdidas de las empresas. Y los directivos, por su parte, dispondrán también de información más clara que les permitirá transmitir las órdenes necesarias para que su empresa sea socialmente más responsable y sostenible y adelantarse a los posibles cambios del mercado.

La crisis financiera de Lehman Brothers y la recesión económica que duró más de una década (2008-2018) hace que la comparación entre la supuesta información completa que circula libremente entre los agentes económicos, los mercados financieros y la transparencia radical de Goleman oscurezca todas las virtudes que el autor de *Inteligencia Ecológica* le atribuye. Las crisis económicas y la multiplicación planetaria de los bucles de extinción prueban de hecho que la transparencia radical de Goleman es una idealización engañosa, como lo es el propi0 fetiche del *homo oeconomicus*, fruto de la misma economía de mercado irrestricto que el liberalismo decimonónico trataba de legitimar epistemológica y ontológicamente.

¡Más mercado! Voracidad, reciclaje, obsolescencia y derrames petroleros

"Más madera, traed más madera"

Groucho Marx

Actuando como improvisado maquinista de ferrocarril en *Los Hermanos Marx en el Oeste*. En realidad, lo que pide Groucho es más combustible para alimentar el fogón de la locomotora, aunque sea con la madera de la que están hechos el resto de los vagones, convertidos así en veloces caballos de vapor con los que dar alcance a una injusticia que escapa en una carreta tirada por dos caballos de carne y hueso.

Debemos hacer que el país transite de una cultura de las necesidades a una cultura de los deseos. A la gente hay que adiestrarla para desear, para querer cosas nuevas, incluso mucho antes de que las viejas se hayan gastado del todo … los deseos del hombre han de eclipsar sus necesidades

Paul Mazur

La mayoría de las respuestas de las instituciones municipales de la república mexicana ante los graves problemas ambientales que aquejan al país tienen un carácter exclusivamente técnico. La tesis de que los problemas ambientales ocasionados por la tecnología y la industria pueden solucionarse simplemente aplicando más industria y más tecnología sigue impregnando la mayoría de los programas institucionales, federales, estatales y municipales, destinados a combatir el agotamiento de recursos naturales y a gestionar los residuos sólidos generados por el vigente sistema económico —un sistema que pivota sobre el crecimiento económico y el incesante aumento del consumo interno. Con su renuncia a profundizar en las raíces sistémicas y conductuales de los problemas ambientales que aquejan a nuestras ciudades, muchos de los programas ambientales de gestión de los residuos sólidos urbanos sólo consiguen empeorar las cosas, aumentando el riesgo sobre la salud, la calidad de vida y el bienestar de las generaciones presentes y futuras de mexicanas y mexicanos y, muy particularmente, de las clases sociales más desfavorecidas y más vulnerables.

En este capítulo mostraremos que el fracaso de los programas ambientales de gestión de residuos sólidos urbanos (RSU) obedece a su inserción en un sistema económico basado en la sobreproducción industrial y el crecimiento económico obtenido mediante la obsolescencia programada y el consumo a crédito. El discurso gubernamental en defensa de un sistema económico de tan grave impacto socio-ecológico ha recurrido invariablemente a la retórica del progreso y del bienestar como abundancia de bienes de consumo o mercancías, una estrategia narrativa que aúna explícitamente el crecimiento económico indefinido con la aplicación de los avances científicos y tecnológicos a los procesos industriales y a los servicios, y que asume injustificadamente que el único indicador de la calidad de vida y el bienestar de un pueblo es el crecimiento del PIB y el incremento en la capacidad adquisitiva de sus habitantes. Esta retórica asume de entrada la reducción de todos los actores sociales a la condición de meros agentes de producción y consumo, omitiendo su consideración como sujetos morales de una ciudadanía con necesidades de redistribución y justicia social.

El incremento del PIB y su controvertida validez social

Como en el resto de sociedades de mercado, el Producto Interno Bruto es el indicador macroeconómico preferido de las instituciones de gobierno en México. Como todo indicador, puede arrojar luz sobre algunas cuestiones difícilmente cuantificables, pero siempre al costo de oscurecer otras. Todo el espectro político, desde la derecha más inmovilista hasta la izquierda más progresista, comparte el supuesto de que el PIB es a su vez un indicador de bienestar y que, por consiguiente, su incremento interanual siempre es algo deseable. Técnicamente, el PIB se define como la suma del valor económico de todos los bienes y servicios que se producen en un año. Esta definición técnica puede ofrecer una primera clave de lo distante que está el valor económico de lo producido de impreciso estado social que es entendido como bienestar, aun cuando dicho valor se considere en conjunción con otros indicadores macroeconómicos relevantes como la inflación y el desempleo. La definición omite deliberadamente cualquier otra cualidad de los bienes o servicios producidos, sea ésta material o social. Por ejemplo, en una economía en la que aumenta la producción de armas, es decir, de mercancías cuyo valor de uso es la destrucción o la opresión de individuos, grupos o naciones, aumenta el PBI. ¿Justifica el crecimiento económico que un estado fomente guerras para vender armas? Otra cualidad no menos importante que también se omite es la manera en la que se produce: si el trabajo lo realizan niños esclavizados u obreros con protección social, si la fábrica tiene buenas condiciones de higiene y seguridad o es un sótano mal ventilado y prácticamente en ruinas. Es importante para nuestro análisis señalar que, habitualmente, el indicador del PIB no recoge ni descuenta el valor económico de las externalidades negativas de esa producción, por ejemplo, si se vierten a un río o al mar desechos tóxicos o se generan desechos o residuos sólidos de costoso tratamiento. De ahí que cualquier análisis sobre el bienestar de una población debe remitir necesariamente a alguna fuente positiva del valor económico, esto es, a alguna concepción positiva sobre lo que "hace valioso" al valor económico.

Las dos teorías económicas que explican el valor económico son la Teoría del Valor- Subjetivo y la Teoría del Valor-Trabajo. Las dos teorías asumen que la fuente última de la concepción positiva del valor se encuentra siempre en el mercado. Para la primera, a menudo conocida como Teoría de la Utilidad Marginal, el origen del valor está en el encuentro de productores y consumidores. Estos últimos, guiados por la maximización de su utilidad y con un presupuesto por definición siempre limitado, deciden cuánto demandan de cada bien. El valor económico del bien es, entonces, el punto de equilibrio en que los productores de la oferta están conformes con producir y vender porque les reporta un beneficio, y los consumidores están dispuestos a comprar porque les reporta el máximo de utilidad por el importe de lo que pagan. Se entiende pues que, mientras más valor económico se produzca, habrá más productores y consumidores satisfechos - o, dicho de otra manera, se reportará mayor utilidad a los consumidores y mayor beneficio a los productores.

La segunda, la Teoría del Valor-Trabajo, sostiene que el valor de las mercancías está dado por el tiempo de trabajo que se requiere para producirlas. No por el trabajo que específicamente llevó producir una mercancía particular, sino el trabajo genérico, esto es, el tiempo de trabajo socialmente necesario para su producción genérica. Ahora bien, además de ser un producto del trabajo genérico, el valor ha de ser también *valor de uso*, es decir, debe satisfacer necesidades humanas sea cual sea su origen. Esta índole dual del producto del trabajo se verifica en el momento en que la mercancía se sitúa en el mercado. Según esto, es el consumo lo que valida el valor que se produce en la industria. Se comprende que, desde esta perspectiva, mientras más valores sean producidos -y realizados en el mercado- crece tanto la riqueza de la población como la cantidad de bienes o servicios que satisfacen sus necesidades.

Las dos teorías del valor sustentan una concepción positiva del aumento de la producción o incremento del PIB. La Teoría del Valor Subjetivo porque supone el aumento de la utilidad de los consumidores y de la ganancia de los productores. La Teoría del Valor Trabajo porque implica un aumento en la producción de bienes útiles y de riqueza social.

De ahí que prácticamente todas las escuelas económicas compartan la visión de que el aumento de la producción es condición necesaria y suficiente para el bienestar de una población. Y si finalmente se ha difundido entre los economistas la idea de que el crecimiento económico debe ser sustentable, no es porque se cuestione que el incremento de bienes y servicios sean algo deseable, sino por los efectos devastadores que el aumento del PIB tiene sobre el medio ambiente. Como vamos a ver en la siguiente sección de este análisis, los programas al uso de gestión de RSU comparten esta visión: es el mercado el que internalizará el valor económico de esos efectos o externalidades, asegurando la sustentabilidad del modelo productivo.

La economía política del reciclaje de RSU

La apuesta de las institucionales municipales de gobierno por el crecimiento porcentual del PIB como principal factor causal de la redistribución social de la riqueza, extendida homogéneamente a todas las clases sociales gracias a la derrama económica uniforme que el mercado supuestamente depara, explica que los programas municipales de gestión de residuos sólidos se hayan centrado exclusivamente en dos de las tres célebres "erres" ambientales, el reciclaje y la reutilización. Como era de esperar, nuestro análisis constata la total ausencia de estrategias destinadas a reducir la generación de desechos mediante estrategias de reducción del consumo, pues estas estrategias cuestionarían la propia deseabilidad del crecimiento económico, un supuesto al que las instituciones municipales no parecen dispuestas a renunciar. Según el discurso oficial, el consumo responsable no es aquél basado en la autocontención de nuestras compras, sino el consumo "sustentable", que genera incluso más riqueza económica revalorizando la basura a través del reciclaje y la reutilización de los residuos que este consumo desmedido inevitablemente genera. André Gorz ha sintetizado espléndidamente esta absorción mercantil de las consecuencias no deseadas del capitalismo: "Oficialmente, la destrucción pasa a ser fuente de riqueza, pues el reemplazo de todo aquello que se ha roto, se ha desechado o se ha perdido da lugar a nuevas producciones, nuevas ventas, nuevos flujos monetarios y nuevos beneficios" (en Maycroft 5-6).

Los programas de gestión de residuos sólidos urbanos se inscriben dentro de una supuesta "economía verde" que, en lugar de considerar la economía dentro de los límites de los sistemas ecológicos, trata de internalizar las variables ambientales dentro de un sistema de ecuaciones económicas. El supuesto subyacente en la economía ambiental es que una vez que los residuos sólidos hayan sido valorados económicamente e internalizados dentro del actual sistema productivo, los propios mecanismos del mercado lograrán minimizar los costes ecológicos que su generación implica.

Para los economistas ambientales, la urgencia de establecer algún método de valoración económica de los residuos sólidos urbanos responde a su vez a la necesidad de establecer mecanismos institucionales para compensar lo que ellos llaman "fallas estructurales del mercado", a las que responsabilizan del deterioro ambiental generado por los RSU. La falla estructural tiene su origen en la divergencia entre el valor (económico) individual o privado y el valor (económico) público o social. En casos de falla estructural los servicios ambientales tienen un valor económico distinto para el agente económico individual que para la sociedad en su conjunto. Cuando el valor social de una acción individual es mayor que el privado, ese costo añadido a la acción es una externalidad positiva. La ocupación campesina de un latifundio improductivo o infrautilizado obedecería a este tipo de externalidad, pues la tenencia improductiva de la tierra reporta al latifundista un beneficio menor que todos lo que reportaría a los campesinos la explotación del latifundio. De hecho, no es infrecuente que el uso que el propietario le da al latifundio no llegue a cubrir los gastos del mantenimiento. Cuando el costo privado de la acción individual es menor que el social, cuando la sociedad pierde más de lo que el individuo gana, tenemos una externalidad negativa. La Tragedia de los Comunes es un claro ejemplo de este último tipo de externalidad. "Cuando los costos privados son menores que los costos sociales, esa actividad se llevará a cabo en mayor proporción de lo deseable. Esa es la razón por la cual se afecta a la biodiversidad, agotando o utilizando de manera ineficiente estos recursos. De aquí se desprende la necesidad de contar con una evaluación económica del medio ambiente y los recursos naturales, ya que la solución que proponemos los economistas consiste en lograr que los costos privados y los costos sociales se igualen" (Belausteguigoitia, 2003: 27).

Probablemente, según nuestro análisis, la aplicación de estos principios en la instauración de mecanismos de control municipal de la actividad económica y la gestión de residuos sólidos urbanos sea ambientalmente beneficiosa y ayude a satisfacer cierto tipo de condiciones que las sociedades deben cumplir para orientarse hacia la sustentabilidad. Pero quizá habría que recordar a los economistas ambientales que no son las únicas condiciones que hay que atender. De hecho es fácil comprobar que, en muchos casos, el beneficio de las grandes corporaciones obtienen con actividades que generan contaminación por RSU permite un margen muy holgado para reajustar sus presupuestos a las posibles sanciones. Los problemas inherentes a la gestión municipal de residuos sólidos señalan la presencia de otras muchas fallas, además de las fallas de mercado.

Este diagnóstico puede robustecerse con el análisis del pensador mexicano Enrique Leff, quien ha ido bastante más lejos en su crítica de la economía ambiental, hasta sospechar de las propias motivaciones sociales y ecológicas de la economía ambiental al establecer como proyecto la valoración de los residuos sólidos dentro de un programa general de valoración económica total de la biodiversidad. Este proyecto, como ya hemos visto, no hace otra cosa que intentar incluir o internalizar el ambiente entre las variables del sistema económico. "El concepto de 'valor económico total' —la suma del valor real directo, del valor de uso indirecto, del valor de opción y del valor intrínseco— expresa la voluntad omnívora de la economía ambiental para recodificar al mundo— a todas las cosas y todos los valores- en términos de capital (capital natural, capital humano, capital científico y tecnológico). El concepto de 'valor económico total' es una estrategia totalitaria para la apropiación económica del mundo, desde el valor económico actual de los bienes naturales y los servicios ambientales, hasta los valores contingentes asignados a esa naturaleza humana que se expresan en la 'voluntad de pagar' de individuos ecologizados y empresarios conservacionistas" (Leff, 2004: 1).

Según nuestro análisis, la economía ambiental o la economía verde es un intento más por extender la vara de medir del dinero hacia los problemas relacionados con la contaminación por residuos sólidos urbanos. Implícitamente, se asume la idea de que el ambiente es una variable más dentro del sistema económico (como lo puede ser el factor trabajo o el capital), y que lo único que hay que hacer es aplicar el instrumental adecuado para llevarlo al redil del mercado y de lo mercantil. Pero esto no es cosa fácil. Adelantemos ya este aspecto de nuestro análisis La cuantificación en términos económicos o de utilidades no puede ser el *único* criterio de la valoración ambiental, como si se tratase de buscar un máximo común denominador con el que hacer conmensurable *todos* los servicios ambientales. Hay propiedades ambientales que no tienen precio posible[28] ¿Cuál es, por ejemplo, el valor monetario de la absorción de dióxido de carbono por las plantas? ¿Cuál es el valor monetario de la digestión de residuos que realizan los microorganismos descomponedores o los ríos? ¿Se pueden compensar esas funciones en términos monetarios? Pero lo que sucede es precisamente lo contrario. No es el ambiente el que es una variable dependiente del sistema económico, sino al revés. El funcionamiento de la biosfera está regido por leyes físicas y ecológicas que imponen restricciones a los distintos subsistemas que contiene, incluyendo el sistema económico. Una economía verdaderamente ecológica tendría que cuestionar que la simple monetarización de los costes y beneficios ambientales en la gestión de RSU vaya a mejorar la sustentabilidad de las economías industriales de las poblaciones urbanas. Nuestro diagnóstico en este punto es claro: nada justifica el salto de la necesidad de establecer mecanismos de valoración

---

[28] En Costa Rica, por ejemplo, el uso que una conocida compañía frutera estadounidense hace del nematicida DBCP ha producido miles de casos de esterilidad masculina entre los trabajadores de la agricultura industrial del plátano (Martínez Alier y Roca 2000: 445). Pero ¿cuánto valen mil casos de esterilidad masculina? ¿Es más caro o más barato que la pérdida de biodiversidad ocasionada en la selva por la alteración de la cadena trófica? ¿Ha de pagarse en dólares norteamericanos o en colones costarricenses?

económica de la gestión de RSU a la suficiencia de éstos para resolver problemas derivados de la degradación de los servicios ambientales urbanos por obra de la contaminación generada por estos residuos. Sobre todo, cuando la reducción de toda la pluralidad de valores al valor económico parece ser un elemento nada despreciable a la hora de explicar el origen de la degradación de los servicios ambientales de nuestras ciudades.

Despertar la voracidad del consumidor

La anexión de México al modelo económico del crecimiento económico de Los Estados Unidos explica en parte la saturación de los vertederos de RSU en nuestros municipios. Desde mediados del siglo pasado, todas las instituciones estadounidenses han tratado de estimular la voracidad de los consumidores para alimentar un crecimiento económico de carácter indefinido, generando lo que podríamos llamar una economía "perpetuum mobile". A comienzos de la década de los 50, el inversionista de Wall Street Paul Mazur atribuía la Gran Depresión de 1929 al desajuste entre la enorme productividad de las empresas privadas y el limitado deseo de consumir de los ciudadanos, lo que había llevado a una crisis por sobreproducción y deflación. Los almacenes estaban llenos de productos que la sociedad no quería (y/o no podía) consumir. Para evitar otra depresión, había que incentivar el deseo de los consumidores, de modo que se acortase el lapso temporal entre la producción masiva y el consumo, con lo que almacenes se vaciarían cuanto antes. "La gigantesca maquinaria de la producción en masa sólo puede mantenerse en sus picos más altos cuando su voraz apetito queda completamente satisfecho. Es absolutamente necesario que los productos sean consumidos al mismo ritmo que salen de las líneas de ensamblaje" (Mazur en Packard 1960). Como afirma Vance Packard (1960: 43 ss.), la idea misma de un lapso temporal entre producción y consumo suponía ya que los consumidores tenían necesidades no reconocidas que inevitablemente iban a descubrir con el tiempo. Lo único que los empresarios tenían que hacer era servirse de la publicidad para educar a los consumidores de modo que esas necesidades se activasen. Dicho con otras palabras, había que crear nuevas necesidades que generasen en los clientes el consumo compulsivo que mantendrían girando los engranajes de sus economías corporativas, identificadas invariablemente con La Economía del país.

Una de las estrategias para crear esas necesidades era proporcionar motivos o excusas para convencer al consumidor de comprar más unidades de cada producto de las que ya tiene. Los publicistas de cosméticos o de ropa femenina, por poner un ejemplo, se encargarían de enseñar a las mujeres a asociar distintos colores de blusas o de esmaltes de uñas con distintos estados de ánimo. ¿Por qué llevar siempre el mismo tinte de pelo, el mismo color de esmalte de uñas o el mismo color de pintalabios? ¿Por qué tener sólo un reloj, un cinturón o un par de lentes? ¿Quiere que piensen que no se puede permitir un segundo auto? ¿Todavía dispone de una sola propiedad inmobiliaria?

La publicidad, por seguir con este último ejemplo, insistía en persuadir al jefe de familia de que era necesario tener una segunda vivienda. Y en ambas casas, lo único respetable era que cada dormitorio dispusiera de su propio cuarto de baño. También tenía que convencer a la familia para que comprara más de una televisión para cada una de esas casas, convenciéndola de que tenga más habitaciones donde instalar una televisión y seguir la programación: televisión mientras comes, mientras lavas, mientras cocinas, mientras planchas ... incluso mientras duermes. Tal y como décadas antes había ocurrido con la propagación de aparatos para escuchar la radio y la programación de las distintas estaciones, la programación de los canales de televisión, claro está, era financiada por la publicidad de los productos de las empresas que contrataban comerciales en las distintas cadenas. Un círculo de realimentación positiva perfecto para los hombres de negocio.

En numerosas ocasiones, más que meramente engañosa, la publicidad era simplemente falsa. Algunos comerciales instaban al consumidor a adquirir una podadora eléctrica para no sufrir infartos de corazón mientras arrastras la podadora manual y mecánica por el jardín para cortar el césped, aunque era obvio que el consumidor tipo al que iba dirigida la publicidad, el posible cliente que disponía de una casa en los suburbios, contaba con un cómodo trabajo de oficina e incluso le convendría equilibrar una vida sedentaria con un poco de ejercicio físico.

Además de comprar más, el consumidor medio tenía que ser convencido de tirar los productos antes, instalando en él la pasión de desechar desde su más temprana infancia. Juguetes de plástico que pueden romperse le enseñan al niño que todo en este mundo es reemplazable por algo nuevo. Hasta los edificios. En el México del siglo XXI, la novedad reviste los productos con una propiedad distinta que despertaba la pasión por obtenerlos, aunque sea para desecharlos apenas se han usado. Los cubiertos, vasos y platos de plástico ahorran el trabajo de poner el lavavajillas. Pero la era del plástico es también la Edad de la Basura. Los turistas de México ya pueden encontrar toneladas de restos plásticos en sus playas del Pacífico, del Atlántico o del Caribe. Científicos franceses han encontrado en el Pacífico Norte una isla de varios kilómetros cuadrados de puros residuos plásticos arrastrados y acumulados por las corrientes. En el estómago de las aves marinas han encontrado crecientes cantidades de plásticos. Los habitantes de la ciudad de Querétaro pueden observar en el cuerpo de agua del parque Querétaro 2000 los efectos de hábitos de consumo como tomar refrescos con envases no retornables o beber café en vasos desechables de poliestireno, para no tener una molesta taza en el lugar de trabajo o de ocio. O incluso en el hogar, pues el poliestireno conserva mejor el calor del café hirviendo. ¿Y quién se acuerda del cloro, el flúor, el carbono y la remota capa de ozono? Cualquier análisis creíble de la gestión de RSU debe recoger estos hábitos de consumo como factor crucial en la saturación urbana de residuos plásticos.

Seguidamente, nuestro análisis aborda críticamente otro mecanismo inseparable del crecimiento del consumo y de la generación y acumulación de desechos en los entornos municipales: la obsolescencia programada, quizá el factor clave omitido intencional y reiteradamente en el análisis de los problemas propios de la gestión de RSU.

La obsolescencia programada

La economía de mercado y los productores de bienes durables siempre enfrentan un mismo problema básico. Si la vida útil del producto que ofertan es demasiado larga, sus mercados tarde o temprano se saturan. Frente a esta dificultad existen dos respuestas básicas. La más obvia es la de ampliar los mercados, conseguir futuros clientes o consumidores, algo realizable solo hasta cierto límite. La otra, la que interesa a nuestro análisis, es la obsolescencia programada o planeada. Se trata de la actividad dirigida por el productor o comercializador orientada a acortar deliberadamente el ciclo de vida del bien durable. El caso límite -el ideal de cualquier productor de bienes- es el de los productos desechables, de usar y tirar, ya que reducen al mínimo la posibilidad de saturar el mercado. Según nuestro análisis, esa reducción es inversamente proporcional a la saturación del espacio urbano con RSU que la obsolescencia programada depara. Resulta pues obligado para nuestro análisis de la gestión de RSU detenernos a analizar el fenómeno de la obsolescencia programada y sus tipos.

Vance Packard (1960) propone una clasificación de tipos de obsolescencia programa de sumo interés para nuestros propósitos.

(1) Un producto se vuelve *funcionalmente obsolescente* cuando se introduce otro producto en el mercado que realiza mejor sus funciones. En la industria del hardware y el software informático abundan ejemplos de introducción de nuevos productos cuya funcionalidad es (genuina o supuestamente) superior a la de los anteriores, con los que además resultan ser incompatibles, lo que genera un aluvión de hardware desperdiciado que suele engrosar los vertederos de residuos sólidos urbanos. Los sistemas operativos de códigos cerrados, por ejemplo, inoperativizan recursos computacionales anteriores, que en muchos casos son sustituidos por sistemas operativos con estilismos visuales incorporados e inseparables del conjunto. Por ejemplo, el sistema operativo de Microsoft Windows Vista exige una cantidad ingentemente mayor de recursos que su predecesor

el Microsoft Windows XP, no ofreciendo al consumidor más que la pura novedad y ciertos retoques estéticos. También son funcionalmente obsolescentes los cargadores y baterías de celulares, computadoras y otros artefactos, cada uno con su ficha, su voltaje, su tamaño único, insustituible, o la mayoría de las partes y los accesorios de los vehículos, que cambian de modelo en modelo cada año. Pero las firmas suelen introducir en el mercado productos funcionalmente superiores a los anteriores sólo cuando el descenso de la curva de ventas de éstos indica ya que su mercado está saturado. Con ello se minimiza la competencia entre ambos productos y se maximiza el número de sus posibles compradores. Sin embargo, ello no significa que el nuevo producto incorpore la tecnología más avanzada disponible para la firma, sino exclusivamente aquellos avances que logren convencer al consumidor de desprenderse del modelo anterior para adquirir el modelo que las incorpora, asegurándose así un mercado para posteriores ofertas con los "penúltimos" avances. La dosificación de las innovaciones a introducir en el mercado multiplica en el tiempo el número de productos descartables y, consecuentemente, el volumen de residuos sólidos que los consumidores vuelcan sobre sus ciudades. El impacto de los productos funcionalmente obsolescentes sobre los sistemas de gestión de residuos sólidos urbanos es enorme, y los costos económicos de su tratamiento altísimos.

(2) Un producto es cualitativamente obsolescente cuando se descompone, se desgasta o deja definitivamente de funcionar en un momento dado. En este segundo modo de acortar el ciclo de vida de un bien durable, éste se diseña disminuyendo físicamente su vida útil intencional y directamente, como ocurre con las fechas de caducidad de los medicamentos o el número máximo de impresiones de una impresora, llegado al cual algún dispositivo inutiliza la máquina. A veces el expediente es tan simple como emplear materiales y componentes de calidad inferior. Es el caso de las medias de nylon, la ropa sintética o el calzado plástificado. En los artefactos eléctricos y aparatos

electrónicos, su obsolescencia cualitativa se complementa dificultando la reparación del producto, complicando el diseño interno, limitando la difusión de planos y diseños, utilizando tuercas y tornillos extravagantes, unidades selladas, repuestos de marca a precios exorbitantes, etc.

(3) Un producto es estilísticamente obsolescente cuando el consumidor que lo adquirió lo percibe como tal, juzga que ha pasado de moda y decide reemplazarlo. Las corporaciones y sus publicistas tratan de incentivar en el consumidor el deseo de desprenderse de una posesión perfectamente funcional para comprar otra nueva, más a la moda o de mayor conformidad con el estatus socioeconómico del que goza o del que quiere presumir, lo tenga o no. Esta estrategia también se denomina obsolescencia simbólica. Cuando consideramos la condición de símbolo como una de las funciones de los bienes de consumo, la obsolescencia simbólica no es distinta de la obsolescencia funcional y, en sociedades de consumo opulentas, puede generar incluso más residuos sólidos. El mercado adolescente, motivado principalmente por la adquisición de una identidad característica o un sentido de pertenencia a cierto grupo social, es uno de los sectores más propensos a la obsolescencia estilística o simbólica y, en consecuencia, una de las franjas del espectro urbano que más residuos sólidos genera, sea por la moda textil o por los modelos tecnológicos. A su vez, la industria automotriz dispone de algunas estrategias propias para generar la percepción de obsolescencia de un automóvil mediante la introducción de cambios no esenciales en el modelo anterior: el "restyling" o el "facelifting". La fatuidad, la frivolidad y la superficialidad de las prácticas de consumo ligadas a la obsolescencia percibida, simbólica y estilística contrasta severamente con el volumen de residuos sólidos que genera en nuestras urbes.

Es tal la manipulación psicológica que las agencias de publicidad pueden practicar sobre los mecanismos cognitivos y volitivos para incentivar la percepción de la obsolescencia que incluso ha llegado a conformar un tipo de modelo mental ligado a la obsolescencia programada. Nuestro análisis sobre la gestión de RSU indica la necesidad de una reflexión seria de carácter ético y filosófico sobre este tipo de mentalidad obsolescente que preceda a cualquier tipo de propuesta técnica alternativa para su tratamiento.

El modelo mental de la obsolescencia programada

No sin cierto cinismo, Víctor Lebow, quizá el principal apóstol del consumismo como forma de vida, establecía en la Revista de Minoristas (1955) las líneas programáticas de la mentalidad obsolescente: "La enorme productividad de nuestra economía exige que hagamos del consumo nuestra forma de vida, que convirtamos en rituales la compra y el uso de bienes, que persigamos nuestra satisfacción espiritual, la satisfacción de nuestro ego, por medio del consumo. La medida del estatus y la aceptación sociales, la medida del prestigio, ha de encontrarse en nuestros días en los patrones de consumo. El mismísimo significado de nuestras vidas se expresa hoy en términos de consumo. Cuantas más presiones reciba el individuo para plegarse a códigos sociales aceptados y seguros, mayor será su tendencia a expresar individualidad y sus deseos en términos de lo que viste, de lo que conduce, de lo que come — su casa, su coche, su alimentación, sus hobbies. La oferta de mercancías y servicios debe presentarse al consumidor de manera particularmente apremiante [puesto que] necesitamos que las cosas se consuman, se agoten, se desgasten, se reemplacen y se desechen a un ritmo siempre creciente" (Lebow 1955: 6).

Los pronósticos de Lebow han sido incluso rebasados en el México contemporáneo. Iniciativas comerciales alentadas por las instituciones de gobierno como "El buen fin" o el "Black Friday" que las autoridades mexicanas decidieron importar de sus pródigos vecinos del norte seducen a los consumidores con un mensaje por el que comprar desmedidamente, no importa qué, es casi una virtud que estimula la economía y redunda en una derrama en beneficio del país en su conjunto. En el modelo mental de la obsolescencia programada, la prodigalidad y el dispendio han desplazado a antiguas virtudes como la frugalidad y la prudencia. Hemos sido condicionados para olvidar las consecuencias de nuestros hábitos de consumo. Nadie piensa a dónde irán a parar los millones de teléfonos inteligentes y otros útiles electrónicos jubilados anticipadamente por las compras navideñas, por ejemplo. Nos comportamos como si creyéramos que nuestros hogares no generasen más residuos sólidos que los desperdicios de nuestra alimentación diaria.

Así parece ser la mentalidad al uso en la Edad de la Basura: comprar, tirar, comprar. La velocidad del cambio tecnológico alimenta esta mentalidad y la convierte en actividad económica. Las variables rápidas de las dinámicas propias de las economías de mercado validan mercantilmente la superioridad del conocimiento científico generado en el interior de institutos de investigación científica que, sean públicos o privados, comparten muchos compromisos con las grandes compañías del capitalismo global. Hoy por hoy, ni siquiera los economistas tecnófilos más optimistas se atreven a negar que el matrimonio entre la tecnociencia y la economía industrial ha acelerado exponencialmente la degradación ambiental del último siglo por obra de la basura generada en las ciudades y sus polígonos industriales. Como la economía de consumo que lo financia, el conocimiento tecno-científico mega-especializado, pivota sobre variables muy rápidas que, gracias a la tecnología que él mismo genera, operan a nivel planetario, en una escala anteriormente gobernada por variables muy lentas. Siendo procesos no lineales, es difícil establecer una correlación entre la aceleración de la tasa de extinción de especies y la aceleración de la tasa de cambio tecnológico, pero, al menos intuitivamente, no parece descabellado pensar que la aceleración de algunos cambios en escalas con variables lentas, como los procesos evolutivos o los cambios climáticos, puedan obedecer a cambios en escalas con variables ahora muy veloces, como la innovación tecnológica y la competencia dentro de nichos de mercado sobrepoblados.

La mercantilización de las innovaciones de las sucesivas revoluciones científicas, tecnológicas e industriales, sobre todo de aquellas que, como el plástico, procedían de la explotación de los combustibles fósiles, supuso agregar la idea de *productividad* al rediseño tecnológico de la naturaleza. Insertos en la economía de mercado, los objetos se convirtieron en productos de consumo eternamente reemplazables, siendo este reemplazo el que, junto con el crédito y la publicidad, hacía girar todo el sistema económico.

Conocidas ya las relaciones causales entre el carácter intencionado y radicalmente efímero de los productos de consumo y la contaminación del ambiente urbano por sus residuos sólidos, resulta inevitable pensar si es posible fortalecer una gestión municipal capaz de los residuos sólidos urbanos sin intervenir en las variables de una economía basada en la obsolescencia programada y en el crédito.

¿Es compatible una gestión adecuada de los residuos sólidos urbanos con el apoyo estatal a la investigación en marketing o la psicología aplicada para la obsolescencia de estilo? En la escala del consumidor individual, sean personas o familias, la psicología publicitaria alienta la percepción de la obsolescencia de estilo o de moda de los bienes de consumo: la percepción del carácter obsoleto de los productos subyace a la deseabilidad de su cambio o reemplazo. Parece indudable que este ritmo local de consumo y cambio (comprar, tirar, comprar) debilita la capacidad de los sistemas socioecológicos urbanos para absorber los cambios perturbadores que los RSU van a generar, sin perder la continuidad de sus funciones, esto es, sin alterar los servicios ambientales de los que los habitantes de las ciudades dependemos. El modelo mental consumista de la obsolescencia programada desvincula la deseabilidad del cambio de las necesidades ecológicas que son condiciones ecológicas de posibilidad de la continuidad de los individuos, las poblaciones y las propias especies. La percepción de la obsolescencia alimenta un modelo mental en el que la necesidad del cambio atiende tan sólo a indicadores sociales como la posición social o la gratificación psicológica. El ritmo con el que consumidor contemporáneo reemplaza sus dispositivos celulares de comunicación confirma la tesis de Erich Fromm, que situaba a lo que llamaba "narcisismo tecnológico" entre las fuerzas biofóbicas, contrarias a la vida.

Con la posibilidad del eterno reemplazo, el valor que las sociedades tradicionales adscribían a los instrumentos en la transmisión cultural se ve radicalmente transformado. En el modelo mental de las sociedades tradicionales, un arado es algo más que un apeo de labranza: encarna una forma de vida cuyo significado y continuidad dependen de su cuidado. Las economías basadas en la obsolescencia programada introducen el modelo mental de lo efímero, de lo reemplazable, como variable fundamental del sistema productivo. La economía de mercado introduce la propia percepción de la obsolescencia del producto como variable en la programación de su caducidad. Dicha percepción debería provocar el *deseo* de poseer siempre algo mejor, algo más nuevo y siempre antes de lo estrictamente *necesario*. Por su propia naturaleza, ese deseo se vuelve radicalmente insatisfacible, con lo que se convierte en el valor motriz para la incesante actividad de los agentes económicos. Frente al viejo postulado de la economía como medio para la satisfacción de las necesidades, la economía de la obsolescencia programada trata precisamente de todo lo contrario: provocar la perpetua insatisfacción de los sujetos y con ello aumentar la frecuencia de compras que básicamente, son actividades de substitución reiterables indefinidamente. En *El hombre unidimensional* Herbert Marcuse iba a hablar abiertamente de las relaciones libidinosas del hombre contemporáneo con las mercancías. El descubrimiento de la regularidad de esas relaciones es determinante en la programación de la obsolescencia de un producto. En el modelo mental del consumidor contemporáneo, la obsolescencia programada ofrece al mismo tiempo la libertad (de compra), la felicidad (al comprar) y la accesibilidad universal gracias a la publicidad y a las leyes de la oferta y la demanda que gobiernan los mercados.

Lejos de ser un modelo ambiental dirigido al cuidado de nuestros recursos y de nuestras ciudades mediante la reducción de RSU, nuestro actual modelo mental parece invitar a la despreocupación y el descuido. El consejo comercial de "no reparar, tirar y volver a comprar" es cada vez más habitual y condensa en un lema toda una cultura que ensalza el valor de lo efímero, de lo desechable y del uso despreocupado frente a lo que podríamos denominar las prácticas del cuidado y la resiliencia: la dedicación, el mantenimiento, el buen trato, la conservación, la atención o el cuidado. Las consecuencias ambientales de esta cultura de lo efímero y la reemplazabilidad o sustitutividad ilimitada pueden verificarse en los RSU que atestan nuestros estercoleros municipales, o en los depósitos de llantas usadas que circundan nuestras ciudades. No es casualidad que las mayores acumulaciones de RSU se registren en zonas urbanas económicamente deprimidas y que albergan a la población más vulnerable. El problema de la saturación de RSU es pues una cuestión de justicia social y ecología política, y no sólo una cuestión de tecnología y economía de mercado.

La necesidad de la justicia ambiental intergeneracional se muestra mejor cuando los valores ambientales interdependencia están conspicuamente ausentes. Seguidamente expondremos dos estudios de caso que desafían la primacía del monismo económico y apuntan hacia otras fuentes de valor ambiental imprescindibles para enfrentar catástrofes ecológicas como los vertidos de petróleo.

Petróleo y biodiversidad en el Golfo de México[29]

El 21 de abril de 2010, el incendio y posterior hundimiento de la plataforma *Deepwater Horizon* de la multinacional British Petroleum, que extraía crudo a unos 1,500 metros y a unos 70 kilómetros de la costa norte del Golfo de México, produjo uno de los mayores vertidos de crudo sobre los mares de toda la historia humana. Antes de empezar el análisis de los hechos, los intereses y los valores de esta tragedia ambiental, conviene rescatar un dato que, en este caso, sirve de contrapeso a nuestro habitual pesimismo. Con todo, en los 21 años transcurridos desde el desastre del Exxon Valdez en Alaska, al que el vertido de la plataforma de BP casi triplicó en volumen, la especie humana ha aprendido a mejorar significativamente tanto sus técnicas como sus actitudes ante los vertidos tóxicos en los océanos. Se estima que casi un cuarto de millón de aves perecieron en el derrame de Alaska de 1989, mientras que en 2010, en el Golfo de México, no llegaron a seis mil. Muchos factores influyeron en ese descenso, empezando por las estructuras geológicas del ambiente y sus condiciones climáticas. Las altas temperaturas de la zona ayudaron a la disolución del petróleo, claro. Pero hay que reconocer cierto avance en nuestras técnicas y

---

[29] Esta sección ha sido redactada a partir de Achenbach (2011), Cavnar (2010), Graham et al. (2011) y Steffy (2011).

heurísticas para minimizar el impacto de los vertidos. Con todo, por mucho que avance el conocimiento tecnocientífico, la validez ecológica de nuestras prácticas ambientales siempre dependerá de la presencia activa de factores y valores sociales distintos a la eficiencia instrumental.

Resulta hasta cierto punto explicable la urgencia de las autoridades y la presión hacia la compañía propietaria de la plataforma siniestrada para minimizar los daños en las costas del sur de los Estados Unidos. La mayoría de la población justificó que las prioridades siempre estuvieran centradas en la especie humana y en animales bien visibles, como aves, tortugas, delfines, tiburones tigre y peces de especies de las que dependían las comunidades pesqueras de los litorales de Lousiana, Texas y Florida. Las fotos del petróleo sobre el plumaje de garzas y pelícanos, por ejemplo, nos encogieron el corazón a todos. El peor efecto del petróleo, sin embargo, era menos visible. Perforaba la capa impermeabilizante del plumaje de las aves. La más pequeña mancha provocaba una apertura y, por difusión, la penetración provocaba la hipotermia. Sin saberlo, los pelícanos se zambullían a pescar en lo que resultaban ser manchas de petróleo, inhabilitando su plumaje y las bolsas de sus picos, con las que atrapan y almacenan peces antes de deglutirlos. Muy pronto corrió la alarma entre los biólogos y los pescadores de la región. La empresa BP contrató a los pescadores para las tareas de limpieza, intentando limpiar a su vez su dañada imagen pública y frenar la caída de sus acciones en bolsa. Se pusieron en marcha varios centros de rescate y estabilización de aves que consiguieron limpiar y rehabilitar sus plumajes y devolverlas a ecosistemas cercanos menos dañados. Con los delfines la cosa fue mucho más difícil, pues pueden llegar a pesar casi 250 kilogramos y pueden almacenar casi diez kilos de pescado contaminado al día. Cinco de las siete especies de tortugas marinas existentes pasan algún tiempo en el Golfo de México. Las tortugas caguamas y carey confundieron las manchas de petróleo con los sargazos en los que se alimentan, inhalando vapores tóxicos que ensuciaron sus sistemas respiratorios, pero la especie no corrió peligro: sus huevos pudieron ser reubicados en otras costas cercanas. A los huevos de las tortugas golfinas no se les pudo aplicar la misma técnica y ser "transplantados" a otras playas, pues anidan solo en determinadas partes del litoral, por lo que las pequeñas tortugas que salieron de huevos salvados tuvieron que ser soltadas en mar abierto y limpio de petróleo antes de tiempo, medida que augura una tasa de supervivencia notablemente baja. Esta especie ya estaba en peligro de extinción antes del derrame. Se estima que quedaban menos de 5,000 hembras. También se vieron afectadas las larvas y alevines del atún de aleta azul, una especie depredadora ya muy escasa, y los huevos de langosta, que flotan hasta Florida desde cientos de kilómetros.

Pero las costas y marismas de Lousiana, que sirven de "paradero" de aves entre el Caribe y el corredor migratorio del Mississippi, hacia el continente norte, fueron razonablemente protegidas. La resistencia de las costas ante el derrame también salió beneficiada de la coevolución de sus especies, habituadas desde milenios al filtrado natural del petróleo. Otros ecosistemas no han corrido la misma suerte. No eran propiedad de nadie: ni federal, estatal, comunitaria o empresarial.

En el afán por salvar las costas, nuestra especie demostró una vez más limitaciones cognitivas que tendremos que esforzarnos en superar. Cabría preguntarse si nuestro antropocentrismo nos sesgó tanto como mantener un enfoque demasiado "micro", inadecuado para la protección de los ecosistemas oceánicos. Durante las primeras semanas del desastre, se dispersaron en éstos casi siete millones de litros de disolventes para el petróleo, medida que demostró ser verdaderamente contraproducente. Aparentemente el petróleo se esfuma de la superficie, pero no es así. El petróleo no se elimina, sino que se quiebra, se disgrega y se hunde en el lecho oceánico, afectando así a la base de la pirámide alimenticia, a las bacterias, al plancton y a organismos que realizan funciones tan básicas como la fotosíntesis. Como no podía ser de otra manera, la mala práctica de utilizar dispersantes acabó afectando a la economía humana en la recolección de "cultivos" de ostras, cangrejos y langostas. No estamos preparados ni siquiera para inferir con un grado de incertidumbre razonablemente bajo las consecuencias ecológicas del desastre. ¿Puede alguien pensar seriamente que la hipótesis de que el régimen de propiedad y los valores antropocéntricos fueron factores concurrentes para la catástrofe es la típica exageración de los radicales ecologistas? ¿Qué razones puede haber tras la negativa a considerar esta conjetura como una hipótesis digna de discusión científica?

Pensemos ahora en algunos factores fácticos cruciales para explicar la enorme presión ejercida por las restricciones de tiempo y de recursos disponibles, y en los varios intentos y heurísticas fallidas para cerrar la brecha y detener el vertido, en las limitaciones propias de las tecnologías ensayadas, en la dificultad de transportar éstas al lugar (la famosa campana que llegó de Europa), en la profundidad en la que se produjo la brecha, en la falta de iluminación natural y la enorme presión atmosférica. Tras la aplicación del dispersante y las barreras absorbentes de vinilo, la compañía intentó frenar el vertido con una heurística anidada, complicada y pionera: la instalación de una enorme campana de acero y cemento que iba a cubrir el área de fugas del oleoducto, unos 800,000 litros diarios de petróleo. Se trataba de una enorme estructura rectangular blanca, de algo más de 12 metros de altura, que se pretendía instalar a 1,500 metros de profundidad con la ayuda de una grúa y un robot submarino dirigido mediante control remoto. La campana disponía de una tubería en la parte superior a través de la que se pretendía bombear el petróleo hacia un barco en la superficie, con capacidad para acumular hasta 128,000 barriles de crudo (20,4 millones de litros). De haber funcionado la heurística, la caja podría haber recolectado hasta un 85 por ciento del vertido tóxico, según British Petroleum. Pero no funcionó. No aguanto la presión. No por ser instrumental nuestra racionalidad ambiental es infalible.

Tampoco funcionó la siguiente práctica: una operación bautizada en inglés como *top kill* para sellar el pozo mediante la inyección de un fluido compuesto por una mezcla de agua, arcilla y químicos, a la que se sumarían después varias capas de cemento. La operación se tuvo que detener debido a que las sustancias inyectadas no estaban siendo absorbidas por el pozo, sino que estaban dirigiéndose a la superficie mezcladas con crudo. La compañía petrolera barajó también otras heurísticas, como el denominado *junk shot,* que consiste en introducir una variedad de materiales a alta temperatura, como piezas de goma, que harían circular por el tubo para bloquear el vertido. Pero no llegó a aplicarla. Incluso contempló la posibilidad de detener la fuga con una explosión nuclear. Afortunadamente, hoy toda la opinión pública, no solo los ecologistas, habría despedazado a los responsables.

El siguiente intento consistió en utilizar robots submarinos para cortar la tubería desde donde fluía el petróleo y taponarla con una nueva válvula de retención, distinta a la que no se activó y ocasionó el desastre. Tras los problemas registrados con una sierra de diamante remota que se utilizó durante la operación, unas tijeras gigantes lograban por fin cortar la tubería. Pero el corte no había sido todo lo limpio que se esperaba, lo que dificultó las tareas para colocar un *embudo gigante*. Pero además, hubo consecuencias no deseadas y, según algunos científicos, no previstas: todo indicaba que podría brotar aún más crudo debido a que la superficie de la fuga se había hecho mayor. El peor de los escenarios finalmente se cumplió: el pozo siguió expulsando petróleo casi hasta septiembre de 2010, cuando pudo completarse la perforación de un nuevo pozo por el que desviar el crudo y se instaló con éxito una nueva válvula de obturación que garantizaba una mayor resistencia ante los cambios de presión.

Es triste recordarlo, pero hicieron falta cuatro meses para detener el venenoso vertido. Cuatro largos meses en los que mucha gente tuvo que trabajar con la enorme presión que supone la urgencia de detener el vertido antes de que llegase a las costas de Estados Unidos y México, a los nichos ecológicos de sus habitantes, humanos o no. Con las limitaciones impuestas por las estructuras finitas del ambiente y por nuestras propias limitaciones cognitivas. Como hemos visto, el tiempo suele ser la mayor de nuestras limitaciones. No hemos adquirido la velocidad necesaria para anticipar consecuencias no deseadas, para evaluar con rapidez y eficiencia ventajas y riesgos a largo, medio y corto plazo, etc., etc.

Y eso que por ahora solo hemos enumerado limitaciones presuntamente instrumentales y técnicas, dejando de lado otras cuestiones como la dificultades de comunicación dentro de un equipo necesariamente multidisciplinar y también de comunicación con las autoridades, las dificultades humanas para orientar y coordinar todas las acciones del equipo mediante los valores de honestidad y de reciprocidad necesarios para la cooperación, o la necesidad de superar valores e intereses puramente locales, nacionales, públicos o privados, en pro de un bien común de mayor alcance, sin desatender al mismo tiempo esos valores e intereses. Muchos pensaron que fue demasiado tiempo, que se podría haber hecho mejor, que habría que revisar donde se cometieron los errores y por qué…En cualquier caso, todas las limitaciones señaladas formaban parte de la situación problemática. La validez ecológica de las heurísticas ensayadas y sus posibles revisiones *ex post facto* siempre estará en función de esas limitaciones o condiciones finitas del conjunto de situaciones ambientalmente problemáticas desencadenadas por el fatal accidente, incluyendo a los seres humanos que investigamos para hallarles solución.

Todo señalaba además que la empresa British Petroleum se apresuró a sellar el pozo con técnicas de dudosa seguridad. Tampoco cabe dudar de la existencia de errores humanos de interpretación tecnológica: los supervisores de la plataforma no supieron leer las señales de alarma que ésta había emitido horas antes de la explosión que provocó el desastre. Pero éste no fue el mayor de nuestros errores. "El mundo es suficientemente grande para dar cabida a las necesidades de todos", decía Marx, "pero es demasiado pequeño para satisfacer la codicia de algunos".

Y así fue. Como en casi todos los desastres ecológicos, es el factor *codicia* humana el que mejor explica lo sucedido. La comisión de investigación nombrada por el presidente Barak Obama no deja dudas al respecto:

> El accidente no fue el resultado de una serie de decisiones anómalas tomadas por funcionarios o directivos deshonestos, que eran imposibles de predecir o de las que no se espera que vuelvan a ocurrir". Por el contrario, "las causas fundamentales fueron sistemáticas y, sin una considerable reforma en las prácticas empresariales y las políticas gubernamentales, podrían volver a ocurrir. El accidente provino de errores sistemáticos de los directivos de esa industria y de fallos del Gobierno a la hora de garantizar que se cumplan las normas sobre perforaciones petrolíferas en alta mar (Graham, 2011).

Según ese informe, la culpa no fue solo de BP, sino también de malas decisiones tomadas por la empresa Transocean, dueña de la plataforma, y por la empresa Haliburton, que vertió intencionalmente cemento de mala calidad para sellar el pozo. Y todo, según aseguraba la comisión, para ahorrar tiempo y dinero: "Queriendo en unos casos y sin querer en otros, muchas acciones claramente incrementaron el riesgo de una explosión en el pozo y les ahorraron a las empresas tiempo y dinero". Así que, en última instancia, el desastre ecológico de la plataforma de la British Petroleum podría explicarse como un caso más de las funestas consecuencias de una racionalidad regida exclusivamente por nuestro hábito adictivo de procurar siempre *maximizar* beneficios, sirviéndonos de malas prácticas, incorrectas y corruptas ¿Estamos exagerando?

> Se calcula que el 2 de mayo de 2010, la mancha de petróleo que el accidente de la *Deepwater Horizon* produjo en el Golfo de México se había extendido hasta los 9,000 kilómetros cuadrados, una extensión equivalente al territorio de la isla de Puerto Rico. Cálculos más pesimistas indican que el derrame podría llenar tantos envases de galón (3.7 litros) como para extenderse por más de 18,184 kilómetros, poco menos que la mitad de la longitud de la circunferencia de la Tierra en el Ecuador. La cantidad derramada fue apenas menor a los 492 millones de litros. (Graham, 2011)

Obama había nombrado una comisión para que le presentara una propuesta para modificar leyes y sistemas de control a las perforaciones petrolíferas (Graham, 2011). Simultáneamente, ordenó una moratoria a nuevas perforaciones, que sigue en pie y que se prolongará cinco años más. Además, Obama fulminó la Agencia de Gestión Minera, que concedía los permisos de explotación comercial de los yacimientos en alta mar. Un informe de 2008 había revelado lo que siempre sospechamos: en la Agencia imperaba la corrupción. Sus empleados usaban dinero público *ad libitum*. Alternaban con contratistas y empresarios y, a menudo, pasaban del sector público al privado con una facilidad pasmosa, como en el caso de los transgénicos. No es casualidad que este fenómeno, conocido con el nombre de "puertas giratorias", se agudizase durante las administraciones republicanas de la familia Bush, con claros intereses en compañías petroleras.

Según la comisión de Obama, esa cultura de corrupción era el caldo de cultivo de los fallos de supervisión que permitieron que ocurriera el accidente. "El Gobierno no asumió el control necesario para prevenir los errores de juicio y de gestión del sector privado", asegura. "Muchos de los aspectos cruciales de las operaciones de perforación se dejaron al criterio de la industria sin que ninguna agencia del Gobierno los revisara. Por ejemplo, en este caso, no se exigía una prueba de lo que se llama presión negativa, algo cuya malinterpretación fue un factor decisivo en la explosión". La *Deepwater Horizon* estaba pasando de la fase de exploración a la de perforación comercial, pero no contaba con un plan de actuación en caso de emergencia. No porque sus gestores hubieran quebrantado la ley, sino porque el Gobierno de EE UU no se lo exigió. En 2008, la Administración de George W. Bush había decidido pedírselo solo a plataformas que considerara de alto riesgo, y en esa categoría solo entraban las que ubicaba en las costas de Florida o las que tuvieran más de una perforación en el lecho marino frente a Louisiana o Texas, entre otras condiciones. ¿Cabe alguna duda de que se eligieron malas heurísticas debido a una elección equivocada de valores?

Como ya hemos visto, pese al uso frecuentemente eulogístico del término "valor", no todos los valores son siempre ecológicamente o ambientalmente válidos o correctos. Muchos de ellos no lo son. La lealtad a un grupo puede servir para salvar un bosque de un incendio, pero también para corregir el curso y aumentar la escala de un vertido petrolero, como seguidamente veremos. Las estructuras y procesos de la situación problemática condicionan en buena parte su validez ambiental. Los valores suelen venir en racimos o constelaciones, y a menudo, entran en conflicto. De nuevo, valoramos cuando detectamos estos conflictos en ciertas situaciones, cuando alguno de nuestros valores se ha hecho problemático.

El naufragio del *Prestige*

Ejemplificaremos de nuevo esos procedimientos inferenciales y valorativos de la racionalidad ambiental con el análisis de otro caso tristemente célebre de vertido de petróleo en nuestros mares y océanos[30]. El naufragio del buque petrolero *Prestige* en noviembre de 2002 junto a las costas españolas y el colosal derrame que vino después sirve de ejemplo de una cadena de decisiones erróneas que (1) desoyó heurísticas razonables y aconsejadas por la mayoría de investigadores, expertos y ciudadanos, y (2) permitió que entraran inadvertidamente en juego una amplia gama de prejuicios, intereses y valores que jamás fueron sometidos a investigación y a discusión crítica, esto es, que jamás estuvieron sujetos a la acción participativa y a la deliberación racional. Las decisiones de las autoridades políticas españolas y europeas obligaron a remolcar el petrolero, un navío liberiano bajo el pabellón de las Bahamas, lo más lejos posible de las aguas jurisdiccionales de todos los estados implicados, demostrando fehacientemente que la organización política del mundo en estados-nación, vigente desde hace siglos, se ha quedado obsoleta para abordar las crisis ambientales de nuestro tiempo. Para minimizar el impacto territorial del vertido, lo más lógico era remolcar el *Prestige* hasta la cercana ensenada de Corcubión o hacia puertos de refugio como El Ferrol, Vigo A Coruña, donde además contaban con depósitos para efectuar el transvase del petróleo. Las lealtades e intereses políticos regionales y nacionales, y finalmente la codicia y la corrupción de

---

[30] La deriva del Prestige: **0.** El Prestige había zarpado desde Letonia con 77,000 tm. de fuel muy tóxico. **1.**

(Miércoles 13, en la tarde). A las 15.15, el petrolero emite un S.O.S. Inmerso en un fuerte temporal, el *Prestige* sufre una grieta en su casco, probablemente provocado por un contenedor que flotaba a la deriva. Una parte de su tripulación ha de ser evacuada. El buque queda a la deriva.**2.** (Jueves 14, en la mañana) Los remolcadores logran enganchar al petrolero a 3 km. de Muxía, en la Costa da Morte gallega.**3.** (Jueves 14, en la tarde) Se encienden los motores del barco, que sigue perdiendo fuel. **4.** (Viernes 15, de madrugada) Se apagan los motores. Las vibraciones aumentan la grieta lateral. **5.** (Viernes 15, en la tarde) El *Prestige* es arrastrado por los remolcadores "lo más lejos posible", mientras que la grieta de su casco sigue abriéndose, hasta alcanzar los 35 mts. **6.** (Sábado 16) Los remolcadores tratan de alejar el barco a 120 millas de la costa de Galicia. Sigue perdiendo fuel. **7.** (Domingo 17). Se aproxima a la zona de salvamento (SAR) de Portugal. **8.** (Lunes 18) Arrastrado por un remolcador chino. Junto al barco navegan dos> remolcadores y una fragata del ejército español. **9.** (Martes, 19). El petrolero *Prestige* se fractura en dos y naufraga a 250 km de la costa de Galicia.

casi todos se sumaron para ir variando irracionalmente el derrotero del barco y transportarlo a un lugar de hundimiento *tan alejado tan alejado* de la costa española que la marea negra acabo afectando no sólo a todo el norte de la península ibérica, sino también a Portugal y al suroeste de Francia. Por otra parte, la reacción de la ciudadanía española ante el crudo en sus costas fue contundente, con más de 230,000 voluntarios arriesgando su salud y cediendo gratuitamente su tiempo y su esfuerzo durante meses. Tan contundente que muchos vimos en ella más racionalidad ambiental que la de muchos tecnócratas y gestores titulares de ministerios de medio ambiente españoles y europeos. En la siguiente sección el lector podrá leer una narración algo más detallada del suceso. En este epígrafe trazaremos 10 líneas básicas de una *ecología de los valores* del caso, analizando su interrelación y su intervención en los juicios y en las decisiones que tuvieron lugar a lo largo de la situación problemática (una situación problemática cuyo módulo temporal de una forma u otra, se prolonga hasta nuestros días).

(1) Amenazas a la biodiversidad. La sociedad gallega de ornitología ofreció unos datos alarmantes del impacto del vertido del *Prestige* sobre la biodiversidad ornitológica (Sociedad Gallega de Ornitología, 2005). Recopilando estudios de distintos países, los ornitólogos calculaban que habrían muerto de forma directa entre 115.000 y 300.000 aves. Eran las estimas más altas jamás tomadas en Europa para una mortandad de aves ocasionada por una marea negra. De hecho, sólo el vertido provocado por el naufragio del *Erika* frente a Francia en 1999 ha dado lugar a cifras semejantes. Más del 80% de las aves directamente afectadas por la marea negra pertenecían a tres especies de la familia de los álcidos: el Arao común, el Alca y el Frailecillo atlántico, originarios de las cercanas islas británicas. De los dos primeros se recuperaron hembras jóvenes, no así del Frailecillo atlántico. Un estudio desarrollado durante la primavera inmediatamente posterior al desastre ha desvelado en las colonias de Cormorán moñudo situadas en áreas gravemente afectadas por el vertido, el éxito de cría (el número medio de polluelos que sacó adelante

cada pareja) fue un 50% menor que en colonias emplazadas en zonas de costa no afectada, cuando hasta antes del derrame este éxito había sido parejo en ambas. Las causas que señala este estudio son o bien efectos subletales debidos a la exposición al hidrocarburo, o bien la escasez de recursos en sus áreas de alimentación, empobrecidas debido al fuel. El vertido afectó incluso a especies de aves no marinas tan emblemáticas como el Halcón peregrino. Estudios desarrollados en el litoral del mar Cantábrico indican una disminución del éxito reproductor de esta especie debido a la acumulación en su organismo de hidrocarburos policíclicos aromáticos, extremadamente persistentes, por culpa del consumo de presas petroleadas. La acumulación pudo detectarse hasta en los huevos de estas aves rapaces, en cantidades suficientes para producir la muerte de los embriones. Los ornitólogos aceptan críticamente un hecho fatal: la falta de coordinación entre los equipos que salieron al rescate de las aves petroleadas por el fuel de *Prestige* provocó que muchas de ellas llegasen al centro de atención demasiado tarde para salvar la vida, cosa que no ocurrió en el desastre de la plataforma *Deepwater Horizon* en el Golfo de México durante abril de 2010. Además de las especies de aves, otros animales sufrieron significativamente el impacto del vertido. Solo en los dos meses posteriores, el número de delfines, ballenas, tortugas, focas y nutrias hallados en las playas de Galicia, varados y sin fuerza muscular fue cinco veces superior que en el mismo periodo del año anterior. Los que pudieron salvar la vida sufrieron las consecuencias del vertido sobre los sistemas inmunitario y reproductor, y por consiguiente, vieron disminuida la tasa de supervivencia de sus especies. Otros animales marinos también padecieron malformaciones en sus estructuras celulares, como una especie de mejillones, e incluso se detectó la aparición de un nuevo tipo de gusano, con sistema digestivo completo. La lista de los impactos sobre la biodiversidad del derrame del *Prestige* podría extenderse cientos de páginas. La de sus posibles responsables es extensa, pero no tanto.

(2) Cuando minimizar costos significa maximizar catástrofes. El petrolero jamás debió estar navegando en esas condiciones. Lo que posibilitó su navegación fue la prevalencia de los intereses y valores económicos de unos pocos sobre los intereses y valores ambientales de todos los habitantes, humanos o no. La sociedad estadounidense encargada de clasificar y supervisar el estado del barco jamás debió dar el certificado de navegabilidad. Un año antes del accidente, el armador había llevado a reparar el *Prestige* a unos astilleros chinos para hacer algunas reparaciones en la zona de estribor su casco, precisamente la que sufrió la vía de agua frente al litoral gallego. Los astilleros chinos son notablemente más económicos que los del resto del mundo, y por un "buen" motivo: la estructura metálica del barco fue parcheada con planchas de acero de grosor mucho menor a las originales. Además el informe técnico exigía 1,000 toneladas de acero más para reforzar el casco, pero los dueños del *Prestige* "regatearon" hasta las 600 toneladas y acabaron colocando solo 362 toneladas de acero de muy baja calidad. Un tercio de lo recomendable para un petrolero de 25 años de antigüedad, que padecía hipercorrosión en su casco y que debería haber estado ya en el desguace. Durante la tormenta, tres barcos que navegaban por la zona perdieron parte de su carga, lo que ocasionó la colisión en esas planchas, la apertura del boquete y la consecuente fuga de petróleo. Se da la circunstancia que la zona del impacto y de la averías (cuadernas 61 y 71, tanque de lastre 3) era la misma que provocó que, después de ejecutar sobre ellos una prueba de fatiga "casco seguro" (*"safe hull"*), la misma empresa clasificadora tomara la decisión de enviar a desguace por "fatiga de materiales" al *Alexander* y al *Centaur,* dos de los tres barcos gemelos, absolutamente idénticos al *Prestige*, salidos de los mismos astilleros japoneses. Ante el temor de situarse en desventaja competitiva respecto de otras sociedades de clasificación, la corporación en cuestión aplicó pruebas y estándares de navegabilidad menos estrictos e hizo posible que el viejo petrolero fuese fletado para transportar más de 70,000

toneladas de fuel a través de mares y océanos del mundo entero. La ejecutiva de la empresa, responsable de los balances de ésta ante sus accionistas, hizo prevalecer los valores económicos y la maximización de beneficios sobre la biodiversidad y los valores ambientales de todo el mundo, pues el *Prestige,* además del océano Atlántico, navegaba también por el Indico y por el Pacífico, además de por el Golfo Pérsico y el Canal de Suez, el Mar Mediterráneo, el Mar del Norte y el Mar Báltico.

(3) Previsión cero. Las señales de alarma que el buque petrolero en apuros emitió el 13 de noviembre de 2002 deberían haber activado inmediatamente un sistema de estructuras, instrumentos físicos y de procedimientos operativos o heurísticas para la protección ecológica y civil. Resulta doblemente significativo que no fuera así, por cuanto diez años antes la marea negra destilada por el petrolero *Mar Egeo* ya había asolado las costas gallegas. Se produjo así un caso claro de irracionalidad ambiental: por uno u otro motivo, los funcionarios encargados de los sistemas de protección ecológica y civil fueron incapaces de aprender de sus errores: no se revisó la anterior toma de decisiones para construir un plan de emergencia, tampoco se construyeron nuevas heurísticas con medidas de prevención, incluyendo la realización de simulacros que permitiesen evaluar de forma periódica la respuesta de estas heurísticas ante posibles mareas negras y corregir los defectos que pudieran producirse en su puesta en marcha, e incluso, muy tristemente, y por increíble que parezca, nadie fue capaz de ordenar la elaboración de un mapa geográfico oficial de las costas gallegas ante una previsión de posibles catástrofes ecológicas futuras. Tampoco existía un registro de buques y armadores que navegaban por las costas cercanas con sustancias peligrosas, ni un inventario de recursos humanos y técnicos para luchar contra el vertido. Pueden ensayarse varias explicaciones, desde la falta de continuidad en el diseño de los sistemas de protección ecológica por el distinto color político de los gobiernos respectivos, la naturaleza política y no profesional de los altos cargos ("de confianza") o la simple

incompetencia y la corrupción de todo un sistema funcionarial. Pero el hecho es que los dispositivos no se activaron y, cuando lo hicieron, ya fue demasiado tarde. Como en los otros casos, el suceso del *Prestige* muestra que el factor tiempo es primordial para las heurísticas de la racionalidad ambiental: de los diez camiones llegados de Europa con material anticontaminante para frenar el vertido en las aguas del mar, ninguno pudo ser descargado a tiempo por falta de funcionarios que diesen la orden. De nada sirvió el darla mucho después, con la densa marea negra empapando ya las playas de arena, las rocas de los acantilados, los puertos y los caladeros.

(4) El botín de la catástrofe. Desde la óptica de la racionalidad instrumental resulta difícilmente explicable que el *Prestige* estuviese varado con los motores parados casi quince horas a escasas millas del litoral gallego y vertiendo petróleo, mientras uno de los tres remolcadores que rodeaban al buque petrolero trataba de amarrarlo. La inmovilidad no fue producto de causas técnicas o factores climatológicos, sino de valores e intereses incompatibles con los ambientales. Lo que la alarma del *Prestige* sí activó fue un dispositivo bien distinto, en el que, por su propia naturaleza, la cooperación de todos los implicados para hacer frente a la emergencia ambiental solo podía jugar un papel marginal. Se trata de un circuito mercantil que obedece a las leyes marítimas internacionales y a las leyes de la oferta y la demanda. Un petrolero en alta mar con casi 80.000 toneladas de carga a bordo tiene un valor económico de más de 250 millones de dólares, si agregamos el costo económico del buque y el de su cargamento. El derecho marítimo establece que la empresa que lo rescate *fuera de puerto* tiene derecho a una compensación económica de un tercio de su valor. Así que en seguida se abrió una guerra comercial y se puso en marcha un circuito de negociación de intereses: bufetes de abogados, empresas intermediarias, transitarias, corresponsales y aseguradoras que fueron fijando los términos de cada oferta por remolcar el petrolero siniestrado. El armador del Prestige quería que el barco

fuese llevado a un puerto cercano, con lo que el estado español se haría cargo gratuitamente del salvamento. La presencia de una amenaza de vertido constante podía hacer que las autoridades locales tomaran esa decisión. Pensaban tener el tiempo a su favor para minimizar el costo del rescate, negociándolo con otras compañías, y no solo con la del remolcador al que, con criterios inciertos, las autoridades portuarias gallegas habían asignado el rescate. Por su parte, esa compañía impidió la intervención de otras para acelerar el rescate, así que también favoreció la situación estacionaria del *Prestige* y, con ello, empeoró los efectos del vertido. Pues lo que ninguna de las partes del negocio tuvo suficientemente presente es que el temporal seguía haciendo mella en un barco que necesitaba urgentemente reparación. En la delicada situación ambiental problemática en la que estaban, cuyas características mismas deberían haber establecido como prioridad absoluta detener cuanto antes el vertido, se llevó a cabo una negociación económica que, en nuestra opinión, jamás debió haberse producido.

(5) Vigilar e Incentivar. Lamentablemente, los expertos de los mercados de productos energéticos, de las estrategias de las petroleras para reducir los costes de los fletes y de los seguros, de la eficiencia con la que maximizan las posibilidades de las distintas legislaciones ambientales, también pudieron aconsejar a las empresas del sector que, según qué travesías, qué rutas y qué costas, puede serles rentable minimizar los gastos en seguridad, tiempo y condiciones de navegación, aunque cada cierto tiempo se tenga que producir necesariamente un vertido de catastróficas proporciones como el del *Prestige*. No sería realista ni razonable ignorar normativamente el impulso de maximizar beneficios. Afortunadamente, la legislación internacional ha podido prohibir ya la navegación de petroleros sin doble casco, como el *Prestige*, y los acuerdos internacionales para estandarizar montos que paguen los que contaminen, estén donde estén, parecen llevar un buen rumbo. Pero, como ya señalaba Ignacio Arroyo, presidente del Instituto Europeo de Estudios

Marítimos, seguimos careciendo de la coordinación necesaria para establecer una política que incentive a los navieros que no contaminan. No basta con vigilar y con castigar. Hacen falta recursos internacionales para incentivos económicos destinados a quienes sí invierten en medidas de seguridad.

(6) Cálculo de beneficios políticos. Por increíble que parezca, el errático curso que siguió el *Prestige* en el Océano Atlántico después de estacionarse frente a la costa de Muxía tampoco fue resultado de heurísticas o procedimientos operacionales que respondiesen a factores técnicos (los propios de la operación de salvamento y de los daños del barco) o a factores ambientales (el clima, la presencia de mareas y su dirección en relación con el vertido, o la distancia de un posible puerto de refugio). Hay sobradas pruebas de que la decisión de alejar el barco "cuanto más lejos mejor" fue tomada por las autoridades políticas sin consultar a ningún experto, sea ingeniero naval, ambiental o civil, sin ningún criterio técnico y 17 horas antes de conocer el resultado de "la valoración de la situación estructural de barco". La lógica de la situación problemática señalaba precisamente lo opuesto: cuanto más se alejaba el *Prestige* de la costa más se incrementaba el riesgo de marea negra, pues más empeoraban los daños del barco y, además, más aumentaba la posible área de litoral afectado. Y no sólo eso. Tampoco hace falta saber mucho de plataformas continentales y del declive del lecho oceánico del Atlántico para, una vez conocido el estado del *Prestige*, inferir que, cuanto más lejos se produjese el hundimiento, a mayor profundidad quedaría el barco y mucho más difícil iba a ser extraer el petróleo de sus depósitos. La inferencia ambientalmente correcta era la urgencia de llevar al petrolero a un puerto de refugio. Hubo otros factores que obnubilaron el juicio de las autoridades políticas, entre los cuales habría que contar la reactividad emocional, el clientelismo y la conveniencia política. Prueba de ello es la manera en que, equivocadamente, dieron por concluida la situación problemática con el alejamiento. También lo es el producto final de su pseudo investigación: un

ascenso para el capitán militar que finalmente tomó el buque y mandó detener al capitán del *Prestige*, el anuncio mediático de una querella internacional contra las naciones con puertos en su itinerario y, finalmente, la promesa masiva de buenas compensaciones a los afectados directos, mucho más cuantiosas y mucho más rápidas de las que tan mal resultado electoral dieran al gobierno anterior. Pese a la inminente catástrofe ecológica, los intereses y valores económicos primero y los intereses y los valores políticos después, relegaron injustificablemente los valores ambientales y la protección civil a un tercer o cuarto plano. La defensa de intereses y valores nacionales, sin embargo, también prevaleció. Bajo la presión de las autoridades francesas, el *Prestige* se vio obligado a virar hacia el suroeste primero y después, ante la amenaza de hundirlo por parte de las autoridades portuguesas, más hacia el oeste aún. Pero en esa dirección no hay puertos hasta América. Y antes el *Prestige* se iba a hundir, claro, como no podía ser de otra manera, desmantelado como estaba. Luchando para que la marea negra no llegara a sus propias costas nacionales, lo que entre unos y otros lograron fue que afectara a la biodiversidad de las de todos. Sea como fuere, la consecuencia que podemos extraer para nuestra concepción de la racionalidad ambiental no se hace esperar: en la valoración y en la priorización, ningún otro valor debería anteponerse al valor de la biodiversidad. El caso también aquí puede enseñarnos por qué la validez ecológica y validez social son tan interdependientes: cualquier estrategia para obtener la validez social desatendiendo la validez ecológica acaba produciendo pronto a tarde funestas consecuencias sociales, las cuales a su vez terminan por negar la legitimidad social que así se pretendía alcanzar.

(7) Afectados directos e indirectos. La catástrofe ambiental del *Prestige* obligó a impulsar la investigación en economía y derecho ambiental, si bien aún no se han producido demasiados resultados concretos. Los economistas ambientales Albino Prada, Manuel Varela y María Vázquez[31] distinguían entonces tres

---

[31] Albino Prada, Manuel Varela y María Vázquez (2002)

grupos de afectados: (a) los que *viven directamente* de los recursos naturales; en el caso del vertido del *Prestige*: pesca, marisqueo, acuicultura, pero también turismo, hostelería y restauración; (b) los que *dependen indirectamente* de los mismos recursos, de su crédito e imagen de marca —en nuestro caso: distribuidores, exportadores, transportes, operadores y sector naval; y, finalmente, (c) *la sociedad en su conjunto*, a la que se le ocasiona un daño o menoscabo en su patrimonio natural —espacios protegidos, biodiversidad de ecosistemas, paisajes. La tragedia del *Prestige* fue lo que los economistas llaman una externalidad negativa. Muchos investigadores ambientales afirmaron que, de hecho, tras el *Prestige* todos fuimos más pobres. El problema, por supuesto, reside en El equipo de economistas ambientales de Albino Prada denunciaba en su momento que en la Unión Europea, España y Galicia la responsabilidad estaba limitada a los 190 millones de euros procedente de un fondo colectivo y no del armador, disponibles exclusivamente si hay "parte amistoso" y únicamente para los que dependen directamente del recurso: "Sin duda, unos necesitan que los Gobiernos les garanticen desde el primer momento de la catástrofe sus rentas; otros, que se combata el descrédito en los mercados; todos, que se limpie concienzudamente y se controle la evolución de los impactos, pero además -todos también- que el contaminador pague todos esos gastos y el daño causado al patrimonio natural". El siguiente texto de Ignacio Arroyo recoge las perplejidades que el caso *Prestige* aún arroja sobre nuestro derecho ambiental: "Las víctimas deben ser indemnizadas. Y reparación significa, siguiendo la tradición iniciada en el derecho romano, colocar al perjudicado en la situación anterior al daño. La indemnización debe ser tal que la víctima, tras la indemnización, se encuentre como si el daño no se hubiera producido. No se trata de quitar importancia a esas conductas penalmente punibles (el delito ecológico, el delito de daños, etcétera), pero más importante que el castigo de los posibles delincuentes es la satisfacción de las víctimas: siempre hay dudas sobre los sujetos penalmente responsables, pero en cambio son públicas y notorias las víctimas de la contaminación. Pero ¿es posible determinar la cuantía de la pérdida en biodiversidad una vez producida la catástrofe?" (Prada et al, 2002) Aunque la cuantificación sea difícil, ¿por qué no situar jurídicamente a las especies de las zonas afectadas como sujeto de derechos y por tanto de indemnización? Abogados ambientalistas como Thomas Linzey, director ejecutivo del Community Environmental Legal Defense Fund, en los Estados Unidos, han insistido en las penosas consecuencias ambientales de la desprotección jurídica de los ecosistemas en el actual sistema legal, cuyo origen queda ligado de un modo u otro al derecho romano. Bajo esta estructural legal, se es propiedad o se es persona, y los ecosistemas hasta ahora siguen siendo propiedades, lo cual significa que pueden ser vendidos, destruidos, intercambiados y divididos. La protección de la biodiversidad parece exigir que esa concepción antropocéntrica sea revisada también en el ámbito del derecho ambiental.[32]

(8) Nuevas heurísticas Sólo la colaboración multidisciplinar ha permitido que dispongamos ya de mejores heurísticas con las que hacer frente a emergencias ambientales como la del *Prestige*. Nueve años después, tres investigadores del CSIC, del Centro de Investigaciones Energéticas, Medioambientales y Tecnológicas (Ciemat) y de la Universitat Politècnica de Catalunya diseñaron una heurística que calcula la decisión ambiental óptima, con mayor validez ecológica y social. Su aplicación a los parámetros del *Prestige* arroja un resultado unívoco: ordenar el alejamiento del petrolero fue un error que a partir de su modelo podría evitarse. El procedimiento heurístico diseñado por los investigadores indica a los técnicos los datos objetivos que tienen que recabar (meteorológicos, oceanográficos y químicos, entre otros) y las ecuaciones con las que debe procesarse esa información. La

---

[32] En "Should trees have a standing", Christopher Stone lanzó un serio ataque a esta filosofía del derecho ambiental. Stone aboga por atribuye derechos a objetos naturales como los árboles, los océanos, los animales y el ambiente en su conjunto, de forma que la biodiversidad sea protegida para las generaciones futuras (Stone, 1972).

información procesada ayudaría a las autoridades responsables a tomar la decisión *menos mala* en una situación ambientalmente problemática que involucre a un buque en peligro, en función de datos que pueden recabarse prontamente de esa situación: (1) las características del litoral amenazado, (2) la posición del barco, (3) el tipo de carga y (4) las corrientes marinas, la fuerza y dirección del viento. Aunque podrían haberse añadido muchas más clases de datos, la heurística necesita ser lo suficiente rápida y frugal como para atender a las limitantes objetivas que la situación ambientalmente problemática establece para su solución, y muy significativamente, al factor tiempo. La heurística elaborada por el equipo multidisciplinar se basa pues exclusivamente en una estimación de datos que se puede esperar estarán disponibles en los primeros instantes de una crisis ambiental por vertido. La idea es que los responsables dispongan cuanto antes de una evaluación fiable de la magnitud de las consecuencias ecológicas y socioeconómicas de una serie de decisiones posibles, para actuar racionalmente según esa evaluación. Los cálculos sobre la persistencia en las aguas del fuel que cargaba el *Prestige* y la dirección del vertido en las primeras horas pronosticaban ya un área de impacto ambiental sobre el litoral de cientos de kilómetros. Y las ecuaciones matemáticas que comparan los costos económicos de limpiar esa área con los del confinamiento del buque en un puerto de refugio arrojan también un resultado favorable a esta última decisión. La heurística permite evaluar también cuál de los puertos de refugio de la zona con calado suficiente para albergar al *Prestige* podría haberse escogido. Se trata del puerto de El Ferrol, ciudad con menor población y mayor distancia de reservas de la biodiversidad que los puertos Vigo y A Coruña. Una de las conclusiones más inmediatas del estudio multidisciplinar es la necesidad de realizar un mapa geográfico de puertos de refugio de las costas gallegas. La inexistencia de ese mapa sin duda fue determinante para tomar la desacertada decisión de alejar al *Prestige*. Por otra parte, las crisis ecológicas han obligado a la racionalidad ambiental a dedicar muchos esfuerzos no sólo en heurísticas preventivas, sino también paliativas. La catástrofe del *Prestige* ha permitido comprobar la viabilidad ecológica y socioeconómica de la investigación sobre el reciclaje del fuel vertido. El *Prestige* dejó 80.000 toneladas métricas de una amalgama de fuel (8%), agua (20%), arena y sólidos (60%) y plásticos (12%), arrancada casi siempre a mano de las playas y rocas, de la cual se han podido extraer cinco productos depurados con nuevos usos. Las arenas limpias -entre 10.000 y 15.000 toneladas según los técnicos- se emplearon en obra civil para construir nuevas instalaciones de reciclaje, mientras que las arcillas sirvieron como materia prima para productos elaborados en las cementeras. Los restos plásticos de alta calidad se reciclaron para fabricar nuevas tuberías y los de baja calidad alimentaron las calderas industriales como combustible sólido. El agua, una vez depurada, retroalimenta los circuitos internos de la planta de reciclaje, mientras que el fuel recupera su estado original como combustible de escasa calidad.

(9) Otros valores ambientales: mareas negras, mareas blancas[33]. Además del daño ambiental, una de las lecciones más amargas que tuvimos que aprender del caso *Prestige* es la absoluta incapacidad de los responsables políticos de las estados-nación para solidarizarse y enfrentarse cooperativamente a la catástrofe ecológica. Por mucho que lo intentemos, el mar es un medio cuyas acciones no respetan fronteras. Como afirma Ignacio Arroyo, "en el mar, las fronteras son -y no es un juego de palabras- papel mojado. El mar nació globalizado, y sin solidaridad es imposible comprenderlo, y mucho menos dominarlo. En el mar, todos, absolutamente todos - políticos y ciudadanos, nacionales y extranjeros-, estamos en el mismo barco, para bien y para mal". Frente a las mareas negras del vertido, las mareas de voluntarios con trajes protectores blancos mostraron con creces cooperatividad, solidaridad y empatía, valores ambientales de los que carecieron los responsables institucionales de los países

---

[33] *Mareas blancas, mareas negras* es el título del libro sobre la catástrofe del *Prestige* escrito por del voluntario de 21 años Josep Figueras (Figueras, 2007)

implicados. Poco podemos añadir al artículo que el escritor gallego Suso de Toro escribió en *El País* más de cinco años después, el 9 de diciembre de 2007, en recuerdo de esos 230,000 voluntarios. "La catástrofe que provocó en nuestra costa el hundimiento del petrolero *Prestige* desencadenó una reacción social ejemplar. Al pueblo debe llenarle de orgullo la capacidad de reacción y autoorganización de que hizo gala obligadamente para suplir la falta de Estado. Creamos estructuras paralelas para hacer frente a la marea negra y obligamos al Gobierno a dejar de lado las mentiras y a enviar ayuda. Demostramos energía y una cultura social moderna, ecológica y democrática. Extremadura, Andalucía, Aragón, Baleares, Canarias ... de todas partes. Y de Portugal, de Francia y otros países... los soldados profesionales, que, aunque no vinieron de forma voluntaria, limpiaron igual o más que los demás. Sin ellos quizá no hubiésemos sido capaces de romper el muro de mentiras levantado por el Gobierno de entonces. No estuvimos solos, vinieron 230.000 personas de toda España. De la comunidad autónoma madrileña, de Cataluña, de Valencia, La Rioja, País Vasco, Navarra, de las dos Castillas, Ellos acudieron desde los primeros días sin ser llamados. Vinieron como vienen los pájaros en su estación, sin que se note mucho, pero ahí andan por el cielo. Voluntariado desplegado por playas y acantilados negros, figuras pequeñas como muñequitos vestidos de blanco en la costa grande. Llamaban a sus casas y hablaban con sus padres, sus novias, novios, amigos, hijos, desmentían lo que contaban los telediarios ... También ellos tuvieron bajas, también ellos se dejaron parte de su salud de modo desinteresado. Y no cobraron ni un duro". Pese a que a algunos les haga enrojecer y avergonzarse, pues las rechazan como si fueran debilidades, la empatía, la generosidad y la solidaridad fueron y siguen siendo valores indispensables para hacer frente a cualquier catástrofe ambiental.

(10) Valores estéticos. Tampoco deberíamos olvidar el cultivo de los valores estéticos del paisaje costero. Con toda seguridad, la presencia de éstos entre la ciudadanía fue determinante para

propiciar la respuesta de cientos de miles de ciudadanos ante el vertido del *Prestige*. El grado de contaminación visual de las arenas y acantilados manchados de negro, del manto de petróleo sobre las plumas de aves, la desolación que produce ver ballenas y otros cetáceos varados en las playas entre el viscoso petróleo...solamente una ciudadanía ya habituada a una estética de la desolación, la basura y desiertos de biodiversidad puede resultar insensible ante esta exposición. Como creadores y como receptores, las artes deben forjar valores estéticos que impidan ese endurecimiento de nuestra sensibilidad. En nuestra opinión, ningún movimiento ambientalista puede permitirse el lujo de prescindir de estos valores, por imposible que resulte cuantificarlos e introducirlos como parámetros en ecuaciones. La presencia de estos valores se desprende inmediatamente del factor tiempo: sabemos que los ciclos naturales pueden acabar restaurando por sí mismos los daños de la catástrofe, pero tardaría muchísimo más en hacerlo sin nuestra cooperación. Y los seres humanos funcionamos a una escala temporal diferente: necesitamos la cercanía de la belleza. El Secretario General de Naciones Unidas, Ban Ki-Moon, señala este hecho en el prólogo al tercer informe mundial sobre la biodiversidad (publicado en mayo de 2010), "el funcionamiento de los ecosistemas de los que dependemos para obtener alimentos y agua dulce, para disfrutar de buena salud y de espacios de esparcimiento y para estar protegidos frente a catástrofes naturales está basado en la diversidad biológica". "Pero, la pérdida de biodiversidad" continúa Ki-Moon, "también nos afecta cultural y espiritualmente. Puede que eso sea más difícil de cuantificar, pero en cualquier caso es esencial para nuestro bienestar". Pero que la propia biodiversidad tenga un valor estético para nosotros no justifica el antropocentrismo. Del hecho de que la belleza sea producto exclusivo de valoraciones humanas —y no está claro que la conducta de otros animales no busque la belleza- no se sigue que solo las obras de los seres humanos puedan ser consideradas bellas, al igual que del hecho de que el ser humano sea el único organismo capaz de valorar no se sigue que sea el único ser que tiene valor.

(11) Participación Ciudadana. La marea blanca de voluntarios que despertó el *Prestige* también dio prueba de la viabilidad de la formación autónoma de comunidades de aprendizaje y acción ambiental, que operaron en las costas gallegas duraron largos meses. Estas comunidades, articuladas bajo la plataforma *Nunca Mais*, liderada por el escritor Manuel Rivas, han servido de inspiración para nuestra concepción pragmática de la educación ambiental, concretándola en el ejercicio de propuestas ambientalmente eficientes para atajar el vertido. Se trata de comunidades que, con todos los fallos de las empresas humanas, procuraron siempre tener un carácter democrático y participativo, cooperativo, comunicativo, recíproco, honesto y abierto. *Nunca Mais* impulsó a partir de entonces un proceso de participación y deliberación ciudadana sobre bienes ambientales como la biodiversidad, tan amenazada en el vertido. Como resultado, la ciudadanía gallega y española cobró conciencia de que la naturaleza global de las amenazas ambientales contemporáneas exigía a su vez una *noción de ciudadanía* allende intereses valores y hábitos meramente locales, tanto espacial y como temporalmente: más allá de nuestra propia persona, nuestra familia, nuestra generación, nuestra ciudad, nuestra región, nuestro país, nuestra especie … Las consecuencias para la educación ambiental también deberían ser bastante explícitas: educarnos ambientalmente entre todos también implica intentar sentar las bases para la comunicación y la cooperación dialógica que nos permitan superar el ámbito local de nuestras lealtades y expandir el círculo de nuestras solidaridades y responsabilidades, de nuestros derechos y nuestros deberes, ampliando diacrónica y sincrónicamente la referencia del pronombre "nosotros" (Esteban, 1996). Y en el caso del *Prestige*, nadie duda ya de que *Nunca Mais* sentó esas bases, compartiendo con todos información puntual, contrastada y multidisciplinar, abarcando aspectos de la construcción naval y la navegación, por ejemplo, junto a aspectos

biológicos, económicos, jurídicos, sociales y políticos. A ello debemos añadir el valor que la información compartida por la plataforma tiene para la concientización ambiental, la denuncia pública de las deficiencias, de la necesidad de incrementar la formación ambiental de los ciudadanos, de la petición de más medios técnicos y de la exigencia de coordinación para disminuir el daño y sus consecuencias. *Nunca Mais* puso de manifiesto la importancia que en una situación ambiental problemáticas tiene compartir toda la información y compartirla cuanto antes, pues la situación afecta a *todos* sin excepción. La transparencia radical de Goleman no es un hecho predecible, sino más bien es un *desiderátum* que los bucles de la sexta extinción nos obliga a seguir pensando en su imprescindible radicalidad.

SEXTO

La ecología del capital

Los partidarios de la denominación Capitaloceno aseguran que el cambio climático de nuestros días no solo tiene la impronta del género homo, sino además de un particular sistema económico o modo de vida que se gestó en la Europa renacentista y se extendió con rapidez durante los siglos subsiguientes. Como hemos visto, sus efectos sociales no flotaron libremente sobre unos ecosistemas básicamente inalterables, sino que se enraizaron mediante bucles sistémicos de realimentación en la biosfera del planeta. El Capital tuvo, tiene y tendrá su propia ecología. No es cierto que las crisis ecológicas sean socialmente transversales. Como el sistema socioeconómico que la impulsa, La Ecología del Capital es definitivamente injusta. La aceleración de los efectos del cambio climático entre 2018 y 2019 abren más la brecha de la injusticia económica y la correlacionan directamente con la injusticia climática.

En un artículo publicado en marzo de 2019, Noah S. Diffenbaugh and Marshall Burke ofrecen pruebas contundentes de que con el cambio climático, la Ecología del Capital sigue favoreciendo a los países más ricos y empeora la situación de los más pobres. Su estudio correlaciona la evolución de las temperaturas en ambos hemisferios con el crecimiento económico señala que algunos países ricos del norte, fríos o templados, han aumentado su PIB, mientras que los países más cálidos, los más pobres, se resienten en el crecimiento de su PIB. Y lo peor es que la economía de estos últimos, que emiten infinitamente menos gases de efecto invernadero, ha crecido hasta un tercio menos que si no existiera el cambio climático. En el capítulo cuarto ya señalamos nuestro escepticismo con respecto a la controvertida validez de bienestar social de índices como el PIB. Señalamos también que la dinámica norte-sur y centro-periferia obedecía a patrones o pautas isomorfas a escala local y global. El estudio de Diffenbaugh y Burke omite estos patrones interescalares de distribución asimétrica de la riqueza. En este capítulo intentaremos mostrar esos patrones en un país de los más cálidos del mundo, pero al mismo tiempo de los más desiguales. La Ecología del capital, auxiliada ahora por la agroindustria de los alimentos transgénicos, homogeneiza bioculturalmente a los pueblos más desfavorecidos por la propia historia del capital.

La pauta homogeneizadora del crecimiento económico

Hace ya unos cuantos años, científicos de la NASA y de la Agencia Europea del Espacio observaron una acusada correlación entre el precio de la soya transgénica en el mercado y el tamaño del área del Amazonas deforestada para su cultivo industrial. Y hace sólo unos meses, el gobernador del estado brasileño de Rio Grande do Sul, el séptimo productor mundial de soya, se jactaba de que el sector agropecuario de su estado crecería por encima del 8% en 2018, colocando a Rio Grande do Sul en el tercer estado con mayor crecimiento de todo el país. Lo que olvidó decir el jactancioso gobernador fue que el 0,8 % de la población concentra casi dos tercios de todas las tierras de su estado. Las élites del agro-negocio de la soya seguían repitiendo una conocida pauta de apropiación. Habían logrado corromper a un 35% de los diputados del congreso nacional de Brasil, haciéndolos partícipes de sus negocios. Fue fácil lograr una mayoría para aprobar un decreto gubernamental que reducía del 12 al 3% las tierras demarcadas como territorios indígenas. Según el gobernador, los 8,5 millones de toneladas de soya cosechadas al año explican el extraordinario crecimiento del PIB de Rio Grande.

Las ecuaciones del PIB en América del Sur rara vez contabilizan las externalidades negativas que el imperativo del crecimiento económico provoca sobre las minorías bioculturales y las selvas donde habitan. Antes de la deforestación para el cultivo de soya transgénica, unos 40, 000 indígenas del pueblo guaraní Kayawó vivían en una pequeña reserva de las selvas de Rio Grande do Sul. Los Kayawó co-habitaban las selvas con numerosas especies de animales y plantas, asegurando su reproducción y una continuidad mediante hábitos y formas de vida que las élites brasileñas adscribían a la Edad de Piedra. Como afirma Buenaventura De Souza, los científicos y empresarios involucrados en el negocio del monocultivo de la soya vivían *de facto* al mismo tiempo que los kayawó: podían ser coetáneos, pero no los consideraban contemporáneos suyos. De hecho, esas élites decían estar brindando a los kayawó la última oportunidad para unirse al inexorable avance del progreso económico, cediendo sus improductivos territorios para cuantiosas inversiones biotecnológicas que, con el tiempo, derramarían una riqueza que acabaría por llegarles a ellos, como a todos. Eso sí, a cambio tenían que abandonar sus hábitats y sus hábitos, la *biocultura* guaraní-Kayawó, aquello que constituye su *ser-en-la-selva*. Una vez convencidos, los kayawó parecían tener dos alternativas: o bien engrosar las filas de las periferias empobrecidas de las grandes ciudades latinoamericanas, o integrarse como peones con sueldos míseros en un sistema eficiente de producción masiva productivo del todo ajeno a sus tradiciones. Pero se negaron y aún hoy continúan resistiendo. Como los agricultores de la India que cayeron en la trampa del algodón transgénico de Monsanto, algunos de los más jóvenes kayawó se suicidaron. Pero no nos engañemos. El capital agroindustrial multinacional está consiguiendo desintegrar la diversidad biocultural latinoamericana, excluyendo o absorbiendo a numerosas poblaciones como mano de obra barata del sistema global de producción, distribución y consumo de la soya vegetal exógena que invadió biológicamente América del Sur.

En el último lustro, los gobiernos progresistas latinoamericanos más propensos a la conservación biocultural han sufrido reveses electorales derivados de su implicación en los sobornos de empresa constructora Odebrecht, fundada en el estado de Bahía en 1944, en plena dictadura militar brasileña. La reacción pendular a los gobiernos del Partido del Trabajo, abrumado por la corrupción de Odebrecht y Petrobras, ha llevado a la presidencia de la República de Brasil a Jair Bolsonaro, un exmilitar ultraconservador en lo político y ultraliberal en lo económico. Bolsonaro, un negacionista del cambio climático tan ignorante y estrafalario como el presidente Donald Trump, ha ensombrecido aún más el futuro de la Amazonia y de sus 800,000 habitantes pertenecientes a 225 grupos étnicos. El objetivo explícito del gobierno Bolsonaro es la explotación económica acelerada de la Amazonia a partir del despojo y la asimilación cultural de los pueblos indígenas. Para Greenpeace, los cuatro meses de Gobierno Bolsonaro han supuesto "el desmantelamiento no solo de la legislación sino de las estructuras (administrativas) que aseguran la conservación del medioambiente y de los pueblos indígenas con cambios en los presupuestos, y desautorización de operaciones de combate de la deforestación. Uno de los primeros decretos del mandatario arrebató a la Funai la competencia de demarcar las tierras indígenas y se la dio al ministerio de Agricultura, que siempre ha estado en la órbita de la industria agropecuaria, pero ahora ha colocado a una de las suyas al frente. Tereza Cristina Dias era la líder de la bancada parlamentaria del agronegocio. El caso de la soya transgénica del Estado Rio Grande do Sul puede generalizarse a la totalidad de los territorios indígenas brasileiros.

Del Antropoceno al Capitaloceno

Jason Moore ha denominado a este proceso de aniquilación biocultural "abaratamiento": la acumulación de la riqueza obtenida gracias a la maximización de un rendimiento obtenido por una reducción radical de los costos de producción. En este capítulo trataremos de explicar cómo los fenómenos ligados a la homogenización biocultural se integran en procesos socio- ecológicos a escala planetaria como los que acabo de referir. Se trata de procesos sistémicos que envuelven realimentaciones positivas entre la tasa exponencial del cambio tecnológico, el crecimiento económico de los capitales en un mercado uniforme y global, y las consecuencias socio-ecológicas de sus respectivas externalidades negativas. Pese a que algunos de estos procesos tengan diferentes arranques históricos, sus sinergias pueden datarse a partir del *Quatroccento*, el siglo del capitalismo temprano del Renacimiento Europeo.

Hoy sabemos que el cambio de uso del suelo para monocultivos transgénicos que maximizan tecnológicamente los beneficios y la homogeneización biocultural se cuentan entre las causas del cambio climático. Pero sus causas remotas no han de buscarse en el despliegue necesario de la esencia de la humanidad o la especie biológica en su conjunto, como parecen sostener los bienintencionados teóricos del Antropoceno. Jason W. Moore ha denunciado que el discurso filosófico del Antropoceno se articula mediante lo que denomina una "aritmética verde": Naturaleza + Especie Humana = Crisis Ecológica. En su opinión, la dinámica planetaria de nuestra crisis ecológica responde a una forma de estructurar las relaciones entre los seres humanos que conlleva que amplias capas de las poblaciones queden de facto excluidas de la condición humana: los indígenas, los esclavos, casi todas las mujeres, el lumpen proletariado, los países africanos, los hispanos y otros muchos grupos precarizados, homogeneizados como meros recursos o como mera vida en su crudeza, aglutinados junto con la naturaleza como materia prima.

El discurso contemporáneo del capital sigue naturalizando aspectos contingentes de la distribución del poder económico y político, legitimándolos a partir de dualismos heredados del pensamiento occidental. Llamamos Capitaloceno a las formas de estructurar las relaciones inter e intraespecíficas que surgió al abrigo de las contingencias históricas del colonialismo europeo y de la homogeneización de la diversidad biocultural de los territorios colonizados, convertidos en fuerza laboral y materia prima de un sistema productivo que les obligaba además a reemplazar su cultura material mediante el consumo de productos confeccionados en la metrópoli. Ni qué decir tiene que ese reemplazo comercial afectaba también a su cultura simbólica y reestructuraba el imaginario de los pueblos colonizados. En cierto sentido, el discurso filosófico del Antropoceno asume incuestionadamente algunos de los dualismos con los que el pensamiento occidental ha tratado de legitimar su posición dominante tanto en las distribuciones locales del poder como en el statu quo planetario. La homogenización biocultural del mundo no es un estado necesario de un proceso determinista, sino que resulta de cierta configuración de contingencias históricas que favorecieron la occidentalización del mundo a partir de las redes comerciales impuestas por las potencias europeas. La colonización perturbó no sólo las estructuras socioeconómicas de territorios colonizados, sino que creó un sistema de mercado único que transformó en cadena la ecología de las biomas del planeta, convirtiéndolos en *antromas* homogeneizados por las necesidades económicas de las metrópolis. Finalmente, esa red de contingencias históricas se ha cristalizado o materializado en lo que Jason Moore denomina "Ecología-Mundo", entendida como la ecología del capital o el capital como ecología. Homogeneización biocultural y crisis ambiental planetaria son consecuencias socioecológicas de la única moneda que circula en el Capitaloceno, cuyas dos caras son precisamente Trabajo y Naturaleza. De modo que el capitalismo no es sólo un conjunto de técnicas de explotación económica del trabajo, sino fundamentalmente una concreción histórica de coerción y dominación que se extiende al trabajo doméstico, el trabajo servil y el trabajo que implica a la naturaleza al ponerla a trabajar.

Geología y Ecología del Capital.

Es la coacción forzada del trabajo (tanto humano como no humano), subordinada al imperativo de la maximización de beneficios y la acumulación ilimitada de capital, la que está provocando la desestabilización de todos los ecosistemas de la Tierra. Como ya dijimos, las consecuencias de este imperativo no flotan sobre los sistemas ecológicos, como esferas separadas y autónomas, sino que se hibridan en un sistema único, global, muy inestable y en crisis permanente a la que podemos llamar la Ecología del Capital. En este sistema socio- ecológico unitario, el cambio climático solo es el elemento más visible de un conjunto de procesos globales a diferentes escalas espacio-temporales.

Irónicamente, algunos de los estudios de quienes consideran al Antropoceno como la era o el periodo en el que la humanidad se ha convertido en una fuerza geológica equiparable a los volcanes, las aguas o los terremotos, nos permiten entender el Antropoceno como Capitaloceno. Para ello solo tenemos que re-analizar bioculturalmente los resultados bioestratigráficos de las dataciones geológicas del presunto Antropoceno.

Como ya hemos señalado, según el Grupo de Estudio del Antropoceno de la Unión Internacional de Ciencias Geológicas (Zalasiewicz 2016) el registro estratigráfico de período geológico bajo estudio se caracterizará por la notoria presencia de (1) residuos atómicos, (2) partículas de plástico en los sedimentos marinos y, sobre todo, (3) huesos fosilizados de animales domésticos como la gallina común, actualmente la especie de mayor éxito reproductivo en toda la familia de las aves.

Mientras que en apenas unos siglos de vida urbana se han extinguido prácticamente todas las especies silvestres que compartían ancestro con las aves domésticas, la industria avícola mundial procesa hoy miles de millones de pollos, cuya carne se ha integrado en las prácticas alimentarias de casi todas poblaciones del planeta. El informe del grupo de estudio señala también otros importantes marcadores estratigráficos, como la abundancia de restos radiactivos y residuos plásticos, que permiten correlacionar las 3 H propuestas por Ricardo Rozzi para caracterizar la homogeneización biocultural: la homogeneización de la huella bioestratigráfica (H1 los huesos de pollo) con la homogeneización de la huella estratigráfica de las culturas materiales (H2 los restos de plásticos) y, en consecuencia, con los hábitos y prácticas bioculturales de las poblaciones del planeta (H3): el procesamiento de combustibles fósiles, el consumo de envasados o de productos intencionalmente obsolescentes, por ejemplo. Desde el punto de vista geológico, la homogeneización biológica y la homogeneización cultural son procesos inextricables. Parafraseando a Ricardo Rozzi, podríamos concluir que, en tiempos de tablets, teléfonos inteligentes, facebook y twitter, nuestras mentes adquieren hábitos mentales globalmente homogéneos, y construyen hábitats globalmente homogéneos (Rozzi 2013,14). Bien podría decirse que cualquiera de las tres H nos lleva a las otras dos.

El abaratamiento como movilización total de la vida

Seguidamente trataremos de articular esta reciprocidad entre las homogenizaciones de los hábitat, los hábitos y los co-habitantes apelando a la estrategia capitalista que Jason Moore denomina "abaratamiento o rebajamiento". Citando literalmente a Moore:

El capital siempre tiene necesidad de producir naturaleza barata, con el fin de relanzar continuamente el proceso de acumulación. Esta palabra, "barata", no se refiere solo a su bajo coste. Debería entenderse más bien como una estrategia abarcadora, en la que la reducción del precio queda subordinada a un deterioro más general, en términos de una dignidad y respeto "menores" asignados a los sujetos dominados: las mujeres, los pueblos colonizados y el medio ambiente (2018, 1)

De acuerdo con este punto de vista, el abaratamiento ha de entenderse como una violencia que el capital ejerce sobre los sistemas socio-ecológicos para integrarlos en una única ecología mundialmente homogénea, la Ecología del Capital, mediante una dinámica económica dirigida a rebajar los costes de las materias primas (Abaratamiento de la Naturaleza) y de los salarios (Abaratamiento del Trabajo). Pero al mismo tiempo, abaratar es una estrategia propia de un proyecto de expansión del trabajo no remunerado[34], el cual, invisibilizado, se produce en el terreno de la reproducción humana (Abaratamiento de las vidas a través de la invisibilización del trabajo gratuito de las mujeres en el nacimiento y la crianza, por ejemplo. Moore, 2018: 1). El abaratamiento violenta transversalmente elementos clave de la ecología del capital. Se abaratan la naturaleza, el trabajo, la salud, el alimento, el dinero, la energía, y en definitiva, la totalidad de las vidas humanas y no humanas. Veamos como Jason Moore liga estos abaratamientos a partir del segundo elemento del registro estratigráfico del Capitaloceno: los huesos de *Gallus Gallus* domésticos.

---

[34] Podría decirse que el trabajo a penas remunerado sobre unos recursos naturales comunes a toda la humanidad es la forma más perversa de maximizar la eficiencia económica y, por lo tanto, la acumulación ilimitada de beneficios por parte de una élite que busca compartir las externalidades negativas con las poblaciones mientras retiene para sí los beneficios. La mano invisible del discurso liberal permite a esta elite obrar una notable inversión de los valores: la codicia y la voracidad trasmutadas en virtudes empresariales que redundan en el crecimiento del PIB y sus supuestos efectos para una redistribución más justa de la riqueza.

(1) Abaratamiento de la Naturaleza

Los pollos que comemos hoy son producto de una recombinación genética que maximiza la producción de carne y huevos. Alcanzan la madurez sexual antes, engordan fácilmente solo con pienso y casi no pueden caminar. Ese fenotipo extendido permite minimizar el espacio disponible para cada pollo al tiempo que maximiza el número de pollos que pueden ser procesados. Los humanos consumimos un 60, 000 millones de pollos al año, unos diez pollos per cápita. Estas cifras explican la relevancia geológica de sus restos óseos.

(2) Abaratamiento del Trabajo

Alcanzar estas cifras de consumo exige abaratar los sueldos de una mano de obra más que gigantesca. De cada dólar que ingresan las empresas estadounidenses de comida rápida con menús de pollo apenas se destinan a mano de obra un par de centavos, y algunas empresas llegan a pagar a sus trabajadores 25 centavos por hora, lo que implica un salario de ¡dos dólares al día!

(3) Abaratamiento de la Salud

El 86 % de los trabajadores estadounidenses que se dedican a despiezar alas de pollo manifiestan artritis y otras dolencias debidas a la repetición de movimiento en sus puestos en las líneas de despedazado. Por miedo a perder el empleo, los trabajadores apenas piden bajas laborales.

(4) Abaratamiento de la alimentación

Los pollos forman parte de la comida barata para grandes masas empobrecidas. Satisface el paladar y resultan muchos más barato que alimentos sanos como las frutas y las verduras. Los horarios laborales de los trabajadores con bajos sueldos, además, tampoco disponen de tiempo para preparar comidas elaboradas

(5) Abaratamiento de la Energía

A diferencia de la ganadería, los pollos apenas producen gases de alto efecto invernadero como el metano. Pero el gran volumen de pollos sometidos a crianza convierte a la huella del carbono de industria aviar en la más profunda de todas las ganaderías estadounidenses.

(6) Abaratamiento del dinero

La soya cosechada para la alimentación de los pollos es también un vegetal abaratado, y además las grandes industrias aviares están subvencionadas con dinero público y préstamos blandos, a muy bajo interés y a largo plazo.

(7) Vidas Baratas

Los seis abaratamientos anteriores serían imposibles sin el abaratamiento de las vidas humanas, personas discriminadas y excluidas por sesgos y prejuicios típicamente occidentales: mujeres, habitantes de las colonias, etnias no caucásicas e inmigrantes.

Este análisis debería convencernos de la gran injusticia que supone atribuir las crisis socioecológicas a las conductas de la especie humana en su conjunto, como si naturaleza y humanidad fueran dos enormes meteoritos cuyas órbitas se encontraran en determinado momento: con el sedentarismo y la agricultura, con el uso de combustibles fósiles o con la energía atómica. Los teóricos de Antropoceno deberían haber aprendido a evitar las trampas teóricas que la racionalidad económica del capital nos tiende al formular la Tragedia de los Comunes (Hardin 1968; Ostrom 1990). Pero no, por desgracia nos sigue siendo más fácil aceptar el agotamiento de la naturaleza y la extinción de las especies que el agotamiento social del sistema capitalista, como si el capital fuera parte de la flecha termodinámica de un tiempo irreversible.

Pero el progreso del capital se alimenta de extinciones, como en el caso de los combustibles fósiles. Los plásticos que colman los mares de hoy proceden de la vida del ayer, de los restos de animales y plantas del Carbonífero. En términos geológicos, el acceso de nuestra especie a estas energías comprende apenas tres o cuatro siglos de un largo periodo de cientos de miles de años. Al afincar las responsabilidades ambientales a una abstracción como la especie humana, el discurso filosófico del Antropoceno quizá haya contribuido involuntariamente a justificar el neocolonialismo del siglo XXI. Cabe pensar que el discurso del pensamiento filosófico y científico de la modernidad occidental haya operado como una suerte de profecía que se cumple a sí misma. La homogeneización biocultural obrada en medio milenio siempre ha requerido de lo que, uno de los padres intelectuales de la revolución mexicana, el insobornable periodista y escritor Ricardo Flores Magón, siguiendo a Étienne de La Boétie, llamaba "la esclavitud voluntaria": la colonización del imaginario de los excluidos mediante mitos de quienes les excluyen, hasta el punto de justificar su propia subordinación, aceptando aquiescentes el único camino que, según los poderosos, podría supuestamente conducir al bienestar gracias a su integración en el imparable movimiento del subdesarrollo al desarrollo económico en un sistema mundial de mercado, de explotación y de distribución internacional del trabajo y la naturaleza. En ocasiones, la única respuesta digna ante la servidumbre voluntaria es el suicidio. Y el suicidio al que empujan los monocultivos transgénicos no está exento de elementos poéticos y heráldicos.

Suicidarse bebiendo glifosato

A miles de kilómetros de México, el campesinado de la India es también víctima de las semillas transgénicas. Embaucados por el cebo del beneficio económico inmediato, los cultivadores indios de algodón han confiado en la supuesta estabilidad productiva que prometen las transnacionales propietarias del algodón transgénico BP. Todos los ecosistemas agrarios experimentan pequeñas plagas de insectos y malas hierbas contra las que hospedan microfauna carnívora. Inevitablemente, esperar el control natural de las plagas significaba perder una porción de la cosecha de los algodoneros indios. El algodón transgénico BT ha sido diseñado genéticamente para resistir al glifosato, el pesticida que la transnacional Monsanto ha confeccionado y que erradica toda forma de vida vegetal o animal con excepción de la propia planta de algodón.

Aparentemente, la inversión en semillas transgénicas y sus pesticidas puede amortizarse rápidamente gracias a la eliminación de la plaga ipso facto y la consecuente maximización de las cosechas. Pero tras esta apariencia se esconde la trampa de los pesticidas. El pesticida utilizado erradica toda forma de vida, incluyendo aquellas que eventualmente podrían atacar nuevas plagas. A escala del cuerpo humano, la operación transgénica equivaldría a un aumento de volumen muscular y óseo obtenido mediante el consumo de los propios leucocitos susceptibles de adaptarse a futuras infecciones. Pero más pronto que tarde, una nueva plaga inmune al pesticida empieza a menguar la biomasa de algodón, y al campesino no le queda más remedio que recurrir a una nueva semilla transgénica adaptada a un nuevo pesticida más potente, pero también más caro. A medio plazo, las deudas se acumulan y el campesinado se ve envuelto en una trampa mortal: como la presa de la araña, cuanto más lucha contra la trampa, más se enreda. Muchos campesinos no aciertan a ver la salida del bucle. La pérdida de la esperanza les lleva a suicidarse. Como si de un doloroso quejido poético se tratase, los campesinos atrapados en el bucle de los pesticidas transgénicos se quitan la vida ingiriendo el pesticida que, por muy poco tiempo, les permitió soñar con su súbita riqueza. El origen de la pandemia de suicidios es químico, por mucho que los psiquiatras busquen una patología mental entre los suicidas. Los jóvenes kayawó, como vimos, responden a la pérdida de expectativas con la misma desesperanza poética. Se suicidan con los pesticidas agrotóxicos que maximizan la cosecha de soya transgénica en Rio Grande do Sul.

A los kayawó que lloran a sus jóvenes muertos no les aguarda un destino mejor. Cuando no la destruye directamente, la homogeneización del hábitat selvático de los kayawó les obliga a emigrar a los cinturones urbanos empobrecidos, disolviendo su particular bioculturalidad. La exclusión social es el más potente de los disolventes de la diversidad biológica y cultural, y condena a muchos pueblos amerindios a una nueva clase de esclavitud. La nueva bioesclavitud es la consecuencia de patentar la vida, de extender sin trabas la lógica de los mercados hasta el último gramo de vida social y ecológica.

Los biocombustibles

El Cuarto Informe de Evaluación del IPCC recomienda luchar contra el calentamiento global reduciendo nuestra dependencia de combustibles fósiles. Su recomendación no viene sola. También recomienda la implementación de monocultivos a gran escala para la producción de biocombustibles, incluyendo los cultivos transgénicos como la soya. En esta sección intentaremos mostrar esta otra cara de la bio-energía o energía verde, señalándola como parte de una ecología funcional al capital, como ya señalamos con Enrique Leff y Arne Naess en la introducción de este libro. La expansión de los monocultivos es el motor que trae la destrucción de las selvas tropicales y otras reservas y sumideros de carbono, y lejos de combatir el cambio climático, lo incrementa, acelerándolo. De hecho, un informe del Instituto de Ecología Social de Vermont, expone dos análisis recientes de las universidades de Cornell y de Minnesota que muestran que el ciclo completo de la producción de biocombustibles deja un saldo ambientalmente destructivo, sobre todo porque el procesamiento de estos cultivos requiere una cantidad significativa de energía y el aporte diferencial de energía es muy limitado.

Sabido es que tanto la deforestación como el cambio en el uso de suelos y praderas suponen la liberación del carbono allí almacenado. A esa liberación hay que sumar las emisiones resultantes del cultivo, procesamiento y transporte de los propios biocombustibles, realizados en gran medida en base a petróleo y otros elementos derivados que desprendes grandes nubes de gases de efecto invernadero. Añadamos pues la producción de la maquinaria utilizada, el combustible empleado para su funcionamiento, la producción y uso de fertilizantes químicos y de agrotóxicos, los camiones y barcos para el transporte a destino, etc. Es decir, que el balance neto de carbono en las áreas destinadas a la producción de biocombustibles puede ser hasta negativo, aumentando así la concentración de gases de efecto invernadero en la atmósfera, que es precisamente lo que se pretendía evitar con este cambio. Hasta hoy, solamente el 1 % del combustible para el transporte utilizado mundialmente proviene de los biocombustibles, causando aumentos bruscos de los precios de granos y aceites vegetales, amenazando la seguridad alimentaria de la gente más pobre y estimulando la expansión de la frontera agrícola sobre selvas y praderas, de las que depende la estabilidad del clima. Recordemos que la cantidad de granos que se requieren para llenar el tanque de una camioneta *pick up* con etanol es suficiente para alimentar a una persona durante un año. Dado que los grandes consumidores del Norte no se plantean seriamente reducir su consumo desmedido de combustibles y que, en la mayoría de los casos, no disponen de tierras agrícolas suficientes para autoabastecerse de materia prima para producir sus propios biocombustibles, sus gobiernos y empresas privadas planean coaliciones para la promoción cultivos para biodiesel y etanol fundamentalmente en los países del Sur. Todos estos factores implicados en el uso de los biocombustibles dibujan una proyección de escenarios bastante desalentadora.

(1) El agua se contaminará, por el uso de agroquímicos, o desaparecerá, por la plantación de árboles de rápido crecimiento y enorme proporción de biomasa, como los eucaliptos, transgénicos o no.

(2) La flora nativa será eliminada y sustituida por extensos monocultivos y muchas especies locales serán contaminadas en su genoma por los organismos genéticamente modificados utilizados en los monocultivos para biocombustible, en tanto que los suelos se degradarán por el monocultivo y el uso de agroquímicos.

(3) La fauna local se verá gravemente afectada por enormes desiertos verdes que no les proporcionarán alimentos.

(4) Se espera que el precio de la soya aumente bruscamente a medida que la demanda por el cultivo de soja para el biodiesel aumente. La expansión de la soja no solo se relaciona con la deforestación en el Amazonas sino también con la deforestación en otros lugares, incluyendo el Pantanal, el Bosque Atlántico de América del Sur y una parte del bosque Paranaense en Paraguay y el Norte de la Argentina. Entre los años 1998 y 2002, en la Argentina, más de 500.000 hectáreas de tierra boscosa fueron convertidas a plantaciones de soya.

(5) Se espera que millones de hectáreas de tierras fértiles se concentrarán bajo el poder de grandes transnacionales y pasarán, de producir alimentos, a producir combustibles. Los bosques dejarán de asegurar el sustento de millones de personas que de ellos dependen para ser sustituidos por soja, palma aceitera u otros cultivos energéticos. La seguridad alimentaria de los países más pobreza se verá amenazada.

La anterior proyección de escenarios queda reflejado en los bucles de realimentación del siguiente esquema conceptual.

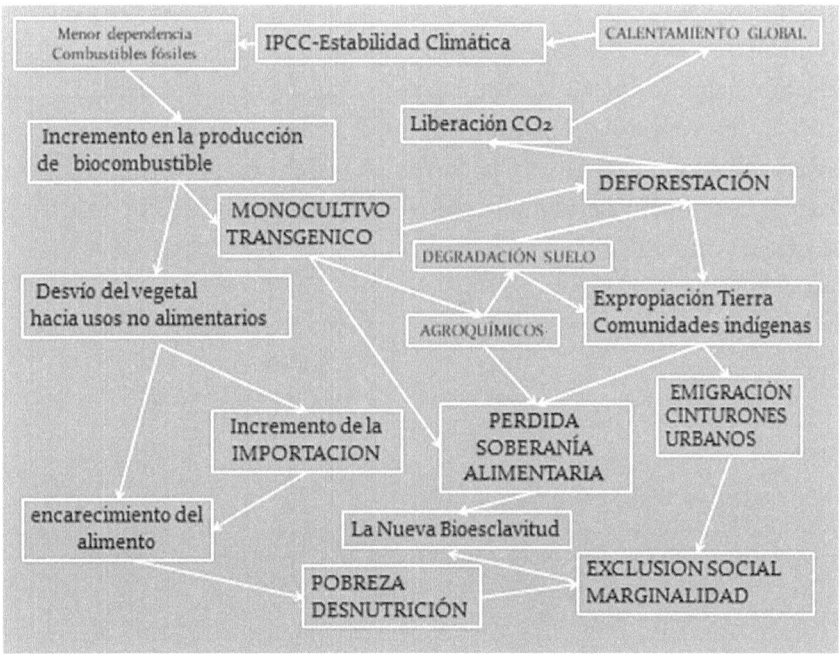

Tabla 10 Fuente: elaboración propia

A estos bucles de extinción hay que sumar la muerte de los saberes ambientalmente adaptativos de los pueblos indígenas. Según el último informe de Naciones Unidas sobre el estado de la biodiversidad planetaria (IPBES 2019), al menos un cuarto de la superficie continental del planeta sigue siendo el hábitat de pueblos indígenas. Esos hábitats representan más de un tercio de los territorios formalmente protegidos y otro tercio de las tierras de bajo impacto antropogénico. Según el informe, en el Amazonas estos pueblos originarios conservan la integridad de las tierras en las que viven e intentan, y a menudo logran, que no entren madereros, garimpeiros (buscadores de oro), grileros (invasores de tierras). Sabemos que la mayor amenaza a las especies es el deterioro de su ambiente, por lo que el papel ecológico de las bioculturas amazónicas es clave. Basta mirar en un mapa para ver que las zonas donde viven los indígenas sufren menos deforestación que el resto. La deforestación del último año alcanzó los 7.900 kilómetros cuadrados, la mayor desde 2008. Los indígenas, al conocer tan íntimamente los bosques, tienen una percepción muy temprana, antes que cualquiera, de los cambios ambientales. Saben cómo manejarlo.

Por ejemplo, dejan de cazar en una zona por un tiempo… y así mitigan el impacto antes que nadie. Los indígenas son parte esencial de las alertas tempranas y de la prevención (Bensusan 2019). De alguna forma, la ecología del capital erosiona la memoria biocultural de toda la especie humana.

La nueva bioesclavitud

> Quizá la lección fundamental que nos deja el conocimiento ecológico tradicional es que las creencias y las visiones del mundo sí cuentan [para la conservación de la biodiversidad].
>
> Berkes *et al.*

Supuestos ideológicos y prácticas científicas

Para quienes nos dedicamos a la epistemología de las prácticas científicas sin renunciar al análisis conceptual de las teorías y otros productos de la ciencia institucionalizada, el desarrollo de las biotecnologías transgénicas durante las últimas décadas sigue deparando una importante fuente de preguntas relevantes para la actual crisis socioecológica y, sobra decirlo, para los bucles de la sexta extinción masiva de especies. ¿Qué es preferible, prohibir la comercialización de organismos modificados genéticamente o permitir que las multinacionales sigan sustituyendo policultivos sustentables, pero casi de subsistencia, por monocultivos transgénicos que, de entrada, suponen un gran beneficio económico para los afectados y que, en muchos casos, pueden hacer que muchos campesinos de México o Brasil salgan de una situación de extrema miseria?

Por supuesto, muchos pensadores estamos convencidos de que hay argumentos racionales para tomar la decisión de oponerse a los transgénicos, pero ese simple convencimiento hace que nos intrigue aún más qué hay tras la aquiescencia hacia los transgénicos de tantos biólogos empleados en laboratorios públicos y privados. Es difícil pasar por alto la presencia de distintos valores y prevalencias que entran en conflicto y que también forman parte del problema a resolver. A los críticos integrados en la Unión de Científicos Comprometidos por la Sociedad nos preocupa, por ejemplo, que científicos de universidades mexicanas de reconocido prestigio decidan desarrollar organismos genéticamente modificados para la multinacional Monsanto. Esta indignación es heredera de la de generaciones anteriores, a quienes les preocupaba e indignaba que, en la década de los cincuenta, investigadores japoneses cobraran altas sumas a cambio de "probar" la inexistencia de una correlación entre los síntomas de la llamada enfermedad de Minamata (ataxia, pérdida sensorial en tacto, vista y oídos, descoordinación motora, parálisis, y en muchos casos, muerte, tanto en los seres humanos como en sus mascotas) y el consumo de pescado y mariscos contaminados por el mercurio que la petroquímica Chissu vertía en mar de Yatshusiro desde 1932. Hoy sabemos que tales investigaciones obstaculizaron durante quince años (desde la aparición de los primeros casos en 1953) el cese del vertido, siendo innegablemente responsables de los 111 decesos y los 400 afectados que la enfermedad de Minamata provocara hasta 1968, año en que cesaron de hecho los vertidos de mercurio. Sean negligentes o dolosas, en esas pruebas científicas hubo factores humanos que produjeron una valoración sesgada hacia cierto tipo de intereses compartidos entre los técnicos y los ejecutivos de la empresa que los contrató para negar una evidencia que, desde el principio, era suficiente para aconsejar prudencia y detener el vertido. ¿Pueden los beneficios económicos que la empresa Chissu derramó sobre la población de Minamata compensar los 2,955 casos diagnosticados de la enfermedad hasta el año 2001? Una valoración positiva implicaría la presencia de otros valores ecológica, social y éticamente inválidos, puedan medirse o no. Aplicando la conocida cita de Einstein a problemas ambientales, podría decirse que no todo lo que puede ser contado cuenta ambientalmente, ni todo lo que cuenta ambientalmente puede ser contado. Y a él le resultaba preocupante que colegas suyos de reconocido prestigio trabajaran desarrollando armas atómicas para el proyecto Manhattan, desoyendo a quienes, como él, llevaban años aconsejando prudencia. Estos casos nos sumergen de nuevo en el problema del bien, el mal y la razón, como diría León Olivé. Y todos sabemos qué respuesta suele tener el problema dentro de algunas academias científicas. Antes que criticar la honestidad de esos trabajadores de la ciencia, algunos prefieren decir que, siempre que sea legal, la elección racional de oficio depende de los valores de cada cual, mientras encogen sus hombros y parecen resignarse a que eso tenga que ser *tan subjetivo* como preferir el té al café, ni modo. Pero algo parece andar mal en nuestras ideas de racionalidad cuando la declaramos de entrada incompatible con la naturaleza humana o incompetente para juzgar valores como los presentes en los ejemplos señalados. Ni qué decir tiene que ese diagnóstico empeora cuando el problema se extiende a las relaciones sistémicas entre biotecnologías transgénicas, la contaminación ambiental y extinción de especies, como la abeja melipona de aquel territorio maya cuyos suelos han pasado a usarse para monocultivos transgénicos.

Decía John Dewey que nuevos conocimientos y viejas costumbres conducen siempre a nuevas crisis. Es lo que Carlos Sentís, catedrático de génica en la UAM de Madrid, lleva más de diez años denunciando en el caso de la biotecnología transgénica. Según él, la teoría genética que supuestamente sigue fundamentando las prácticas de los transgénicos se ha quedado peligrosamente obsoleta. En los años 70 era posible sostener el principio de especificidad uno a uno entre los genes y los fenotipos extendidos, esto es, la conducta o "la función" expresada de cada gen, basándose en el llamado dogma central de la biología establecido por Waismann hace más de un siglo: el flujo entre el genotipo ("el germoplasma de Weismann" y las expresiones somáticas y proteínicas es lineal, unidireccional e irreversible. De esta manera, y con sofisticadas tecnologías, se supone que es posible introducir un gen foráneo, el transgen, en el genoma de una especie, de manera que cumpla "la" función que desempeñaba en la otra especie – la resistencia al frío, a la sequía o a alguna patología específica. Recordamos que en los setenta, durante el bachillerato, cada lección en matemáticas iba precedida de su fundamentación en teoría de conjuntos y de relaciones[35]. Según

---

[35] Más tarde, cuando nos titulamos Lógica, supe que esa fundamentación estaba basada en el programa logicismo de Frege y Russell, que venía a decirnos que

esa antigua teoría matemática de conjuntos, una función es biyectiva si es al mismo tiempo inyectiva y suprayectiva; es decir, si todos los elementos del conjunto A de salida tienen una imagen distinta en el conjunto de llegada B, y a cada elemento del conjunto de llegada B le corresponde un elemento del conjunto de salida A. Este tipo de relación de correspondencia fue denominado "reducción ontológica" por Quine, reconociendo que era una idealización para el tercer reino platónico de Frege o el mundo 3 reservado para las teorías de Popper. La biotecnología, no obstante, sigue aplicando este tipo de reducción ontológica. Si nuestro conjunto A de salida es el conjunto compuesto por los genes individuales de un organismo y el conjunto B el de sus expresiones fenotípicas, obtenemos el dogma central de la biología molecular. Sustitúyase ese gen por un transgen específico y, supuestamente, le corresponderá una conducta específica, independientemente de dónde se relocalice el transgen. Podría decirse que las prácticas de la biotecnología siguen aferradas a lo que hoy sabemos que es una mera idealización. Ni los genes ni los transgenes hacen una sola cosa. Los nuevos conocimientos de la epigenética han debilitado considerablemente el dogma central de la biología neodarwinista, pero ello no ha impedido que los biólogos ya aludidos abracen sin más las nuevas tecnologías, conservando en mente, a veces, una genética ya desfasada.

Las funciones que pueden expresar individualmente los genes dependen del organismo y del contexto ecológico en el que se insertan. Los genes trabajan contextualmente, cooperando con otros genes y siendo afectados por el ambiente con el que interactúan para expresar sus funciones. Bajo el dictado oportuno del principio de especificidad y la reducción ontológica se ha conseguido incrementar la fertilidad y la eficiencia ponedora de las gallinas, por ejemplo, pero al precio de

---

la lógica podía "reducirse a teoría de conjuntos y aritmética" (un programa reivindicado después por Niklas Bourbaki, un personaje digno de un cuento de Borges, más rigorista y formal que los positivistas lógicos, pero que jamás existió como tal, Bourbaki era en realidad un grupo de matemáticos franceses enamorados del rigor axiomático. Resulta curioso que hoy, muerto y enterrado el positivismo lógico, queden filósofos que siguen apropiándose del adjetivo "lógico": analizar el contenido cognitivo de la ciencia es definir formalmente la estructura lógica de sus enunciados y sus predicados.

producir gallinas histéricas y anormalmente estresadas e hiperactivas, con niveles de corticoides que pueden perjudicar la embriogénesis. Y no se trata solo de la crianza animal. La Dra. Elena Alvarez Bullya, del Instituto de ecología de la UNAM y actual directora del CONACyT, comprobó hace años los efectos de un transgen en un vegetal cuando se inserta ocasionalmente en diferentes segmentos de las espirales de ácidos nucleicos que producen las proteínas. Las variedades monstruosas de flores y hojas pueden detectarse a simple vista.

El principio de equivalencia substancial

Resulta inexcusable evaluar los nuevos genotipos logrados a través de la denominada transgénesis y no solo por lo que hace a la seguridad alimentaria y la salud humana, sino principalmente por sus efectos ambientales contaminantes, sobre la homogeneización genética de la biodiversidad y sus posibles bucles de realimentación positiva vinculados con los procesos sistémicos de la sexta extinción. Todo ello hace de los genotipos transgénicos firmes acreedores de un análisis exhaustivo de los riesgos para la salud humana y animal: resistencia antibiótica, efectos tóxicos, pleiotrópicos, alergenicidad, etc. Pero el análisis de los riesgos debe sobre todo enfocarse en los probados efectos de los transgénicos sobre la diversidad ecológica: polución génica, alteraciones disfuncionales del ecosistema, vulnerabilidad a nuevas plagas, alteraciones imprevistas en los mismos genes del organismo manipulado que, demasiadas veces, conducen a cuellos de botella genéticos, etc.

En relación con los riegos para la salud humana, el problema reside en cómo asegurarnos de que un nuevo producto modificado genéticamente es inocuo sin consumirlo, sin observar experimentalmente los efectos ocasionados por su ingestión[36] Casi tres décadas atrás, la OMS y la Food

---

[36] La manipulación del genoma humano con fines terapéuticos está sujeta al mismo grado de incertidumbre: remover un gen puede ser remover una enfermedad hereditaria, pero teniendo en cuanta la interacción epigenética, puede acarrear una deficiencia inmunológica frente a otras enfermedades, sean o no hereditarias. Se ha descubierto que el alelo de la anemia de células falciformes (hemoglobina/globulos rojos) protegía contra la malaria y que

and Agriculture Organization (FAO), organismo dependiente de las Naciones Unidas (ONU), organizaron una conferencia de expertos para tratar de responder a esta pregunta. Se acordó que el análisis comparativo entre producto alimentario innovado con otro que ya goza un estándar de seguridad ampliamente aceptado y verificado, arroja el elemento clave para evaluar la seguridad del producto nuevo. No obstante, no es difícil entender que este análisis comparativo no es en sí mismo una prueba de evaluación de la seguridad de un producto fruto de la transgénesis, sino una aproximación analítica que permitirá posteriormente evaluar el nuevo producto y establecer correlaciones aproximadas con otro alimento estructuralmente semejante que ya cuente con una larga historia social de consumo seguro, sin ningún tipo de efectos sobre la salud de las poblaciones humanas. Este axioma fue también conocido como la *igualdad de productos*, al menos dentro de la esfera del comercio, pero en foros técnicos y científicos adquirió el solemne título de *principio de equivalencia substancial*, adoptado pronto y fervientemente tanto por la OCDE como por la Organización Mundial de Comercio. Los mercados, ya se sabe, son el solvente universal de todo. El valor económico es capaz de homogeneizar, depurar, y estandarizarlo todo. La solución a la crisis de la diversidad de la vida está en la producción transgénica de nuevas especies y en la mejora productiva de las especies vegetales y animales que nos alimentan reforzando sus expresiones fenotípicas con los genes adecuados. Eso sí, para hacerlo hay que patentar la vida, la vieja y la nueva, la de siempre y la transgénica. Podríamos decir que el contenido latente del principio de equivalencia substancial radica en las patentes y en los códigos de barra que protegen su privacidad.

Por eso, las organizaciones transnacionales establecieron prontamente los fundamentos conceptuales de sus proyectos de privatización

---

el alelo de la enfermedad de Tay Sachs contra la tuberculosis. Teniendo en cuenta lo que sabemos y lo que aún no sabemos de las relaciones entre genética y epigenética, lo más razonable es aplicar el principio precautorio, que para Hans Jonas también es un principio de responsabilidad científica y ciudadana. No es lo mismo saber que ignoramos que ignorar lo que sabemos. Puede ser cierto que no sepamos de efectos perjudiciales de los maíces transgénicos. Pero es una irresponsabilidad seguir operando sobre la base que por ahora no sabemos, y que para saber tendríamos que ver los efectos del maíz transgénico sobre la población que ya los consume.

económica de la vida. Según tales fundamentos, un *producto igual* es de hecho un *producto idéntico* a otro producto, independientemente de sus respectivos modos de producción. Un producto es también igual a otro cuando, en ausencia de un producto estrictamente idéntico, su fenotipo y su conducta, lo que Dawkins llama su fenotipo extendido, se asemejen suficientemente a otro que ya circula en el mercado sin que se hayan identificado alteraciones graves en las conductas de organismos y de las poblaciones de la especie humana que lo consumen. Con arreglo a dicho axioma, los países integrantes de la OCDE aplaudieron la aplicabilidad de esta perspectiva epistémica, y defendieron la adopción del principio de equivalencia sustancial como criterio de seguridad alimentaria.

> La equivalencia sustancial engloba el concepto de que, si se encuentra que un nuevo alimento o componente de alimento es sustancialmente equivalente a un alimento o componente de alimento existente, puede ser tratado de la misma manera respecto de la seguridad que su contraparte tradicional (OCDE 1993)

Dicha adopción o aprobación epistémica ha tenido consecuencias tanto ecológicas como ampliamente sociales. El principio de equivalencia sustancial se convirtió en una de las habituales justificaciones con las que las corporaciones biotecnológicas especializadas en cultivos transgénicos defienden la inocuidad de sus productos alimentarios. Según la página web de la transnacional Syngenta:

> Este principio fue apoyado por la **OECD, FAO, OMS, FDA, COFEPRIS**, entre otras instituciones de salud de varios países alrededor del mundo se basa en lo siguiente: Los alimentos novedosos (por ejemplo alimentos modificados genéticamente) deben considerarse igual de seguros que los alimentos convencionales, si estos demuestran las mismas características de composición, por tal motivo si una planta novedosa es equivalente a su contraparte, debe ser regulado por el mismo marco regulatorio que el convencional.

Las Estrategias para evaluar la seguridad de los alimentos producidos mediante biotecnología (**FAO**, 1991), concluyen que "el ADN de todos los organismos vivos es estructuralmente similar. Por esta razón, la presencia de ADN transferido en los productos en sí, no causa ningún impacto en la salud del consumidor" (Syngenta 2019).

No obstante, la formulación de Syngenta parece regresarnos al punto de partida ¿qué demonios quiere decir que los organismos modificados sean sustancialmente equivalentes a los especímenes familiares naturales, normales, convencionales o tradicionales, de esos mismos organismos? En principio, se afirma que (1 su equivalencia sustancial ha sido determinada caracterizando al alimento transgénico en términos exclusivamente moleculares; (2, sus rasgos fenotípicos han sido comparados con los de otro alimento ya conocido. Pero la comparación y la semejanza son estructuralmente relativas, dependiendo del aspecto comparado. ¿Cuántos parámetros críticos de comparación están involucrados en el principio de equivalencia substancial? Pues apenas un par: los llamados *nutrientes esenciales* (proteínas, grasas y carbohidratos, minerales y vitaminas y las denominadas sustancias tóxicas claves, previamente conocidas, cuya presencia el alimento transgénico probablemente potencia sinérgicamente, a riesgo de la salud del consumidor. Los efectos ambientales no caben dentro del alcance del principio de equivalencia substancial. No estaba pensado para prevenir la contaminación y la deriva genética.

Una vez identificados los nutrientes y los tóxicos esenciales del nuevo alimento transgénico, el siguiente paso es practicar el análisis comparativo y correlacionarlo estructural y conductualmente con el alimento-control previamente conocido, tomando en cuenta el rango natural de variación de alimento "natural". La determinación de ese rango de variación de la norma de reacción estándar de la especie es pues un parámetro clave para el análisis. Acto seguido se observan las condiciones ambientales potencialmente sensibles a los nutrientes y tóxicos esenciales establecidos anteriormente, así como a sus rasgos fenotípicos. La inferencia es entonces de lo más simple: cuando los parámetros evaluados en el nuevo organismo transgénico y sus derivados resultan *equivalentes con* esos mismos parámetros del alimento natural que sirve de patrón de comparación, la equivalencia sustancial entre ambos productos queda científicamente comprobada. Con los flecos sueltos de esas pruebas se podrían ensamblar varias escobas. La infradeterminación de la equivalencia substancial es notoriamente alta. Pero no hay nadie más ciego que el que no quiere ver.

Pese a ser invocado en la era de la digitalización total, el principio de equivalencia substancial hunde sus raíces en la Grecia de Aristóteles. El principio de equivalencia sustancial exige el dualismo aristotélico entre forma y substancia. En el ámbito griego de la *poiesis y de la techné*, una copa de cristal comparte con un vaso o una figura decorativa de cristal solo su materia prima. Es el artesano el que extraerá su causa formal, forma o diseño, de acuerdo con su causa final, la finalidad a la que la copa está destinada. El artesano y su cincel son la causa eficiente que pondrá en juego la substancia, su uso y su diseño para, según la célebre formulación de Heidegger, "trae-ahí-delante" la copa. Lo más propio de la copa del artesano será ese diseño según su designio o destino, no su substancialidad material. El platonismo de la teoría renacentista de la producción artística enfatiza la causa formal como la representación matemática del objeto producido. Se trata nada menos que de la matematización del modo de ordenación, del estilo propio, del diseño propio que el artista imprime sobre la materialidad del objeto, sugiriendo así que el diseño preexiste en la mente del artista, quien se limitará a conferir o ejecutar el diseño de la estatua, por ejemplo sobre el mármol, la usual materia prima. El secreto del diseño, su autoría individual y su conversión en valor de cambio apuntalarán en el capitalismo industrial la idea de patente de una mercancía. En la era de la alimentación transgénica, es el software o código transgénico lo que la compañía patenta, mientras que la equivalencia substancial del hardware, su materialidad biológica, asegura al consumidor que su ingestión es inocua. De ahí que, en términos de propiedad privada, son las semillas las que contienen el software de la vida: son propiedad de Monsanto o Syngenta, y no del agricultor. Estos son los verdaderos efectos socio-ecológicos del principio de equivalencia substancial. La nueva bioesclavitud.

En términos de homogeneización biológica, los efectos ambientales del principio son devastadores. Es evidente que ni la compañía ni el agricultor pueden evitar la contaminación génica, lo cual amenaza la diversidad genética de los cultivos de una misma especie en distintas poblaciones. Los cultivos pueden acabar siendo formalmente equivalentes, muy homogéneos, pero escasamente resilientes. En nuestros días, y gracias a la bio-tecno-economía, el diseño alcanza de lleno la propia *physis* griega. Los transgénicos forman parte de la lógica cultural de la digitalidad, que amenaza no sólo la diversidad biológica, sino también la diversidad lingüística y cultural, los goznes mismos sobre los que gira la heterogeneidad y la diferencia biocultural, el sistema inmunológico que nos protege de los totalitarismos biológicos y culturales.

La lógica de homogeneización resulta letal para lo que hoy denominamos patrimonio biocultural mexicano, y en particular para ese amplio legado histórico de productos y prácticas alimentarias que constituyen la milpa, cuyo potencial para la resiliencia socioecológica gira casi siempre en torno al maíz. Por mucho que insista Monsanto y Syngenta, la agricultura tradicional y la agroindustria transgénica son simple y llanamente incompatibles. El fin último de la industria transgénica es digitalizar y patentar toda posible producción de alimentos. El poder que controla la producción y distribución del alimento controla no solo los cuerpos biológicos así nutridos, sino que opera socialmente como un vórtice que absorbe y homogeneiza la diversidad epistémica y la diferencia ontológica, bloqueando la divergencia de trayectorias bioculturales que impide la movilización total de la naturaleza en una sola dirección.

Los trastornos bioculturales de ese control sobre el maíz mexicano son difíciles de ocultar. Disperso en la atmosfera, la liberación del polen de los maíces transgénicos y la propia composición bioquímica de la misma biosfera asegura una fertilización que contamina y finalmente homogeneiza la diversidad genética de los maíces mexicanos. Esta fecundación contaminada significa también la erosión de prácticas culturales milenarias, como el ancestral trueque de semillas que asegura la diversidad y la resiliencia de las numerosas variedades del maíz mesoamericano. Como ya hemos dicho, el programa genético que determina la ontogénesis de las semillas transgénicas adquiridas a través de Monsanto pertenece a Monsanto. El agricultor, su cliente cautivo, puede hacer germinar y comercializar el desarrollo de las plantas procedentes de sus semillas, pero no reproducirlas. Patentar los germoplasmas y los genomas de las especies es adquirir derechos de propiedad sobre la vida misma. La vida acaba siendo Capital Biológico o Natural, el sueño tardío del capitalismo digital.

En otros trabajos hemos profundizado en los efectos de homogeneización que el mercado de las nuevas tecnologías ocasionan sobre las culturas campesinas e indígenas latinoamericanas. Pero los transgénicos son también letales para la integridad de las propias culturas científicas mexicanas. Muchos conocimos a la Dra. María Elena Alvarez Bullya en el documental *El Mundo Según Mansanto*, de Monica Rubin, donde aparecía analizando las prácticas y los valores tras las técnicas de inserción de los elementos transgénicos. En nuestro caso, fue la coherencia de vida y obra de María Elena la que nos animó a afiliarnos a la Unión de Científicos comprometidos con la Sociedad. Hoy María Elena Alvárez Bullya es la directora del CONACyT gracias a la victoria electoral del Movimiento de Regeneración Nacional, y la lucha contra los transgénicos ha servido como bandera de un programa de regeneración de una cultura científica pública anteriormente orientada a la producción y venta de patentes biotecnológicas de corporaciones que las impulsan privadamente, pero que aprovechan el caudal público de la ciencia pública y la cultura mexicana. Álvarez critica abiertamente esta apropiación privada de bienes que son necesariamente públicos:

> La lógica administrativa del CONACyT ha dado lugar a procesos de transferencia de recursos que privilegian intereses privados ajenos al interés público", pues "se ha dedicado [...] una proporción muy considerable de recursos a proyectos de empresas privadas (en numerosos casos multinacionales, que en la práctica no realizan ninguna clase de investigación científica y se han alimentado proyectos tecnológicos guiados por un interés privado más que público, y/o con base en paradigmas ya superados o conocimiento generado en el

extranjero, o en México en épocas ya pasadas" (8. En este sentído es que "no se destinarán recursos públicos monetarios a empresas, sino más bien se fomentará que estas contribuyan al desarrollo tecnológico en México con aportaciones a fondo perdido o perspectivas de ganancias" (Álvarez 2018.

Manantlán y el arca del Teocintle

Solo por culturas muy antiguas enraizadas en su entorno sabemos de arboledas sagradas y tierra sagrada, en un contexto de práctica y creencia genuinas. Parte de ese contexto es la tradición del procomún la "buena" tierra se convierte en propiedad privada; lo salvaje y lo sagrado se comparte [...] Sin embargo, tanto a cultura dominante como los tribunales se han opuesto a la conexión de la religión a la tierra. Este antiguo aspecto de lo culto religioso sigue siendo prácticamente incomprensible para los euroamericanos. Y puede que siempre sea así, porque, si pequeños pedazos de tierra se consideran sagrados, no se podrían vender ni considerar tribunales. Y esto implicaría una seria amenaza al supuesto de una economía materialista de expansión ilimitada. (Gary Snyder, 1990).

El caso de la restauración del río Ayuquila, en la Sierra de Manatlán, ejemplifica el tipo de prácticas comunes entre las transnacionales como Syngenta y Monsanto y algunas universidades públicas mexicanas orientadas hacia explotación comercial de la totalidad de la biosfera, sobre la que planean extender sus redes mercantiles. La Sierra de Manatlán, Jalisco, alberga un caso de apropiación de la diversidad biocultural en torno a las especies silvestres del maíz que ocurrió hace unos cuantos años y que, por desgracia, involucró sin saberlo a David Nuñez, un fotógrafo conservacionista que colaboró desinteresadamente en la parte gráfica de *Naturaleza y Conducta Humana*. David Núñez gestiona una página web llamada *Mexiconservación*, en donde aún podemos leer su relato del saneamiento del río Ayuquitla, en la ahora Reserva de la Biosfera de Manantlán. El área del sur del río estaba devastada por la explotación masiva de la caña de azúcar en la parte norte. El sobreuso agrícola estaba disminuyendo su caudal, los vertidos urbanos contaminaban exageradamente el río y numerosas poblaciones de especies endémicas se desvanecieron. A principios de la década de los ochenta, nos cuenta David, la región recibió la atención de la comunidad científica internacional cuando investigadores de la Universidad de Guadalajara descubrieron una variante perenne del maíz, el teocintle. El descubrimiento motivó al Estado de Jalisco a comprar más de 1,000 hectáreas en la Sierra de Manantlán y donarlas a la Universidad de Guadalajara para la construcción de un centro de investigaciones en 1984. Desde un principio la estrategia universitaria complementó su investigación básica con sólidos programas de vinculación social y educación ambiental. Los biólogos de la Universidad de Guadalajara pusieron en marcha una gran variedad de estrategias innovadoras para comenzar a enfrentar los problemas en la cuenca del río Ayuquila, incluyendo la creación de un Consejo Asesor formado por autoridades municipales, estatales y federales, el sector académico, organizaciones civiles y sectores marginados de la población amerindia. Trabajando con las comunidades locales, la Universidad de Guadalajara pronto comenzó a cosechar logros. Por ejemplo, una red de Comités para la Defensa del Río en cada comunidad afectada, desarrollaron programas de monitoreo ambiental, los monitoreos de la calidad de agua del río pronto revelaron una aportación significativa de contaminación química de las ciudades de Autlán y El Grullo por el mal manejo de sus aguas residuales y sus residuos sólidos urbanos. Se pusieron en marcha exitosos programas de separación de basura, reciclaje y composta de residuos orgánicos. Mientras tanto, presionados por la Universidad de Guadalajara y sus aliados trasnacionales, el gobierno federal comenzó a construir plantas de tratamiento de aguas residuales (Núñez 2019. Aparentemente, todo un caso de éxito a partir de la investigación transdisciplinar y cooperativa.

Pero David ignoraba otros entresijos de lo que para él era un claro caso de éxito hasta que nosotros le contamos lo que habíamos descubierto en unas cuantas publicaciones, suficientes como para motivarnos a tirar del hilo. Arriba de todo el hilo, jalando con su incomparable fortaleza económica y política, encontramos a una conocida empresa transnacional. Los fondos que financiaban el futuro centro de investigaciones sobre el teocintle formaban parte de una nueva y poderosa inversión de la transnacional de los transgénicos, Monsanto, ahora absorbida por la Bayer. Sin embargo, varios años después, el ejemplo de Manantlán sigue apareciendo en *Mexiconservación* como un claro ejemplo de éxito. El ejemplo nos sirve ahora para vincular la estrategia de la coalición entre intereses públicos y privados, nacionales y transnacionales con la visible irresponsabilidad social de los científicos japoneses que demoraron por supuesta "falta de evidencia científica" el cierre de la industria que contaminó con mercurio en la bahía japonesa de Minamata. Una demora que en dos décadas ocasionó 200 muertos. Pocas veces las siempre tensas relaciones entre las ciencias expertas públicas y privadas y el bien común de las comunidades afectadas arroja un saldo tan sangrante como este. En el caso de la contaminación del maíz criollo mexicano por el maíz transgénico, se están asesinando formas milenarias de vida y de memoria biocultural, sumamente valiosas no solamente para el estado de Jalisco y la República de México, sino para la biodiversidad del planeta en su conjunto. En esta ocasión los economistas ambientales implicados ni se molestaron en poner precio a las víctimas. La comparación con la inversión de Monsanto y el precio de soborno quizá pudo darles que pensar durante algún tiempo. Manatlán era todo un ejemplo para la *nueva conservación* que abordamos en la introducción y en el capítulo tercero.

Atando cabos, después supimos que, desde hacía muchos años, la multinacional Monsanto tenía acceso directo y privilegiado al conocimiento y al germoplasma del teocintle —el pariente silvestre del maíz—, gracias a investigadores públicos mexicanos que se lo vendían directamente desde la sierra de Manantlán, Jalisco, donde los trabajadores de la ciencia pública de la Universidad de Guadalajara descubrieron, a finales de la década de 1970, una subespecie del teocintle, el *Zea diploperennis,* que es endémica del lugar. Por su importancia científica y biológica, dijeron las autoridades estatales y federal, este descubrimiento era un argumento suficiente para que, en 1987, se declarase todo ese hábitat como Reserva de la Biosfera de Manatlán. Hasta entonces, todo parecían buenas noticias para todos. La situación de simetría perfecta que los economistas llaman informalmente ganar-ganar: todos ganan, nadie pierde.

Si bien los científicos de la universidad descubrieron el teocintle y lo catalogaron como *Zea diploperennis* en 1979, los campesinos indígenas sabían de su existencia desde hacía cientos de años. Gracias a su trabajo comunitario de adaptación y cuidado del teocintle, produjeron un cultivo con la inigualable riqueza y versatilidad del maíz. México se considera cuna o centro de origen del maíz precisamente porque en estas tierras convive el maíz con sus parientes silvestres, las diferentes subespecies de teocintle, una relación de co-existencia de nichos ecológicos y subespecies del maíz exclusivamente endémica de los biomas de Mesoamérica. Se han llevado a cabo copiosas investigaciones científicas sobre el vínculo radical entre el maíz y teocintle y, más recientemente, sobre las amenazas socio-ecológicas que representa la introducción de maíz transgénico para estas especies y sus centenarios cuidadores. La reproducción transgénica implica altos riegos ambientales, sobre todo porque, a diferencia del maíz, el teocintle es capaz de reproducirse sin intervención humana, por lo que al cruzarse con el maíz podría adquirir rasgos fenotípicos y conductuales de las variedades artificiales o transgénicas, por ejemplo, propiedades insecticidas, con lo que sus efectos podrían afectar a más poblaciones y especies, poniendo en riesgo no solo al alimento humano, sino a cadenas tróficas y a ecosistemas completos. Toda una tragedia anunciada para una parte de la biodiversidad mesoamericana.

Estas graves amenazas a la biodiversidad despiertan las sospechas tras la colaboración y la anuencia de los investigadores del Centro Universitario de la Costa Sur (CUCSur) de la Universidad de Guadalajara para que Monsanto, principal trasnacional de los transgénicos en el mundo y de reputación internacional al menos cuestionable, financie en este centro universitario estudios sobre el teocintle. Ello significa que se le "entregaba" sistemáticamente información biológica muy sensible sobre los bucles de realimentación entre el maíz y el teocintle.

El director de este proyecto, jefe del Departamento de Producción Agrícola del Centro Universitario de la Costa Sur, junto con otros investigadores, había recogido muestras de maíz y teocintle para estudiar su hibridación (cruza de maíz y teocintle) en otras zonas de Jalisco, como por ejemplo, El Grullo, Ejutla, San Miguel y San Lorenzo. Existía además otro proyecto de recolección de muestras de maíz y teocintle de todo México, donde participaban investigadores del Instituto Nacional de Investigaciones Forestales, Agrícolas y Pecuarias (INIFAP). Según los proyectos que presentaron estos investigadores en la Semana de la Investigación Científica del Centro Universitario de la Costa Sur, en noviembre de 2004, se recolectaron semillas en hábitats mexicanos tan diversos como Chihuahua, Colima, Durango, Guanajuato, Guerrero, Jalisco, Estado de México, Michoacán, Morelos, Nayarit, Oaxaca, Puebla y Chiapas. Los resultados que se esperaban del proyecto incluían la formación de un grupo de trabajo con experiencia internacional en recursos genéticos del género Zea (denominación que incluye tanto al teocintle como al maíz), "para estudiar y proteger el teocintle mexicano", así como "brindar a la comunidad científica una base de datos... de información geográfica, tipos de teocintle y tipos de maíz, con sus localidades de colecta, requerimientos climáticos, áreas potenciales para inventarios de semillas" (Ribeiro, 2005).

Sin embargo, y como era de esperar, los auténticos cuidadores y conocedores del teocintle, las comunidades indígenas amerindias, habitantes originarios del lugar y creadores del maíz, rechazaron esta clase de proyectos, calificados como biopiratería, y así lo asentaron en la declaración del Congreso Nacional Indígena-Región Centro Pacífico, congregado en Ayotitlán, Jalisco, a fines de 2003. El representante general del Consejo de Mayores de la comunidad nahua de Ayotitlán en la sierra de Manantlán, declaraba que "las investigaciones que se están haciendo tienen alarmada a la propia comunidad. Queremos seguir protegiendo nuestras semillas". El presidente de la Academia Mexicana de Ciencias, que defendió a nombre de la institución que preside la Ley Monsanto (incorrectamente llamada de ley de bioseguridad), declaró en las conclusiones del Foro Regional de Ciencia y Tecnología Ciencia y Tecnología, realizado en San Luis Potosí recientemente, que México puede destacar en el desarrollo de ciencia y tecnología y es necesario inclusive buscar acuerdos internacionales para la formación de investigadores y apoyo a las investigaciones conjuntas. Y para más claridad agregó que con Estados Unidos podemos alcanzar acuerdos no sólo de libre comercio, sino también científicos y tecnológicos. Con estos acuerdos, México brinda a las transnacionales el conocimiento académico financiado por todos, entregando en bandeja de plata los conocimientos de sus ancestros sobre el cultivo, junto a muchos otros recursos naturales y culturales. ¿A cambio de qué? Sobornar a las elites es una práctica demasiado extendida en la historia colonial de Occidente como para que no se extiendan sospechas bastante razonables. Y de esta parte estaban todas: élites científicas, empresariales, gubernamentales, sindicales e incluso eclesiásticas.

Pero la alianza entre estado, investigación científica y tecnológica y capital, no tenía por objeto la sustentabilidad y la responsabilidad social, como sigue defendiendo Monsanto- Bayer. La restauración del área y la limpieza del río Ayuquila, ocultaba los verdaderos fines de la transnacional, a los que se plegaron científicos subvencionados por Monsanto. La información biológica y cultural de la que se apropió Monsanto es ahora información privada: la cláusula octava del convenio Universidad de Guadalajara-Monsanto establece que la Universidad debía obtener el permiso de Monsanto para publicar los resultados, por lo que éstos seguirán siendo utilizados ad libitum por Monsanto. Eran malas noticias para los campesinos que guardan sus semillas y para muchos mexicanos, que nos alimentamos habitualmente con una dieta en la que jamás faltan las tortillas de maíz.

Tatei Niwexika[37]

"Los pueblos originarios de México en los últimos años se han enfrentado a un ataque directo hacia su maíz sagrado, la contaminación de polen proviene de plantas de maíz que fueron modificadas genéticamente (transgénicos), patentadas por empresas multinacionales como Monsanto y liberadas al medio ambiente por las mismas empresas y en complicidad con el Estado, situación que pone en serio riesgo la gran diversidad genética nacida del maíz originario y de las prácticas milenarias de los pueblos indígenas. El maíz es nuestra madre, es Tatei

---

[37]   Esta sección reproduce literalmente el texto de <u>Tunuary y Cristian Chávez</u> en la Jornada 7 octubre 2008

Niwexika, de ella vivimos, nos forma, es hija también de nuestra madre la Tierra, mientras exista el maíz existirá nuestra cultura -platican los wixaritari, uno de los principales pueblos indígenas de México. Los pueblos originarios de México en los últimos años se han enfrentado a un ataque directo hacia su maíz sagrado, la contaminación de polen proveniente de plantas de maíz que fueron modificadas genéticamente (transgénicos) patentadas por empresas multinacionales como Monsanto y liberadas al medio ambiente por las mismas empresas y en complicidad con el Estado, situación que pone en serio riesgo la gran diversidad genética nacida del maíz originario y de las prácticas milenarias de los pueblos indígenas. El maíz es nuestra madre, es Tatei Niwexika, de ella vivimos, nos forma, es hija también de nuestra madre la Tierra, mientras exista el maíz existirá nuestra cultura -platican los wixaritari, uno de los principales pueblos indígenas de México. Según estudios, hace miles de años, antes de la domesticación del maíz, clasificado científicamente en el género "zea", una milpilla se cruzó con una especie del género "tripsacum", naciendo así el primer maíz silvestre, con características como: no morir cada año (perene) y que se reproducen sin necesidad de intercambio sexual (vegetativamente).Después surgieron otros maíces silvestres de la raza llamada "balsas", después se nombró por los científicos como Zea parviglummis, se cree que éste dio origen a las razas" chalco, nobogame y mesa central. Según otros estudios (Mangelsdorf, 1981), el primer maíz anual pudo venir de la cruza del Zea diploperennis (que hoy se encuentra sólo en Sierra de Manantlán, Jalisco) y una especie de maíz palomero toluqueño, es decir, que el ancestro sagrado del maíz es precursor inmediato del primer maíz anual, posiblemente el Zea parviglummis. Estos últimos, los maíces anuales, son la base para la domesticación del maíz; al sembrarse año con año se fueron creando nuevas variedades adaptadas a las condiciones ambientales de las diferentes regiones donde fueron habitando los pueblos originarios de estas tierras. Estos pueblos, en los últimos años se han enfrentado a un ataque directo hacia su maíz sagrado, la contaminación de polen proveniente de plantas de maíz que fueron modificadas genéticamente (transgénicos), patentadas por empresas multinacionales como Monsanto y liberadas al medio ambiente por las mismas empresas y en complicidad con el Estado, situación que pone en serio riesgo la gran diversidad genética nacida del maíz originario y de las prácticas milenarias de los pueblos indígenas. Mediante un convenio de investigación con la Universidad de Guadalajara (UDG), la trasnacional Monsanto ha penetrado en el territorio nahua de la Sierra de Manantlán, decretada desde 1987 como Reserva de la Biosfera, principalmente por la presencia del Zea diploperennis, encontrado en la región en 1978. La resiliencia sociológica estaba ahora en manos de Monsanto, con el riesgo de que Monsanto haga investigación alrededor de la Sierra de Manantlán, siendo que las investigaciones, del CUCBA, incluyó también un estudio sobre la distribución de teocintles en muchos puntos de México, siendo un mismo objetivo con dos vertientes diferentes; la primera, identificar el nivel de flujo genético del maíz cultivable al teocintle y viceversa, mientras que el segundo fue para saber con el máximo detalle existente hasta ahora dónde, cuántas y qué especies de maíz silvestre hay en México. En este escenario es que el asunto trasciende todos los cuestionamientos, el actuar de la Universidad, las precisiones de si los estudios fueron dentro o fuera dentro o fuera de la reserva y las implicaciones políticas dentro y fuera de la UdeG. En un primer momento la preocupación de grupos académicos fue aclarar que los estudios no eran sobre Zea diploperennis, la variedad silvestre descubierta (por la ciencia) en Manantlán, sino que "los estudios eran con el Zea parviglummis, un maíz silvestre anual presente en municipio aledaños, principalmente Ejutla. Con la investigación en la zona de Manantlán y sur de Jalisco, Monsanto no sólo demuestra el flujo genético entre sus maíces mutantes y el ancestro del maíz, el teocintle, sino que rastrea el camino evolutivo de su enemigo, es decir, el maíz antiguo cuidado por los pueblos originarios, ese que veneran y por el que están dispuestos a dar la vida para defenderlo. Monsanto lo sabe, incluso en un anexo del convenio con la UdeG señala: "evolutivamente, el maíz es considerado como el descendiente domesticado de una especie tropical de teocintle Zea mays, subespecie parviglummis" y por lo tanto plantea la necesidad de hacer estudios en los hechos sobre el flujo genético, diciendo textualmente el convenio: "La incorporación del maíz transgénico a la práctica agrícola ha generado múltiples preguntas referentes al posible impacto del flujo genético con especies nativas... Sin embargo, debemos pasar de la inmovilidad que impone la moratoria de facto en la experimentación -que en el mejor de los ejercicios teóricos permitirá conclusiones sin valor práctico- a la realización de investigaciones directamente con el teocintle, sin mayor dilación...".

A pesar de que los estudios hechos por la UdeG demostraron el flujo genético en ambos sentidos: del maíz al teocintle y viceversa, se levantó la moratoria, se aprobó de Ley Monsanto y se están instalando campos "experimentales" de transgénicos en el noroeste del país; campos que en Estados Unidos causaron la contaminación de todo su territorio. Cuando se descubrió el Zea diploperennis o milpilla, las empresas biotecnológicas se frotaron las manos al ver que esta especie es resistente a cuatro de las siete principales enfermedades virales: los nematodos, las plagas del suelo y el "enanismo"; además es tolerante a la humedad, las heladas y las malezas, y por si fuera poco, podría pasar la perennidad al maíz cultivable. Hay quien asegura que incluso este milagro ancestral puede ser la cura a la enfermedad capitalista impuesta al maíz sagrado, todo esto sin patentes o control multinacional. Por esas virtudes se valuó al Zea Diploperennis en 6.82 billones de dólares anuales, siendo un reto para las empresas que la milpilla no salga de la Sierra de Manantlán. ¿Qué mejor forma para evitarlo que la contaminación transgénica? A final de cuentas, esas semillas ya están en sus bancos de germoplasma. Hasta hoy la referencia de información sobre la distribución del maíz silvestre, siguen siendo los estudios que realizó Wilkes en 1967, pero hoy la información que posee Monsanto, gracias a los resultados de sus investigaciones ha superado ya la información generada por Wilkes".

La externalización de la inteligencia y la regresión de la mano

Introducción

El propósito de este capítulo es explorar algunos aspectos de la tensión evolutiva entre la exaptación[38] (Gould y Vrba, 1982) de los dedos de las extremidades anteriores en las sociedades digitalizadas del siglo XXI y la regresión por desuso de la mano en su conjunto, en cuanto órgano del cuerpo humano. Tras una introducción general (1) sobre la importancia de las estructuras ambientales y sus transformaciones tecnológicas en los procesos de aprendizaje, donde se aportan algunas indicaciones sobre la pérdida de destrezas manuales en las nuevas generaciones de estudiantes de cirugía del Reino Unido, la segunda sección (2) sitúa tales indicaciones en el estudio histórico de las realimentaciones sistémicas entre mano y cerebro en el proceso de hominización, e introduce en el debate las tesis del prehistoriador francés André Leroi-Gorhan en torno

---

[38] En biología evolutiva, se denomina *exaptación* a aquella estructura anatómica de un organismo que evoluciona en un principio como un rasgo fenotípico adaptado a ciertas condiciones originales y que con el tiempo pueden evolucionar y adaptarse a otras condiciones mediante nuevos usos. El pulgar del panda rojo y las plumas de las aves son ejemplos para dogmáticos de procesos de exaptación. VeaseGould, S. J. y Vrba, E. S. (1982) «Exaptation - a missing term in the science of form(https://www.cambridge.org/core/journals/paleobiology/article/ exaptation-a-missing-term-in-the-science-of- form/A672662BA208D220B9F9A06DE5D804B8)».*Paleobiology*, **8**(1): 4-15 o

a la evolución, la externalización de la inteligencia y la regresión de las manos, señalando una serie de inconsistencias en su argumentación en *Le geste et la parole* (1964) que su exacerbada tecnofilia no lo logra ocultar. Tras añadir algunas variables ambientales ignoradas en el análisis proyectivo de Leroi-Gourhan, evaluaremos (3) la pertinencia de la nueva perspectiva del habitar para una interpretación más equilibrada de las relaciones entre obsolescencia y adaptación de las manos tras la consolidación social de las nuevas tecnologías digitales de la información y la comunicación. Por último, (4) señalaremos algunas conclusiones que apuntan a la necesidad de impulsar programas de aprendizaje de habilidades manuales que equilibren los procesos educativos y que, sin dejar de atender los retos y oportunidades de la información digital, sean además afines a la conservación biocultural.

Del pie al cerebro

Los procesos de digitalización de la información y la comunicación en nuestras sociedades de consumo están transformando hoy las propiedades disposicionales, provisiones o *affordances* que un ambiente ahora híbrido brinda o pone a disposición de las poblaciones humanas. El desarrollo ontogenético de los procesos biológicos, cognitivos y motores ya está siendo alterado por el crecimiento exponencial del uso de nuevas tecnologías digitales. Las nuevas tecnologías de la información y la comunicación no son únicamente resultados de la producción humana, sino también factores que nos transforman a nosotros y a nuestros procesos de aprendizaje. De ahí que la mayoría de los agentes educativos justifiquemos la insistencia con que las instituciones de gobierno nos apremian a adaptarnos a las nuevas oportunidades que la ecología de los medios digitales brinda a nuestros estudiantes en sus procesos de maduración. Sin embargo, y como ocurre con todo cambio tecnológico, el análisis educativo de esta ecología de los medios digitales no puede detenerse en estas nuevas adquisiciones. No podemos evaluar adecuadamente cómo la digitalización puede permitirnos mejorar los procesos educativos sin atender también a las probables pérdidas y a su posible importancia adaptiva. Numerosos estudios advierten ya que el sobreuso de tecnologías digitales acentúa algunos desórdenes cognitivos, como los trastornos por déficit de atención y las adicciones del comportamiento (Carr 2010; Dedyukhina, 2017; Adler 2017; Doidge y Balsillie, 2018: Doidge 2015, 2007; Rosen 2010; Szalavitz 2017; Twenge 2017). En esta introducción describiremos algunas pérdidas de destrezas manuales para ejercitar la profesión de cirujano derivadas del sobreuso de las nuevas tecnologías digitales de la información y la comunicación. En la segunda sección, y a partir de este ejemplo, analizaremos las tesis de André Leroi-Gourhan sobre el destino de la mano humana en la evolución de la tecnología.

Un reciente estudio sobre las competencias técnicas de las últimas generaciones de estudiantes ingleses de medicina y cirugía señala que en numerosos casos presentan una seria atrofia de las destrezas y habilidades manuales imprescindibles para ejercer la profesión de médico-cirujano (Wharton, 2018. El uso constante de pantallas táctiles, mouses y teclado en las recientes generaciones ha ocasionado el desuso y la pérdida de habilidades manuales tan necesarias como saber hacer incisiones y suturas precisas, levantar, separar y extraer tejidos y órganos o extraer tumores. Mientras que las nuevas tecnologías médicas mejoran enormemente los diagnósticos y los tratamientos terapéuticos (pensemos en la edición genética o CRISPR, por ejemplo, el sobreuso cotidiano de las pantallas de los teléfonos celulares y otros dispositivos digitales, sobre cuya superficie los movimientos de los dedos se limitan a deslizarse para abrir y cerrar ventanas y menús o a escribir y mandar mensajes (actividad que su actuales usuarios denominan con los anglicismo "textear" y "whatsapear" ha provocado el desuso de las manos en actividades ligadas a la profesión médica, habilidades manuales que exigen ejercicio y aprendizaje. Roger Kneebone, profesor de cirugía del Imperial College de Londres, ha advertido recientemente el desequilibrio entre la excelente preparación académica y las deficientes aptitudes manuales, técnicas y artesanales de sus estudiantes, incluso de quienes cursan programas de posgrado. El profesor Kneebone aconseja introducir otras asignaturas profesionalizantes en las que los estudiantes puedan aprender a manejar materiales y a desarrollar habilidades manuales para compensar una formación sumamente intelectualizada, demasiado abundante en prácticas de memorización de contenidos puramente teóricos. La réplica más habitual a la pérdida por desuso de destrezas y habilidades por la digitalización compensa esa innegable pérdida recurriendo a la adquisición de habilidades superiores y *más creativas* a partir del uso eficiente del tiempo que las nuevas tecnologías liberan. Esta respuesta supone al menos algunas premisas de la filosofía de la tecnología de José Ortega (1927, quien definía la técnica como "el esfuerzo por ahorrar esfuerzo". Según Ortega, dicho esfuerzo liberaría capacidades humanas que el hombre podrá destinar a sus auténticos proyectos. Desde este punto de vista, la digitalización nos ahorraría un esfuerzo que podremos liberar para actividades verdaderamente dignas de la creatividad, la condición intelectual que distingue a nuestra especie. Una de las consecuencias ya constatadas de ese esfuerzo de segundo orden es el alejamiento progresivo entre la acción y la percepción en el ámbito de la producción creativa (Ingold, 2000). Con la digitalización, la creatividad en la producción está siendo ahora adscrita al diseño tecnológico de algoritmos y programas que serán simplemente ejecutados por máquinas. Además de suponer dualismos intelectualistas cuestionables, este tipo de respuestas ignora que la creciente disponibilidad digital de bienes y servicios no afecta exclusivamente a las funciones ejecutoras de las manos, sino que ha impuesto una especie de tiranía de la inmediatez que dificulta la formación de hábitos que requieren creatividad y esfuerzo, paciencia y perseverancia (Eriksen, 2001). Y esos hábitos no son programas o aplicaciones que podamos comprar o descargar, ni competencias que súbitamente se activan en nuestros cerebros, sino destrezas que se adquieren pensando con las manos, cuando no con todo nuestro cuerpo[39].

---

[39] Las actividades lecto-escritoras también están cambiando con la normalización del uso de las nuevas tecnologías de la información y la comunicación. En general, todos quienes nos dedicamos a la docencia podemos comprobar el declive de las habilidades caligráficas, ortográficas e incluso gramaticales de nuestros actuales estudiantes. La nueva economía de la atención ligada al consumo de informaciones digitalizadas obliga a empaquetar la información en formatos reducidos, por lo que los estudiantes van perdiendo el hábito de leer y analizar libros completos (Eriksen, 2001)

La regresión de la mano según André Leroi-Gourhan

La arrogancia del intelectualismo pervivía hasta en los primeros evolucionistas, quienes defendieron que el aumento del volumen cerebral tuvo que preceder necesariamente a cualesquier alteraciones de la estructura anatómica en el proceso de hominización. Incluso cuando tuvieron que admitir la precedencia evolutiva del desplazamiento erguido sobre el crecimiento del cerebro, siempre consideraron que el salto evolutivo que aceleró la discontinuidad específica entre el género humano y el resto de primates y homínidos fue el crecimiento exponencial del volumen cerebral. Los pies parecían poseer los restos de un irrespirable aire de bajeza, demasiado innoble para los comienzos épicos de nuestro ascenso a la excepcionalidad. Por más que quisieran revestirlos de cultura, ennobleciéndolos con calzados de época victoriana, los pies seguían siendo salvajes, rebelándose con la formación de eritemas, excrecencias óseas y callosidades (Bataille, 1985). En el extremo opuesto, más cerca del pináculo en el imaginario de la creación, estaba el cerebro, un órgano incitado por la naturaleza a crecer para ser más inteligente, rompiendo las estrechas paredes prefrontales del cráneo antropoide. Como afirma el paleontólogo Stephen Jay Gould, la biología evolutiva occidental apenas ha logrado desprenderse del prejuicio cultural del encefalocentrismo. Gould ha intentado ofrecer una explicación alternativa de la historia evolutiva de la humanidad que ubica el punto de inflexión en la adquisición del bipedismo, la liberación de las manos de las funciones de locomoción y, como epifenómeno secundario y relativamente rápido, el agrandamiento del cerebro. Con todo, Gould admite que, pese a esta subordinación causal, los efectos del cerebro ya agrandado sobre nuestra adaptación "han desbordado con mucho la facilidad de su construcción" (Gould, 1980:144- 146). Dos décadas antes, *en Le gaste et la parole* (1964), André Leroi-Gourhan había proyectado esos efectos hasta la obsolescencia de la propia mano que colaboró en la morfogénesis del cerebro del *sapiens*.

De hecho, Leroi-Gourhan intentaba corregir el sesgo encefalocentrista adoptando una perspectiva evolutiva semejante a la de Gould. Conjugando estudios de anatomía, paleontología, fisiología, tecnología, prehistoria e historia del arte, Leroi-Gourhan defendía que el factor clave de la hominización no había sido la encefalización, sino los cambios en la locomoción[40] (Leroi-Gourhan 1964: 29). Según el prehistoriador francés, el crecimiento del volumen cerebral no obedecía a las presiones selectivas que exigían el desarrollo de la inteligencia, sino a la verticalización de la columna vertebral asociada al desplazamiento erguido. La inteligencia no era la causa, sino el efecto del crecimiento cerebral, y éste a su vez podía explicarse por la evolución de la postura corporal. Lo importante para Leroi-Gourhan es que la adquisición de esta postura no puede explicada en términos puramente anatómicos, sino también cinemáticos, a partir del *ritmo* de brazos, piernas y hombros moviéndose coordinadamente en el desplazamiento del organismo. De modo que, según Leroi-Gourhan, el fenotipo humano no resulta de la súbita adquisición de un diseño formal ya preexistente, sino que emerge en un campo morfogenético de fuerzas dinámicas que en determinado momento alcanzan cierto equilibrio y se estabilizan. Recurriendo a la dinámica de campos morfogenéticos, Leroi-Gourhan retrocede su narrativa del proceso de filogénesis hasta el Ediacarense, el período inmediatamente anterior a la explosión zoológica del Cámbrico. Leroi-Gourhan comienza su explicación evolutiva de la correlación sistemática de manos y cerebro con la adquisición del plan anatómico de la simetría bilateral, ordenado según el eje de desplazamiento de los organismos móviles, es decir, de los animales que se desplazan para satisfacer sus necesidades de nutrición, defensa-ataque y actividades de relación, como reproducción. La morfogénesis de la simetría bilateral obedece a la optimización del equilibro entre los órganos de nutrición, locomoción y relación.

> La movilidad implica, para satisfacer el mantenimiento alimenticio, la misma polarización anterior de los órganos de relación, los cuales aseguran la orientación, el reconocimiento y la coordinación de los órganos de prensión y preparación

---

[40] Recientemente, Godfrey-Smith ha especulado sobre la emergencia de la mente a partir de la locomoción y el paso de las simetrías radiales a las bilaterales en algunos organismos del Ediacarense, con anterioridad a la llamada explosión del Cámbrico (Godfrey-Smith 2015).

alimenticia; de manera que, a partir de la adquisición de movimiento y hasta nuestros días, bien se trate del insecto, del pez o del mamífero, el dispositivo animado reviste la misma estructura general. Se ha creado así, a partir de la polarización de los diferentes órganos, un campo anterior en el cual se desarrollan las operaciones complejas de la vida de los animales con simetría bilateral (Leroi Gourhan, 1964: 31)

Leroi-Gourhan emplaza pues la emergencia de las habilidades de la mano humana y sus relaciones de realimentación con el volumen cerebral en ese campo anterior de relaciones morfogenéticas propio además de todos los animales vertebrados. Los orígenes evolutivos de la mano humana y de sus excepcionales habilidades son pues tan humildes, y obedecen a las mismas necesidades de coordinación funcional, como los de las aletas pectorales y el cofre craneal de los peces, que agrupa en un extremo de la médula espinal el centro coordinador del resto de los órganos necesarios para sus funciones vitales, además de la locomoción. El siguiente episodio evolutivo clave en la explicación de Leori-Gourhan es la división de este campo anterior en un polo facial y un polo manual, los polos delimitados por la acción de la cabeza y de las extremidades superiores, los cuales operan coordinadamente en las actividades técnicas más prolijas. Resulta imposible describir aquí detalladamente la narrativa de Leroi-Gourhan sobre el camino filogenético arborescente que deviene en la mano y el cerebro humano, pero este camino queda bien resumido por su conocido lema "Las herramientas para las manos, el lenguaje para el rostro" (Leroi-Gourhan, 1964 (1971): 26)

Los episodios evolutivos de "liberación" de órganos para otros usos narrados por Leroi- Gourhan corresponden precisamente a las "exaptaciones" de Vrba y Gould (1982). De los seis tipos funcionales de morfología animal de su taxonomía en *Le gaste et la parole,* al menos los tres últimos coinciden con episodios de liberación de las manos. En el tipo teriomorfo prensor, el antebrazo del mamífero carnívoro se libera temporalmente de la locomoción para ejercer secuencias operacionales prensiles. En el tipo pitecomorfo, las manos se liberan en posición sentada, se desarrolla el pulgar oponible y la columna vertebral libera la parte posterior del cráneo. Por último, en el tipo antropomorfo, se liberan totalmente las manos, se desarrolla la posición vertical y se despega la bóveda cráneana, lo cual libera espacio para el crecimiento del cerebro. De modo que en los homininos, la mano con cuyos nudillos se desplazaban los simios se libera de funciones estrictamente locomotoras para adquirir otras funciones mediante la habituación y el desarrollo de secuencias operacionales basadas en la capacidad de respuesta del campo anterior, en el que las manos y el rostro mantienen relaciones de cooperación y contraposición sistémicas y siempre variables. La autonomía de la mano y sus gesticulaciones técnicas son precedidas en todos los mamíferos por distintos grados de proporcionalidad entre la prensión manual y prensión labiodental, según el desarrollo del córtex motor y las diferentes adaptaciones conductuales de la nutrición, la defensa-ataque y de las actividades de relación destinadas a la reproducción. En los roedores, por ejemplo, la prensión es exclusivamente labiodental. En los mamíferos carnívoros hay mayor proporcionalidad entre ambos tipos de prensión. La inversión de la relación rostro/mano en las funciones prensiles de los primates los separa ya del resto de los mamíferos, pero no de los humanos, en los que el gesto manual adquiere una absoluta independencia. De modo que la liberación de la mano humana supuso también la de la boca, los dientes y los músculos faciales de toda función prensil y su incorporación a un sistema de fonación y expresión gestual que posibilitará tanto el lenguaje oral como la mímica. De ahí que, según Leroi-Gourhan, la capacidad lingüística y la tecnicidad quedaran evolutivamente ancladas a partir de la contraposición entre el polo facial y el polo manual del campo anterior en la morfogénesis de la especie. Las ligaduras funcionales rostro-lenguaje y mano-herramienta vehiculan la motricidad corporal y la ayudan a fijar y estabilizar el pensamiento mediante símbolos sonoros e instrumentos de acción material.

Con el descubrimiento de las propiedades impregnantes del carbón, el mineral de ocre y el manganeso y la aparición del grafismo en el Paleolítico Superior se forman nuevas ligaduras funcionales del campo anterior: cara-lectura y mano-grafía. A partir de ese momento, el sentido de la vista que heredamos de los mamíferos carnívoros concentra aún más el control del pensamiento mediante símbolos externos. La invención de la escritura fonética acentúa el control visual de los procesos psicológicos mediante la externalización simbólica de la memoria social. La tecnicidad humana queda abstraída e incorporada en la externalización simbólica y, según Leroi-Gourhan, se libera de las restricciones biogenéticas. La abstracción gráfica no es un estadio superior del pensamiento a partir de sus orígenes realistas e ingenuos. Como Picasso, Leroi-Gourhan supo verla en las primeras manifestaciones gráficas de la especie. Como había demostrado Franz Boas (1927), se trata de inscripciones sucesivas o periódicas que no manifiestan formas o diseños, sino ritmos. De modo que la externalización o expresión gráfica no va directamente del cerebro a la mano, sino que incorpora visiblemente los movimientos y ritmos del cuerpo. "El arte figurativo está en su origen, directamente ligada al lenguaje y aún mucho más cerca de la escritura, en un sentido muy amplio, que de la obra de arte. Es la transposición simbólica y no la calcomanía de la realidad". (Leroi-Gourhan, 1964 (1971): 181). Estamos tan condicionados por milenios de práctica de escritura alfabética y de interpretación visual y lineal que tendemos a ignorar que las pinturas rupestres tenían un contexto sonoro, hoy irremisiblemente perdido.

Evolución técnica y liberación somática

En la evolución de la tecnicidad descrita por Leroi-Gourhan, la creación de las herramientas equivale a una suerte de secreciones o exudaciones del cuerpo y del cerebro. Con la aparición de instrumentos líticos y el empleo de astas de cérvido, "las operaciones de sección, de trituración, de modelamiento, de rascar y de cavar" abandonan la mano y emigran al útil. "La mano deja de ser el útil para volverse motor" (Leroi-Gourhan, 1964 (1971): 237) Pero ésta es solo una etapa en la evolución de la tecnicidad humana, resumida en la siguiente secuencia: manipulación, en la que las herramientas son los útiles; (2) función motora directa: la mano agarra y mueve la herramienta; (3) función motora indirecta: la mano ejerce fuerza sobre un mecanismo, como una manivela, que a su vez mueve el instrumento; (4) la mano aprovecha una fuente no humana de energía, que a su vez mueve el instrumento, como en el molino hidráulico; (5) La mano queda desplazada a la periferia del proceso productivo, poniendo en marcha una cadena programada de secuencias de operaciones, apretando un botón o deslizando un dedo. De acuerdo con Leroi-Gourhan, en esta última etapa se consuma la serie de progresivas liberaciones operatorias de la propia tecnicidad frente a la mano.

> La liberación operatoria se encuentra tan avanzada en las sociedades actuales que ha alcanzado no solamente al útil, sino al gesto en la máquina, la memoria de las operaciones en la máquina mecánica, e incluso, la programación en el sistema electrónico (Leroi-Gourhan, 1964 (1971): 234).

Según narra Leroi-Gourhan, en la época industrial la mecanización hizo perder a la mano del trabajador numerosos usos artesanales, liberándola de una rica caja de útiles y herramientas que hasta hace poco formaban parte del equipamiento doméstico. Con la revolución industrial, la mano pasó a servir de pinza para agarrar, separar o arrancar, a quedar progresivamente subordinada al pensamiento del diseñador del plan de producción, convirtiéndose en su dócil sirvienta. En las fábricas de producción industrial, la mano aún conservaba una posición creativa, si bien resrvada a los fabricantes que diseñan las piezas y las operaciones de las máquinas. Todo lo contrario sucede con la mano de los operarios, que se limitaba a ejecutar los programas operativos con una pinza de un par de dedos o con solo el índice para pulsar un botón o deslizar un interruptor. En la era digital, el inexorable avance de la mecanización asegura el desuso y la progresiva regresión de la mano como órgano biológico. Gourhan hace dos lecturas de esta imparable tendencia. La regresión de la mano le parece preocupante en el plano individual, pues "no tener nada que pensar con los diez dedos equivale a perder una parte del pensamiento normal y filogenéticamente humano (Leroi- Gourhan, 1981:251). Además, subraya Leroi-Gourhan, la actividad manual opera mediante sinergias y equilibrios entre circuitos neuronales sitos en distintas zonas del cerebro, de manera que el desuso de algunos de ellos puede romper esos equilibrios, desencadenando realimentaciones que atrofie en los demás. A lo que cabría añadir que nadie nos asegura que esos cambios vayan a ser ecológicamente adaptativos. La ecología humana es de hecho uno de los factores completamente ignorados en las tesis de Leroi-Gourhan sobre la regresión de las manos en la evolución de la tecnicidad humana. Y no lo es por la escasa atención social del tema en la época, sino por su adhesión al credo tecnófilo, una especie de optimismo determinista según el cual los efectos ocasionados por la tecnología será remediados por la adición de más y mejor tecnología. El determinismo tecno-económico, en su opinión, es un hecho probado.

Regresión, determinismo y progreso moral

Podemos constatar cómo la preocupación de Leroi-Gourhan por la regresión de la mano desaparece tan pronto como contempla la regresión de la mano desde la perspectiva de las poblaciones de la especie, a la que aplica más libremente un determinismo tecnológico radical que reifica sin complejos la propiedad esencial de la "tecnicidad". Hasta la emergencia del Sapiens, nos dice, la tecnicidad ha sido un hecho somático puramente biológico o zoológico. A partir del sapiens, La tecnicidad humana va librándose de sus prisiones somáticas al tiempo que amplía su extensión conductual. Para Leroi-Gourhan, la regresión de la mano no hace sino cumplir *avant la lettre* la lógica de la liberación y de la externalización de la tecnicidad humana, hoy objetivada en los dispositivos digitales, los sistemas de procesamiento y cómputo de la información y las inteligencias artificiales. Todas estas formas externalizadas amplían la extensión espacio-temporal de la tecnicidad humana mediante una red de redes electrónicas distribuidas y conectadas mediante servidores y satélites y que constituye un potente sistema nervioso artificial que hoy engloba y conecta a muchos de los cerebros de las poblaciones del planeta. Y todos podemos comprobar cómo los usos de las manos de estos cerebros en conexión electrónica quedan reducidos a manipular un teclado o un tablero o a deslizar los dedos sobre las pantallas táctiles de nuestros dispositivos digitales. No todos los usos de las manos pueden ser inmediatamente reemplazados, pero incluso en los que parecen susceptibles de serlo en fechas próximas, como el uso de las manos al volante de nuestros automóviles, el uso de los dispositivos celulares y las pantallas electrónicas perturba la atención necesaria para llevar a cabo con eficacia y seguridad tales actividades. Pensar que toda división de la atención resulta en una multitarea no es simplemente una instancia más de optimismo tecnológico, sino lo que en lengua inglesa se traduce como *wishful thinking*.

Se diría que la filotecnia de Leroi-Gourhan le lleva a celebrar la externalización de la tecnicidad en nuestras tecnologías digitales, como si la actividad técnica se hubiese liberado del frágil soporte biológico del carbono para materializarse finalmente en soportes externos de compuestos químicos mucho más estables y duraderos que los elementos celulares e histológicos de la biología humana. Según él, con la regresión de la mano la humanidad no se torna obsoleta, perdiéndose en las brumas de la paleontología. Por el contrario, nos dice, la humanidad no desaparece, sino que se extiende hacia el futuro en nuestra descendencia técnica, las máquinas. Con el determinismo tecno-económico de Leroi-Gourhan, el imperativo biológico se ha disuelto finalmente en el imperativo tecnológico. El crecimiento tecno-económico nos hace también crecer como especie. "Ellas también somos nosotros", nos dice, ya desencadenados de toda carcasa corruptible. La retórica tecno-económica de Leroi- Gournan es fruto de una concepción convencional, determinista y ya institucionalizada del cambio tecnológico. Sus supuestos son bien conocidos: (1) el cambio tecnológico es inevitable, pues es fruto de un particular imperativo tecnológico: si *puede* hacerse, entonces *debe* hacerse. (2) El cambio tecnológico es autónomo, instrumental y axiológicamente neutral: puede engendrar consecuencias no deseadas buenas o malas debido a factores extrínsecos, nuevas condiciones a las que tendremos forzosamente que adaptarnos, (presumiblemente mediante *más* cambios tecnológicos. La solución a los problemas provocados por la tecnología es *más* tecnología). (3) La clave del cambio tecnológico es la ilimitada perfectibilidad de nuestras tecnologías: siempre es posible optimizar su eficiencia mediante cambios tecnológicos adicionales. (4)

La optimización de la eficiencia en el cambio tecnológico produce con el tiempo una disminución en sus costes que generaliza su consumo, activa la economía y redistribuye más igualitariamente el bienestar social. (5) En la futura sociedad tecnológica, serán las máquinas quienes realicen los trabajos pesados y rutinarios, lo que nos dejara tiempo para proyectos verdaderamente humanos y creativos.

Este último rasgo del determinismo tecnológico ayuda a entender el optimismo de Leroi-Gourhan con respecto al destino evolutivo del hombre. Para Leroi-Gourhan, la obsolescencia de la mano está tan programada como la obsolescencia de los diseños tecnológicos, pero es el precio del atajo de la especie hacia una condición moral que siglos antes Kant había denominado *la paz perpetua*. Con la regresión de la mano, la externalización de la tecnicidad humana alcanza el punto de inflexión para liberar a la especie de la tiranía de los imperativos biológicos de nuestro genoma, y por tanto, para deshacernos de los instintos agresivos y territoriales que quedaron anclados en nuestro genoma desde que se estabilizó en el Pleistoceno, la época en que, según Leroi-Gourhan, aún luchábamos con los rinocerontes. Finalmente, como científico e intelectual del siglo XX, el propio Leroi-Gourhan acaba sucumbiendo al encefalocentrismo antropológico contra el que tanto luchó. Ese prejuicio no viene solo, si no asociado al antropocentrismo de tradición filosófica occidental, aflora otra vez en la tensa oposición entre evolución e historia humana. Para Leroi-Gourhan, el curso bélico de la historia humana ha estado determinado por el hecho de que su evolución empezara por los pies y no por la cabeza, por los bajos fondos y no por las cimas intelectuales.

> En efecto, parece bien demostrado que la marcha de la evolución humana no ha sido tomada por el cerebro, sino por los pies y que las cualidades superiores no han podido *emerger* sino en la medida en que, mucho antes que ellas, se encontrase constituido el terreno para su emergencia. Los hombres tienen acceso desde milenios, a unos conceptos de equilibrio moral tan elevados como los alcanzados en el equilibrio técnico. Las sociedades han inscrito estos

conceptos en sus grandes leyes morales o religiosas, pero el comportamiento genético no ha permitido, a toda la masa de individuos que constituyen las sociedades, la liberación de las exigencias fundamentales que siguen siendo esencialmente depredadoras (Leroi-Gourhan 1964: 225)

El divorcio entre progreso técnico y progreso moral no tiene nada de sorprendente, según Leroi-Gourhan, pues es consecuencia de una vida social complejamente organizada según imperativos biológicos: las fuentes biológicas de la jerarquización son las mismas en el macroorganismo humano que en las colonias de himenópteros. La estructuración social en jerarquías y niveles empieza ya en las células eucariotas, pero a partir de la sedentarización agrícola y la aparición de los núcleos urbanos las civilizaciones reprodujeron las formas sociales organizadas en torno a un centro que acumula las funciones de gobierno. Pero cuando la evolución del cuerpo social reproduce las estructuras jerárquicas de la evolución biológica, escapa en el ritmo de su desarrollo. En efecto, la cima de la pirámide evoluciona muy poco: ha habido algunos cambios en el pensamiento filosófico y religioso, ¿pero se puede decir que alguien piense más profundamente que Platón? Parece que muy pronto el homo sapiens hace uso de sus posibilidades técnicas para intentar profundizar lo inmaterial y que no queda más que esperar que el impulso de la evolución lo conduzca lentamente hasta perspectivas más claras. (225)

Pese a lo que pueda parecer, la mención de Platón es más que una ejemplificación puramente retórica por parte de Leroi-Gourhan, quien responsabiliza de la disparidad entre el progreso tecnológico y el progreso moral a la oposición primigenia entre el pensamiento técnico, instalado en un orden material, y la verdadera naturaleza del pensamiento moral, religioso y filosófico, capaz de superar lo material y penetrar lo inmaterial. De esta manera el encefalocentrismo se cuela en la antropología de Leroi- Gourhan por una puerta abierta en el corredor de prejuicios antropocéntricos occidentales, el dualismo irreductible entre materia y espíritu. No debe sorprendernos que esta caracterización dualista y platónica del pensamiento le haga heredar la concepción espartana y elitista de la organización social que pone en el gobierno del estado al filósofo rey, como Platón hacía en su *República*, reflejando la supuesta organización tripartita del alma humana y sus respectivas virtudes. Para Leroi-Gourhan, el progreso intelectual y moral depende más del refinamiento de los medios espirituales de la especulación que de las capacidades psicobiológicas ancladas en nuestro antiguo genoma (1964: 172) Pero eso no significa que necesitemos esperar pacientemente a que la lotería genética produzca nuevos cerebros en los que se socialicen biológicamente los verdaderos contenidos morales, por ahora solo alcanzados por las élites.

> Evidentemente que no; hay razones, en efecto, para considerar que el progreso en *este* dominio, si se encuentra poderosamente frenado por una liberación incompleta de las exigencias biológicas, se beneficia, sin embargo, de los medios que la técnica *of*rece para una toma de conciencia‑colectiva. Es a través de una percepción clara de las leyes biológicas que puede nacer el medio de canalizar y de orientar la agresividad específica [...] mientras que el arreglo consciente del vínculo entre el pensamiento y el aparato fisiológico responde a la apertura de una perspectiva optimista hacia el futuro (229)

Con la regresión de la mano se consuma la externalización de la técnica, de modo que los medios materiales de los que nos ha ido dotando la evolución tecnológica se ponen finalmente al servicio de los fines morales que el pensamiento "religioso y metafísico" ha creado en todas las épocas y en todas las civilizaciones. Con la regresión de la mano, la tecnicidad se libra del orden concupiscible del alma platónica, (los músculos ejecutores de artesanos y obreros), hace innecesario el orden irascible (los guerreros vigilantes del leviatán) y emigra al alma racional, donde la sabiduría la ilumina hacia la realización de su perfección moral. La desmanualización de la técnica también significa el abandono de las conductas de las garras y los puños, y catapulta el pensamiento y el progreso moral hasta las alturas del progreso tecnológico. En mi opinión, el optimismo tecnófilo de Leroi-Gourhan es otra manifestación de la respuesta de las élites de expertos occidentales ante los críticos que, en la guerra fría, responsabilizaban a la ciencia y a la tecnología de las catástrofes ecológicas y sociales del siglo XX. Cincuenta y cinco años después de las profecías de *Le geste et la parole*, en plena desmanualización digital del trabajo, la liberación de las condiciones somáticas sigue presente entre los ideales filosóficos y morales del pensamiento transhumanista concentrados en la metáfora de la singularidad.

Los nuevos futuristas como Ray Kurzweil piensan esta metáfora en términos religiosos. Lo que para ellos parece andar en juego es un proceso verdaderamente *espiritual* del hombre trascendente que ha superado "hegelianamente" las limitaciones orgánicas del cuerpo humano, tal y como, según Leroi-Gourhan, la regresión de la mano y la externalización de la tecnicidad humana liberaban al pensamiento abstracto, filosófico y moral de un genoma que hasta entonces anclaba el progreso moral a las condiciones biológicas y ecológicas del Pleistoceno. Dicho de otro modo, las prótesis del mejoramiento humano y las nuevas biotecnologías genéticas extienden la esencia espiritual humana de manera que la evolución mental y cultural humana pasa a tomar el control de la evolución biológica de las especies. Según Leroi-Gourhan, una de las consecuencias de la revolución digital para el desarrollo ontogenético y el aprendizaje de la especie puede ser la regresión de la mano en aquellas actividades o funciones de los organismos de la especie que hayan sido digitalmente programadas para ser ejecutadas por dispositivos artificiales. Siguiendo la lógica de la regresión y la singularidad, la digitalización de la información y comunicación supondrían la liberación de los modos obsoletos del lenguaje gestual y comunicación analógica que anclan las funciones de relación de todos los mamíferos en el lenguaje cinemático del campo morfogenético anterior. De todos los mamíferos, no humanos, como señala Bateson, solo los cetáceos han desarrollado un modo digital de comunicación. La adaptación a la vida acuática ha minimizado la comunicación cinética en las funciones de relación correspondientes a su campo anterior. Siguiendo el razonamiento de Leroi-Gourhan, la adaptación a la vida digital podría suponer algo parecido para la ecología de la comunicación humana. Con la regresión de la mano y la digitalización, no habría ya motivos para confiar la interpretación de nuestras emociones y sentimientos a la comunicación cinética no verbal. Finalmente, confiaríamos en la expresión verbal de éstas, prestaríamos atención a las palabras mismas, y no a los gestos y movimientos de la comunicación cinética y analógica concomitante a ellas. La desconfianza del hombre en el lenguaje verbal también está ligada a la estabilización de nuestro genoma en las condiciones biológicas-ecológicas del Pleistoceno. Y aun así, pese a las tesis liberacionistas de la religión de la tecnología de Leroi-Gourhan y Kurzweil, cabe volver a preguntarse otra vez por el destino de una especie que gracias a la tecnología ha dado la espalda a su biología y a su ecología.

Agresión, ecología y civilización.

En mi opinión la idea Leroi-Gourhan de los orígenes pleistocénicos de la actual agresividad humana es lo que Erich Fromm (1964) denomina modelo hidráulico, que equipara la violencia y la destructividad humana con un fluido que rebasa un recipiente y que hay que vaciar de vez en cuando. La concepción innatista y kantiana de la agresividad de Konrad Lorenz es para Fromm uno de los mejores ejemplos de este modelo hidráulico. Según Lorenz, la actual agresividad humana es un vestigio no funcional de nuestra pasada ecología como especie nómada. Durante el más del 90 % de nuestra existencia como especie, nuestra ecología estaba regida por la caza y la recolección. Según Lorenz, con la domesticación de la naturaleza, esta ecología nómada, cazadora y recolectora fue reemplazada por una ecología sedentaria, agrícola y ganadera. De esta forma, la domesticación de los animales liberó nuestra agresividad genética del principal objeto de su atadura ecológica, las especies zoológicas como presas y recursos, y no encuentra ahora objetos adecuados para mantenerse contenida y rebasa su estructura biológica interespecífica, expresándose exclusivamente en una destructiva lucha intraespecífica y cainita. Creo que Fromm tiene razón cuando considera que esta apelación al carácter innato de la agresividad es más ideológica que científica. Sirve para justificar la inevitabilidad de las guerras modernas, situando el origen de los modernos ejércitos en las bandas o partidas de caza prehistóricas, ahora agrandadas y sin enemigos de otras especies. Esta ideología de la agresividad consustancial al hombre naturaliza las condiciones de la competencia en las sociedades regidas por las leyes de la oferta y la demanda en una economía neoliberal de mercados desregulados y las extrapola al resto de las condiciones de la evolución de la especie. Para justificar este tipo de ideología neodarwinista y neoliberal, la ciencia occidental recurre a responsabilizar a los cazadores de la prehistoria de la extinción de la megafauna en el viejo y en el nuevo continente. Esa atribución tiene también sus críticos entre la ecología social y política. Según la historia de la ecología humana, parece probable que las causas de esta extinción fueran más indirectas, como la fragmentación del hábitat que siguió a la sedentarización agrícola y a la realimentación entre crecimiento demográfico e innovación en las técnicas agrícolas. En *Coming Back to the Pleistocene*, Paul Shepard argumenta que, sea como fuere, el origen de los ejércitos tiene que ver con la domesticación de la naturaleza, la sedentarización agrícola, la escritura y centralización administrativa y política. El exterminio de pueblos nómadas de cazadores recolectores por los ejércitos de las sucesivas civilizaciones urbanas representó el primer genocidio de la historia de la humanidad. Según Marshall McLuhan, la aparición de los ejércitos civilizatorios son inseparables del nacimiento de la escritura alfabética en el creciente fértil y del impulso hacia la homogeneización biocultural asociado con la escritura.

A modo de conclusión.

El alfabeto y la escritura fonética han ejercido tal presión cultural sobre lo paralingüístico que, en la era de la digitalización de las comunicaciones, tendemos a atribuir el origen de la digitalización misma a la lógica matemática y la computación, ignorando que la lógica cultural de la digitalidad arranca precisamente del alfabeto y la escritura fonética.

> En un sentido muy general, un código digital es aquel basado en símbolos que, como los dedos, son discontinuos – como

los números digitales o las letras de cualquier alfabeto. Las largas ristras de unos y ceros que constituyen los algoritmos del lenguaje binario de computación se han elevado recientemente al rango de la quintaesencia de la digitalidad, pero la invención del libro ya se había basado en un código digital (de letras) (Hoffmeyer 2008).

A mi modo de ver, el olvido de la dimensión ecológica en la tendencia hacia la regresión de las manos pronosticada por Leroi-Gourhan obedece a la sobreestimación de las funciones técnicas presente en su lema "las herramientas para las manos, el lenguaje para el rostro". Ello no significa que la tendencia no exista, sino que el diagnóstico de Leroi-Gourhan sobre esta pérdida filogenética está basado en una dicotomía funcional estricta que responde más a sus necesidades teóricas que al ambiente socio-ecológico en el que los organismos humanos nacemos, crecemos y perecemos. Las relaciones entre ambos polos del campo anterior, las manos y el rostro, y sus asociaciones neurales en el sistema nervioso y el cerebro humano son demasiado densas y complejas para ser divididas en compartimentos estancos y entidades discretas. Las ciencias cognitivas emplean mayormente un modelo computacional para explicarlas a partir de los servomecanismos sistémicos de realimentación positiva y negativa, pero eso tampoco significa que diseñando *hardwares* y *softwares* estén desentrañando al completo los complejos anudamientos creados en la morfogénesis, la evolución fisiológica y sus relaciones en los sistemas ecológicos y sociales. Un campo morfogenético de relaciones históricamente constituidas no se deja reducir tan fácilmente a un sistema de cómputo creado para explicarlo. Al hacerlo corremos el riesgo de simplificar y proyectar hacia todo el pasado evolutivo las condiciones de la vida social y ecológica del capitalismo contemporáneo. Y ni siquiera en el presente las relaciones de la unidad co-evolutiva organismo-y-ambiente quedan agotadas reduciendo fracciones del ambiente a *inputs*, los cerebros a procesadores y las extremidades a dispositivos periféricos que ejecutan *outputs*. El modelo computacional exagera el peso de los factores gramaticales, recursivos e intencionales de la mente humana. Ni los gestos de las manos se limitan a ejecutar las instrucciones técnicas que nuestro cerebro diseña a partir de *inputs* ambientales discretos e intenciones o propósitos conscientes, ni las funciones del polo facial se agotan en los órganos y músculos de la fonación. Como en casi todos los mamíferos, la ecología de las funciones de relación social que Leroi-Gourhan atribuye a los polos del "campo anterior" descansan sobre comunicaciones paralingüistícas, y no sobre informaciones digitales. Sólo ya por este hecho, las tesis liberacionistas de la antropología de la técnica de Leroi-Gourhan merecen hoy la atención crítica de la filosofía ambiental y ecología humana.

La digitalización del mundo de la vida

La Manzana de Turing

En algunos círculos *nerds* de las dos últimas generaciones de usuarios de Apple circulan ciertos rumores sobre el origen y el significado del célebre logo de la manzana mordida de Apple. Por lo general, se asume que el logo representa la manzana de Eva, el fruto tentador del árbol del conocimiento del paraíso terrenal. Pero la manzana de Newton, que también es la manzana del primer logo de Appel, no podía ser la primera que mordió Adán. Y, como muestran Lucas Cranach y Albrecht Dürer, Eva siempre escondió otras manzanas, aunque entre ellas no estaba la manzana mordida y envenenada con cianuro que se encontró en el lecho de muerte del matemático Alan Turing, con la que supuestamente se quitó la vida en 1954. El trabajo de Turing en el descifrado del código nazi ENIGMA fue silenciado por el Estado británico al menos durante 50 años. En 2013, la reina Isabel de Inglaterra le exoneró de su presunta felonía sodomita y reconoció los dos años de guerra, las incontables vidas y las ciudades arrasadas por la RAF que su máquina *Christopher* había ahorrado al gobierno de Winston Churchill. Cuando un célebre actor, Stephen Fry, le pidió a Steve Jobs que confirmara la veracidad del origen del logo de Apple, se cuenta que el célebre inventor de los I-phones respondió: "no es verdad, pero ojalá lo hubiera sido". Hemos de reconocer que el rumor resultaba inmejorable como pedigrí para una marca que siempre se jactó de sus posturas progresistas y ecologistas, pero que hoy representa como nadie la transacción entre investigación científica, digitalización, monetización y reinversión de sus beneficios. De alguna manera, la máquina universal de Turing y la manzana mordida de Apple son un símbolo poderoso del capitalismo contemporáneo, el denominado Capitalismo Cognitivo (Celis 2017).

De hecho, Alan Turing describe su propio trabajo matemático en términos de computación digital. Todavía hoy es común entender las tecnologías digitales como mera matemática aplicada, independientemente de otros condicionantes sociales y económicos del propio desarrollo de las prácticas tecno-científicas. Esa idea general permite concebir la digitalización de las comunicaciones como procesos en que se descargan o se vuelcan datos, informaciones y procedimientos a un soporte con circuitos lógicos compuestos de operadores binarios, con solo dos estados posibles e incompatibles, encendido y apagado, unos y ceros - o perforado y lleno, en el caso de las antiguas máquinas con tarjetas de cartón. La programación consiste precisamente en el diseño de esos circuitos lógicos, una práctica científica que el matemático británico equiparaba con el desarrollo de teorías, sistemas automáticos o procedimientos de decisión algorítmica. La Máquina de Turing representaba el diseño más simple de estos circuitos, y ese diseño era parte de una hipótesis matemática sobre cómo podría construirse una máquina para procedimientos de decisión automática (en el caso de la lógica de primer orden, también para la prueba automática de teoremas). Más de 60 años después de Turing, ese diseño ha evolucionado exitosamente en muchos modelos materiales de cómputo digital, como los que portan la marca de la manzana mordida de Apple. La tesis de Turing-Church aseguraba que todas las tareas efectivamente realizables mediante número finito de pasos o instrucciones pueden calcularse o computarse. Expresado en términos meta-matemáticos, la tesis establece que no puede haber ninguna tarea efectiva que no sea expresable en términos de operaciones numéricas sobre números enteros positivos. La Máquina Universal de Turing no es más que el diseño de un modelo siguiendo esa tesis. Una máquina universal de Turing puede hacer todo lo pueda hacer cualesquiera otras máquinas de Turing, funciones recursivas o lenguajes de programación. Hay que subrayar que, desde el punto de vista de Turing, lo verdaderamente importante era el *diseño,* y no el hardware o soporte duro sobre el que podía *correr* ese diseño. Es cierto que la inteligencia británica contrató a Turing para romper o desencriptar los mensajes en código digital del ejército alemán, y que para hacerlo tuvo que construir una máquina con materiales metálicos y plásticos, pero la ingeniería digital no era para Turing nada más que una manera de comprobar la validez de un procedimiento algorítmico de prueba para teoremas matemáticos. Hoy entendemos la digitalización en términos de ingeniería electrónica de comunicaciones, pero sus orígenes son puramente matemáticos: el diseño de procedimientos algorítmicos para *producir* los llamados autómatas finitos, en el mismo sentido de *producción* "top-down" en el que los axiomas de un sistema construyen o producen sus teoremas.

El procedimiento general de una máquina universal de Turing universal podía descomponerse también en unidades o módulos o circuitos lógicos bivalentes básicos: encendido, apagado, horadado lleno, etc. Es en esta búsqueda de la operatividad digital donde podríamos subsumir como tanto su trabajos de desencriptación del código ENIGMA, su ingeniería en máquinas digitales como Colossus o ACE, sus aplicaciones de la teoría de la computación digital a juegos como el ajedrez, su teoría de la base química de la morfogénesis en el desarrollo embrionario y, finalmente, su teoría morfogenética de la filotaxis.

La primera parte del artículo de Turing (1952) sobre la filotaxis es la dedicada a la embriogénesis. El modelo de desarrollo embrionario de Turing reside en el uso de la nueva síntesis entre la teoría darwiniana de la selección natural y de la biología molecular de la herencia mendeliana, apenas lograda diez años antes de trabajo de Turing sobre la filotaxis. Tan solo un año después de este trabajo, Crick y Watson descubrieron la estructura molecular del ADN. También es posible que el trabajo en la construcción de máquinas de Turing le llevase a lo que la biotecnología de hoy denomina "autómatas celulares", cuyo destino está fijado por el estado de su microambiente celular gracias a un algoritmo muy simple que se asemeja mucho a sus célebres máquinas (Saunders 1992, ix.). Años antes, McCulloch y Pitss (1943) habían demostrado que las redes booleanas de neuronas bioestables, complementadas por una cinta de

Turig, podían hacer los mismos cómputos que una máquina de Turing. Pero Turing sabía que el sistema nervioso central no podía ser modelado estrictamente por máquinas de estados discretos, pues "un pequeño error en la información sobre el tamaño del impulso nervioso que afecte a una neurona, podría hacer una gran diferencia en el tamaño del impulso saliente". Por eso propuso emplear alternativamente lo que hoy se llama analizador diferencial digital, que interpola variables sobre un intervalo continuo.

Tras la muerte de Turing en 1954, W. Uttley bosquejó una aproximación probabilística para la computación neuronal, y, un año después simularon una red de unidades de umbral con propensiones o pesos de conexión variables, con algoritmos de aprendizaje que ajustaba los pesos como los algoritmos que Rossenblat investigó en su teoría del *perceptrón*, notable antecesor de las teorías conexionistas de la cognición artificial. En 1960, Stuart Kauffman modeló algunos procesos de la regulación genética mediante la introducción de redes booleanas aleatorias, cuya estabilidad hoy es enfatizada por algunas teorías de la producción artificial de vida (Langton, 1998[41]) para modelar algunos procesos de la morfogénesis de la célula, como la diferenciación celular. Por su parte Turing, ya había intentado explicar la diferenciación celular mediante la perturbación de los atractores o dominios de estabilidad en los procesos químicos o en los osciladores eléctricos. El artículo de Turing (1952) establece las condiciones necesarias para producir rupturas de la simetría en el proceso general de la morfogénesis. Su tesis explica la morfogénesis en términos de sistemas de substancias químicas que reaccionan sinérgicamente y se difunden a través de un tejido. A lo largo de este libro hemos señalado lo que la teoría de sistemas complejos y adaptativos dará en llamar mecanismos de realimentación a las reacciones que se producen y propagan a través de cada nivel sistémico. En su artículo, Turing compara estos mecanismos con el origen de las perturbaciones en los circuitos de los osciladores eléctricos, en las que "cualquier perturbación de la misma frecuencia del oscilador

---

[41] *Artificial Life An Overview* edited by Christopher G. Langton A Bradford Book The MIT Press Cambridge, Massachusetts London, England.Ver Fox-Keller cap. 9

tenderá a propagarse" (1952: 42). Illya Prygogine se inspirará en los llamados patrones de Turing y en los estudios sobre reacciones auto-oscilatorias para describir su física de las estructuras auto-disipativas.

El mecanismo de Turing-Prygogine es bien conocido en la teoría de sistemas complejos, en los que nuevos dominios de estabilidad físicos y químicos emergen cuando algunos de sus parámetros cruzan determinados umbrales o dominios de estabilidad.

En "La base química de la morfogénesis" (1952) Turing aplica ese mecanismo a la hora de explicar la gastrulación, un fenómeno básico de la embriogénesis animal consistente en un proceso de división, emigración y diferenciación celular que, finalmente, produce las llamadas capas germinales del embrión, las matrices responsables de la producción diferenciada de sus distintos tejidos y órganos. De este modo, la hipótesis sobre un proyecto general de la producción de la forma interrumpido por la muerte de Turing parece recibir también el respaldo de las tesis sistémicas de Turing acerca de la embriogénesis de los animales, junto con sus tesis sobre de la morfogénesis de las plantas (filotaxis) y la construcción de computadores digitales como la máquina universal de Turing. Dada la complejidad de los cálculos, Turing admite que es sumamente improbable que ese proyecto desemboque en una teoría matemáticamente unificada, por lo que debe contentarse con cubrir cierto número de casos, a los que suma la morfogénesis de los brazos de la hidra, los fenómenos de reacción y difusión bioquímica en los anillos celulares y la morfogénesis de las hojas de plantas como la *Gallium verum*, una planta herbácea cuyas flores se agrupan en densos racimos, conocida por sus efectos sobre la regulación de la tiroides, glándula que produce las hormonas que controlan el metabolismo general y el crecimiento proporcionado de tejidos, órganos y sistemas de numerosos organismos. Pese a ello, Turing finaliza su artículo con la esperanza de que la construcción de computadoras digitales iluminará otros muchos casos de embriogénesis (Turing 1952/1992: 34). La construcción digital de autómatas busca simular los mecanismos regulatorios de las dinámicas de las células vivas, sea para explicarlas o para producirlas artificialmente. De modo que la construcción de modelos digitales no solo revela una orientación epistemológica, esto es, la búsqueda de explicaciones sistémicas de los procesos físicos, biológicos o incluso socio-ecológicos que operan en el universo. También revelan cierta orientación hacia una metafísica productivista que Heidegger atribuye al devenir histórico del pensamiento occidental.[42]

En palabras y en números.

Turing se había inspirado en la biomatemática de D´Arcy Thomspon, quien entendía la teoría de las transformaciones morfológicas como una parte de la teoría matemática de grupos. Para explicar la correspondencia entre el orden biológico y el orden matemático, Thompson apelaba a la analogía entre la distinción entre grupos de transformación en magnitudes continuas y de sustitución en conjuntos de unidades discretas, y la distinción evolutiva entre variaciones y mutaciones en la historia evolutiva. D´Arcy Thomspon parece sugerir que en ninguno de ambos órdenes, ni en el orden de la Biología ni en el orden de la Matemática, existe una disyunción exclusiva entre lo analógico y lo digital. En apoyo de esta tesis, D'Arcy Thompson recurre a un juicio sobre las intenciones de la geometría analítica de Descartes

> Me imagino que cuando Descartes concibió el método de las coordenadas, como una generalización de los diagramas proporcionales del artista y el arquitecto, y mucho antes de que pudieran preverse las inmensas posibilidades de este análisis, tenía en mente un propósito muy sencillo; tal vez no se trataba nada más que de encontrar una forma de traducir la forma de una curva

---

[42] Sobre la historia de la metafísica productivista y sus orígenes en la contemplación del verdadero eidos de las cosas, el diseño/designio del arte renacentista y barroco, ver Zimmerman, M. (1990): *Heidegger's Confrontation with modernty*. Bloomington, Indiana University Press. "La dominación sin límites de la moderna tecnología en cada esquina del planeta no es más que una consecuencia tardía de una interpretación muy antigua del mundo denominada habitualmente metafísica" (Heidegger GA52: 91, citado por Zimmerman (1990: 166).

(así como también la posición de un punto) en números y en palabras. Esto es precisamente lo que hacemos, por el método de coordenadas, cada vez que estudiamos una curva estadística; y recíprocamente traducir números en una forma todas las veces que tracemos una curva-, para ilustrar una tabla de mortalidad, una tasa de crecimiento, o la variación diaria de temperatura o de presión barométrica. Exactamente de la misma manera es posible inscribir en una trama de coordenadas rectangulares el contorno, por ejemplo, de un pez, y así traducirlo en una tabla de números, de los que de nuevo, podemos reconstruir cuando nos plazca la curva. (D'Arcy Thompson 1917).

En números y en palabras. Por mucho que aprendiéramos a contar mucho antes que a escribir, la formulación de la aritmética dependía radicalmente de la invención de las escritura y del alfabeto. En un sentido laxo, el sistema alfabético y el sistema numérico son sistemas de correlación binaria que dependen del carácter discreto de sus elementos. Como ha señalado Jesper Hoffmeyer (2008: 78) tanto los números como las palabras pueden ser considerados como conjuntos digitales.

Las investigaciones de la gramática generativa y transformacional parecen respaldar algunos de los aspectos digitales de los alfabetos. Siguiendo éstas, podría decirse que tanto la escritura aritmética como la escritura alfabética son especies de producción simbólica en las que, a partir de un conjunto finito y discreto de unidades o elementos (las letras del alfabeto y los números naturales) pueden producirse un número ilimitado de combinaciones, siguiendo reglas sintácticas para la producción de fórmulas válidamente formadas, como en los algoritmos de fórmulas normales conjuntivas y disyuntivas que se utilizan en la prueba automática de teoremas de la lógica matemática de primer orden. En este sentido generativo o productivo, las transformaciones lingüísticas y matemáticas parecen estar gobernadas por algún tipo de algoritmos.

La ecología de los medios de la Escuela de Toronto, inaugurada por Harold Innis y Marshall McLuhan, nos enseñó a analizar las consecuencias perceptuales, cognitivas y sociales de todos los medios de comunicación considerados como extensiones del organismo humano. Palabras y números, en su opinión, son consecuencia de la extensión visual de la experiencia humana con respecto a las primitivas sociedades orales. En un sentido bastante etnocéntrico, Robert Logan atribuía a la invención del alfabeto el hecho diferencial que explica la evolución de la cultura y las ciencias occidentales frente al resto de las culturas del mundo. Como acabamos de observar, es posible concebir al alfabeto como la primera técnica occidental por cuanto establecía correspondencias binarias entre los sonidos y unidades discretas como las letras. La filosofía de la tecnología que McLuhan escribió a mediados del siglo pasado confería la invención del alfabeto fenicio, hebreo y griego la condición de cambio epocal, a la par que la imprenta de Guttenberg, el telégrafo y, posteriormente, la televisión y los computadores digitales que grandes empresas de su época empezaban ya a construir. Traducir en palabras escritas es un procedimiento tan digital como traducir en números, como muestran las primeras tabletas cuneiformes, repletas de operaciones contables propias de primeras civilizaciones basadas en la producción hidráulica en Oriente Medio. Podría decirse que las nuevas tecnologías de la información, la comunicación y el aprendizaje de las culturas occidentales y occidentalizadas de nuestros días hunden sus raíces digitales en el creciente fértil pre-cristiano. En *La Galaxia Gutenberg*, McLuhan apela al mito griego del rey Cadmo como inventor del alfabeto en cuanto que instrumento de poder y homogeneización cultural. En su opinión, el mito expresa metafóricamente el poder de las letras y los números como agentes de precisión, de articulación, medida y de orden, con una autoridad que impone el consenso (o acalla el disenso) con la fuerza disuasoria de los dientes de un dragón. Los dientes, en su orden lineal, son una advertencia enfáticamente visual:

> Las letras y números fonéticos fueron los primeros instrumentos humanos de fragmentación y homogeneización del hombre [...] El secreto del poder occidental sobre el hombre y la naturaleza consiste en la descomposición de toda clase de experiencias en unidades uniformes para producir

más rápidamente una acción y un cambio de formas. Ésta es
la razón por la que resultaron tan militantes los programas
industriales occidentales y tan industriales sus programas
militares. Las técnicas de transformación y de control de
ambos tipos de programas han sido modeladas por el alfabeto,
que hizo uniformes y continuas todas las situaciones. Este
procedimiento, manifiesto incluso en la etapa grecorromana,
se intensificó con la uniformidad y el carácter repetitivo
de la técnica de Gutenberg. La civilización se ha erigido
sobre la capacidad de leer y escribir porque la alfabetización
supone un tratamiento lineal y uniforme de una cultura con
el sentido de la vista, extendido en el espacio y el tiempo
por el alfabeto

El estilo oscuro y aforístico, parecido a un mosaico interdisciplinar,
oculta a veces la profunda intuición de un humanista clásico obsesionado
por las ciencias matemáticas. Pues McLuhan acierta ver cómo a escritura
alfabética y la imprenta renacentista de tipos móviles representaron
puntos de inflexión hacia la matematización global de la biosfera y de
sus procesos históricos y evolutivos. Con anterioridad a la invención
de la imprenta, y más allá de las matemáticas elementales necesarias
para los oficios gremiales (de la *mathesis vulgaris* de la que hablaba
Descartes) solo mercaderes, contables y banqueros operaban a un
nivel más elevado de abstracción matemática al incorporar variables
compuestas al evaluar intereses, deudas y activos financieros. La
imprenta renacentista generalizó el conocimiento aritmético abstracto
de los clásicos árabes, indios y griegos y transformó el álgebra, que
pasó de ser un arte para resolver problemas comerciales a una ciencia
general y abstracta para resolver todo tipo de ecuaciones. La *mathesis
universalis* cartesiana cristalizó finalmente en la invención del cálculo
diferencial e infinitesimal de la revolución científica del siglo XVII,
precedente imprescindible para las máquinas de producción en la
revolución industrial de la segunda mitad del siglo XVIII. En el fondo,
como ya advertía McLuhan, la occidentalización del mundo moderno
podría describirse como parte de un largo proceso de colonización y

homogeneización que comienza con la escritura alfabética, se potencia con la revolución de la imprenta y la revolución científica y se intensifica en la revolución industrial y en los modos industriales de producción del capitalismo. Podemos entender ahora por qué, para McLuhan, los programas militares resultan en modos industriales de producción y los modos de producción industrial tan "militares", entendiendo hoy por tales a las tácticas planificadas de inversión y control de la producción y del consumo, la saturación de los mercados, la obsolescencia programada y la innovación en tecnologías digitales propias de la globalización económica y el capitalismo cognitivo: de la Arpanet estatal y militar de la guerra fría en reacción al Sputnik soviético a la internet liberalizada para todo uso comercial a partir de la caída del muro de Berlín, el fin de la amenaza comunista de la versión soviética del productivismo, los inicios de la globalización económica en los 90 y su consolidación en el capitalismo digital y cognitivo de todo nuestro siglo XXI.

El capitalismo tecnológico y global

64 años después de la muerte de Turing, sus máquinas digitales han proliferado exponencialmente en la gran mayoría de los sistemas socio-ecológicos del planeta. Al abrigo de las economías de libre mercado, las nuevas tecnologías digitales de la información y la comunicación han colonizado la práctica totalidad del planeta y del mundo de la vida gracias a los satélites que pueblan la exosfera y que dan cobertura digital a nuestras comunicaciones. Las tecnologías digitales inalámbricas y cubiertas por satélites intervienen en la mayoría de las prácticas humanas, desde el despertador digital, la agenda digital de actividades y la transmisión de mensajes posibilitados por la "inteligencia" telefónica digital, hasta la coordinación del transporte aéreo, la regulación del tráfico en las grandes ciudades, llegando incluso al control digital de las órbitas espaciales de sondas como Cassini, encargada de explorar el planeta Saturno. Puede que la producción de formas digitales haya optimizado la eficiencia de todos los sistemas técnicos humanos, pero también ha concentrado los riesgos, agravando los posibles efectos

de las ya graves catástrofes. Nos angustia pensar los posibles efectos socio-ecológicos de una llamarada solar que alcance a nuestros satélites digitales.

Otro efecto de la digitalización es la transformación de nuestros sistemas de producción y consumo en las denominadas *economías de la atención*, alterando espacial y temporalmente las prácticas de aprendizaje y validación de nuestros sistemas educativos y, consecuentemente, la distribución de la riqueza y del poder político. En las páginas que siguen concluiremos nuestro trabajo ilustrando algunos de los efectos de la digitalización del conocimiento y el aprendizaje en el período que algunos autores han dado en llamar Capitalismo Cognitivo. Entre estos efectos destaca la alteración de procesos neurobiológicos vinculados al aprendizaje humano, como la memoria y la concentración, a partir de su subordinación de la educación a la denominada economía la atención (y de la distracción). Pero, siendo importante, dicha alteración neurobiológica es sólo un caso de los efectos globales de la digitalización. En nuestros días, el desarrollo de la digitalización tecnológica no acontece en una supuesta esfera intelectual, autónoma y neutral de la creatividad humana, sino en el seno de una economía de mercado impulsada por prácticas de fondo en torno al crédito y a la obsolescencia, dos mecanismos de la economía de la atención con profundos efectos sobre la temporalidad de nuestras prácticas y nuestra percepción subjetiva del tiempo.

En "The Central Dogma. A Joke that Became Real" (Hoffmeyer, 2002), el biosemiólogo Jesper Hoffmeyer ha denominado *la falacia del digitalismo* a la ideología que privilegia automáticamente cualquier información que esté codificada digitalmente por el mero hecho de estarlo, y que considera las informaciones así codificadas como la única base legítima de cualquier explicación científica de la vida. Hoffmeyer denuncia que, durante décadas, la biología teórica ha querido restringirse a las explicaciones en términos de la información *secuencial* (esto es, algorítmica) almacenada en las macromoléculas basadas en nucleótidos, ADN y ARN. La ideología digitalista encuentra una de sus cimas en el supuesto tan extendido que considera que todos los fenómenos evolutivos sólo pueden ser explicados apelando exclusivamente a la dinámica de la acumulación gradual de la información secuencial dentro del reservorio de genes de cada linaje evolutivo, o recurriendo al supuesto de que el desarrollo ontogenético está exclusivamente controlado por un plan maestro codificado digitalmente que gobierna la síntesis de proteínas en el desarrollo del embrión. Turing insistía en que la alteración de algunos de los parámetros de los compuestos químicos, como la tasa de reacción química o el tamaño de la región involucrada en la difusión de esa reacción, puede dar lugar, o bien a una distribución homogénea, o bien a un patrón de Turing definido y predecible. Según Hoffmeyer

> lo más extraño del digitalismo es que nada en nuestra experiencia inmediata respalda la idea de que las descripciones formalizadas no sólo preceden sino que causan los eventos espacio-temporales. Es cierto que las instalaciones tecnológicas modernas, como edificios, automóviles y misiles, son todas ellas producto de una modelación matemática integral. No obstante, nadie sospecha que esas descripciones comiencen de pronto a construir edificios, automóviles o misiles. Resulta claro que los modelos digitales tienen que ser interpretados por los ingenieros, y que se necesita mucha gente para la construcción efectiva de esos productos técnicos (Hoffmeyer 2002: 4)

Hoffmeyer creyó haber dado finalmente con una respuesta a la pregunta sobre los orígenes de la ideología del digitalismo:

> Uno de los principios que gobiernan la sociedad industrial siempre ha sido la separación entre el plan y su ejecución. Dado el supuesto de que la ejecución dependía de forma determinística del plan, la interpretación no era una parte de esa ejecución.

> Dicho de otro modo, toda la creatividad quedaba delegada a quienes diseñaban el plan, no a quienes construían los productos. Si ahora tomamos esta delegación como el modelo para la evolución del desarrollo orgánico, y substituimos a

> Dios o la selección natural por los ingenieros que diseñan el
> plan, llegaremos al digitalismo. (Hoffmeyer 2002)

El filósofo John Dewey siempre atribuyó los dualismos epistemológicos (como teoría vs. práctica) y las dicotomías ontológicas (como mente vs. cuerpo), a las distribuciones de poder socialmente asimétricas y a las jerarquías de dominación entre clases sociales, poblaciones, géneros y culturas prevalentes en las respectivas organizaciones socio-económicas de cada época. Jesper Hoffmeyer parece estar siguiendo a Dewey al atribuir el origen de la ideología del digitalismo a la propensión general de los organismos humanos a proyectar sobre la naturaleza las estructuras de producción dominantes en las organizaciones sociales de su tiempo. En su opinión, el digitalismo pertenece a la economía del modo de producción industrializada, y a medida que se agote esa economía industrializada, la ideología digitalista irá perdiendo su atractivo. Según Hoffmeyer, esa pérdida podía estar ya dándose en las economías avanzadas de inicios del siglo XXI:

> De hecho, la separación estricta entre ejecución y e
> interpretación no es en absoluto típica en los sectores
> avanzados de las economías del presente. Por el contraria, la
> competencia semiótica es un atributo cada vez más valorado
> de la cualificación laboral. Y de hecho, los modelos científicos
> en los que la encarnación o la somatización (embodyment)
> es una parte esencial de la ejecución representan un desafío
> al digitalismo. (Hoffmeyer 2002)

La fábula del capitalismo cognitivo y la holoturia.

Hoffmeyer depositó en 2002 demasiada confianza en el supuesto valor de la encarnación corpórea de la cognición y la competencia semiótica. Sus expectativas no parecen haberse cumplido en el Capitalismo Cognitivo de 2019. Entre otras cosas, la digitalización global ha servido para convertir todo el mundo de la vida humana en objeto de digitalización y, por ende, de monetización. El Capitalismo Cognitivo ha sustituido la ideología del tiempo futuro como progreso por un nuevo ídolo del capital: la flexibilidad. Y la flexibilidad no tiene que ver con la competencia semiótica de las nuevas fuerzas laborales de las nuevas generaciones, sean los llamados "milennials" o los llamados "nativos digitales". Bajo la aparente libertad de elección y la multiplicación de las opciones de producción y consumo hallamos la misma lógica de homogeneización del mercado laboral mediante desregulaciones salvajes cuyo único objetivo es la acumulación de plusvalías. La flexibilidad de horarios de trabajo y de ocio viene acompañada de la flexibilidad del propio trabajo y del "mercado laboral", la contención del gasto en servicios públicos como la salud y la educación y la consiguiente precarización de los trabajadores en la economía digital. Lejos de la extensión de una clase media laboralmente cualificada por sus crecientes competencias semióticas, los sistemas económicos del capitalismo digital arrojan a crecientes masas de trabajadores a la exclusión social. La sobreinversión en TICS es consecuencia de la impaciencia de los capitales para generar beneficios mediante el impulso de cambios tecnológicos que de hecho erosionan la igualdad de oportunidades y profundizan la brecha social. El esfuerzo de la inversión privada bajo la lógica económica de la planificación o programación de la obsolescencia es la creación de un depósito de fuerzas laborales o un ejército de reserva ansioso por volver a entrar en el círculo de la economía digital, aunque sea con *microjobs* con sueldos que apenas alcanzan para sobrevivir, para seguir viviendo. Ya parecen lejanos los tiempos de los proyectos de vida de las generaciones de la posguerra y del baby boom, que fueron posibles gracias a las políticas keynesianas destinadas al bienestar social que el propio Alan Turing defendió hasta su muerte. Los nacidos a mediados del siglo pasado sospechamos que las próximas generaciones serán más pobres que la nuestra.

Hay una forma orgánica cuya fisiología guarda cierta analogía con los metabolismos socio- ecológicos del capitalismo cognitivo: la holoturia, antes ignorada y hoy recurso sobreexplotado en México para saciar los gustos de crecientes poblaciones de consumidores asiáticos. Al contrario que la holoturia biológica, que está anclada al lecho marino para nutrirse absorbiendo miles de litros diarios de agua, filtrando nutrientes y expeliendo agua ensuciada por elementos descompuestos, la imaginaria holoturia de la economía digital crece tanto que se ve obligada a moverse cuando ha dejado exhausto y exprimido su ambiente social y ecológico. Absorbe fuerza de trabajo, extrae plusvalías y expele regularmente contingentes laborales desempleados que aguardarán con ansia y desesperación su oportunidad para reintegrarse en el metabolismo del capital. Ese tiempo de desempleo es convenientemente cubierto con el aprendizaje de las nuevas competencias digitales exigidas por las tasas aceleradas de cambio tecnológico y su impacto sobre los procesos productivos a los que el trabajador tendrá necesariamente que reintegrarse.

El rendimiento de la inversión digital se refleja en la cuenta de resultados, pero la acumulación de plusvalía se distribuye en cada etapa del metabolismo del nuevo capital digital. El ciclo de vida de algunos productos digitales como los teléfonos celulares ejemplifica perfectamente las etapas de esa obtención fragmentada de plusvalías en las distintas etapas de la economía del capital cognitivo y digital. En primer lugar (1) la decisión de lanzar un nuevo producto al mercado no depende del cierre de la investigación para la innovación en las características de cada modelo a perfeccionar. Las grandes compañías digitales solo lanzan al mercado ese nuevo modelo de teléfono celular, por ejemplo, cuando se ha saturado el nicho de mercado del modelo anterior. Igualmente, la programación de la obsolescencia de los productos digitales resulta del cálculo del tiempo promedio que tardan los clientes en saldar la deuda y los intereses de una mercancía que suele adquirirse a crédito. Como en el caso de los automóviles, el producto empieza normalmente a fallar poco tiempo después de que el cliente ha pagado sus últimos plazos. (2) La siguiente etapa del proceso de obtención de plusvalía reside en la pobreza de la región minera de donde se obtiene el coltán u otros metales preciosos necesarios para el ensamblado del producto, lo que permite una jugosa plusvalía resultante del ahorro en los costes laborales, pues el trabajo abaratado es la única ventaja competitiva que esos países ofrecen a las grandes tecnológicas. Las externalidades de la minería del coltán son tanto ecológicas como sociales, como muestra dramáticamente la devastación de la mayoría de la República Centroafricana. (3) Además de deslocalizar y abaratar la extracción, las empresas del capitalismo global pueden concentrar la producción en zonas maquiladoras escasamente cualificadas, como Ciudad Juárez, Chihuahua: de nuevo, salarios a precio de saldo para atraer la inversión extranjera empresas. En estos casos, la enorme concentración de la mano de obra procede mayoritariamente de mujeres jóvenes de otros estados mexicanos más pobres aún que Chihuahua, cuya cercanía con Estados Unidos facilita aún más grandes inversiones de empresas como Dell, por ejemplo. En este caso, la obtención de plusvalía mediante el abaratamiento del coste de producción realimenta externalidades negativas tan trágicas como las mujeres desaparecidas y fallecidas de Juárez, lo que suma la explotación sexual y la violencia de género a una explotación económica ya de por sí brutal e inmisericorde. Obsérvese el efecto perverso de la digitalización de la educación de las jóvenes en zonas acomodadas. Para que estas jóvenes adquieran nuevas competencias digitales en sus procesos de aprendizaje, la instalación de estas empresas en zonas deprimidas servirá de llamada para ingreso en la maquila digital de muchos otras jóvenes que interrumpirán sus procesos de formación, y eso si tienen la suerte de haberlos empezado. A partir de aquí (4) la producción de plusvalía y valor añadido se diversifica algo más. Los tres ejemplos que siguen, Hyderabad, Hsinchu y Sillicon Valley proceden del libro Cyberproletariat (2015) de Nick Dye- Whiteford. Hyderabad, más conocida Cyberabad, o Ciudad Cyber, ha sido tradicionalmente una ciudad de la India donde la comercialización del oro convivía con el trabajo infantil. El parque industrial de Hyderabad y su Torre Cyber se dibujan en el horizonte como una especie de Silicon Valley de extremo oriente, habitado por una gran concentración de ingenieros de software que, en una sociedad aún segmentada en castas, jamás se mezclan con quienes no trabajan con su cabeza sino con sus manos. En esta Ciudad Cyber, sigue existiendo la división social a la que Hoffmeyer atribuía los orígenes del digitalismo. En el parque tecnológico de Hsinchu, Taiwan, se concentran ensambladores robóticos de chips de semi-conductores. La patronal ha descubierto cómo incrementar beneficios, aumentando la calidad y el coste de la producción y eliminando prácticamente los costes laborales. La robótica no solo elimina el salario, sino también las bajas médicas por contaminación y la propia contaminación provocada por los operarios humanos. Pero la justificación de los expedientes de regulación de empleo y reducción de plantilla suelen apelar a la diferente cualificación de humanos y robots. La incesante reducción de los transistores prevista por la ley de Moore implica un operario robótico, con cámara y pinzas capaces de operar en la escala de micras, algo allende el alcance de los ojos y las manos de los organismos humanos. El último caso que menciona Nik Dyer-Whiteford atañe a las ciudades de Sillicon Valley. En San José y otras ciudades próximas al valle de la élite del Capitalismo Cognitivo, el auge de las redes sociales y otros servicios digitales e inalámbricos han impulsado un proceso de gentrificación análogo al que sufren casi todas las ciudades turísticas en las que opera Airbnb, otra empresa digital que ha transformado el sector turístico e inmobiliario. En San José, los ingenieros y programadores de software contratados con salarios multimillonarios por las Grandes Tecnológicas como Google, los precios inmobiliarios se disparan, la gente más pobre se ve obligada a abandonar sus viviendas en alquiler, ahora a unos precios que solo sus millonarios "cerebritos ejecutivos" pueden pagar. A la vez, Google h considerado rentable invertir en autobuses para transportar diariamente a Silicon Valley a los ejecutivos de programación, valiosos activos de su compañía. Como era de esperar, las paradas de los autobuses Google se han convertido en un ecosistema de caza para un buen número de emigrantes sin techo, empobrecidos y excluidos. (5) La venta del producto y los servicios al y del usuario generan más plusvalía al tiempo que externalidades negativas. Para impedir la reparación de las unidades vendidas, las compañías complementan la obsolescencia programada y/o percibida de los productos con otros efectivos mecanismos de monetización. Tuercas y tornillos de las unidades vendidos son diversos de compañía a compañía y de modelo a modelo. Los clientes no tienen herramientas para repararlos y el alto precios de los servicios de pos-venta y atención al usuario les lleva cambiar de celular y tableta a un ritmo mucho mayor al que jamás pensaron. El precio y la codicia social de bienes tan valorados alimenta el mercado negro y, por supuestos, tráficos ilegales, robos y otros tipos de delincuencia. (6) En la etapa final, una vez su uso se ha descartado, la basura electrónica genera compañías de exportación fraudulenta a países del hemisferio sur. De la basura electrónica en los vertederos locales malviven los pepenadores que la venden muy barata a las empresas de reciclaje. Una de las excusas que habitualmente dan los ciudadanos que no separan su basura es precisamente la actividad individual de esa clase excluida compuesta por pepenadores de la basura electrónica, a quienes las clases medias y altas casi ven tan emprendedores como los mendigos de los semáforos. En este punto, resulta necesario interrumpir el recuento de los circuitos socio-ecológicos asociados a los circuitos digitales en esta derrama digital mixta, hecha de valor añadido para los menos y miseria extendida entre los más.

Selección, orden y propósito. La lógica cultural de la digitalización

En el capítulo primero vimos como Gregory Bateson ofrecía una caracterización cibernética aunque algo enigmática de la información: la introducción de una diferencia que generará alguna otra diferencia. El orden informacional es concebido como un asunto de seleccionar y dividir. Pero la noción esencial en toda selección es que cierta diferencia ocasionará alguna otra diferencia en un momento ulterior. El orden se extrae mediante selección y división binaria, esto es, mediante la selección de una *diferencia que se subdivide en otra diferencia*, como el jardín de los senderos que se bifurcan, de Jorge Luis Borges. La información es precisamente aquel tipo de señal que ocasionará un cadena, más larga o más corta, de subdivisiones.

En todo caso, la aparición del orden, epistémico y ontológico, es imposible sin esa operación primaria de la selección, a la que invariablemente siguen la división y la clasificación.

Toda selección artificial, intencional y consciente opera necesariamente a través de la elección de unas disponibilidades (*affordances*) y la exclusión de otras. La selección que ocasiona diferencias depende, en la experiencia consciente de la mente humana, de un referente, un *respecto a qué*. Sin ese referente elegido y direccional, la selección y la división sería no sólo arbitraria, sino incapaz de fundamentar un orden. Cualesquiera dos cosas tomadas al azar son semejantes odiferentes en un número infinito de predicados o propiedades (Putnam, 1988). Solo la elección de un *respecto a qué*, o *en cuanto a* (el tamaño o el peso, por ejemplo) podemos generar un orden en el que ciertas cosas son conmensurables, comparadas a un patrón que permite su conversión a un valor homogéneo que posibilita el orden y la jerarquización. En la praxis humana, solemos pensar que ese "respecto a qué" con un propósito o intención consciente, personal o socialmente encarnada. En el Capitaloceno, ese propósito direcciona y homogeneiza el propio mundo de la vida como un orden de bienes en cuanto mercancías, y conmensura las cosas de ese mundo en términos de su valor de cambio. La operación de selección es tanto más eficiente si las diferencias que ocasiona son homogéneas y discretas, proyectables sobre el dominio de los números enteros e, idealmente, en una recta. O una correspondencia biyectiva o aplicación, en términos de teoría de conjuntos. Quine no duda en equiparar la matematización de la realidad con una operación de reducción ontológica que obedece a criterios teleonómicos, a un *en cuanto qué* ordenador que da sentido a la selección y la conversión en unidades discretas y contables según el propósito elegido.

Para introducir nuestra discusión sobre los efectos del conocimiento teleonómico sobre las prácticas humanas a través de la selección y la exclusión, acudiremos a un ejemplo muy común, aparentemente ajeno a la cibernética, y tomado de una práctica alimentaria tan histórica como producir pan a partir de granos de cereales y consumirlo. Es posible que, tras décadas de comercialización y consumo industrial de los productos hechos de harina nos hayamos acostumbrado al sabor, el aroma y al tacto del pan de molde, pero eso no significa que el pan de molde tenga propiedades equivalentes al pan artesanal. Un consumidor poco exigente o acomodaticio podría decir que el pan de molde sólo cambia el formato o las propiedades externas de la hogaza de pan, como si solo hubiera cambiado el perímetro, el área, el peso y la densidad del producto, pero no las propiedades substanciales del compuesto de harina, pero es fácil demostrarle que esto no es así. Para aumentar el ciclo de vida de un producto perecedero, se ha tenido que añadir conservantes. Para hacerlo visualmente atractivo, a veces se emplean colorantes. En respuesta, el consumidor habitual de pan de molde, podría decir que esa adición no cambia la estructura molecular misma de la harina, equivalente en el pan artesanal y el pan de molde. Y si lo hace, continuaría argumentando ese hipotético consumidor, es para mejorar la regularidad y la pureza de su textura, eliminado duras costras y desagradables aglomerados de miga. Un consumidor habitual del pan artesanal no suele estar capacitado para confirmar o rebatir esta afirmación, más allá de mirar la composición del producto impresa con tinta en el envase de plástico. Por lo demás, su experiencia le informa que al menos ha habido cambios en su sabor. Sacrificar el sabor y la textura por el tiempo disponible de consumo significa seleccionar una propiedad y excluir otras. De hecho, se han excluido varias de las propiedades disposicionales del pan artesanal en relación con las poblaciones de nuestra especie: su sabor, textura, su olor o su tacto siempre en relación a poblaciones de nuestra especie. Llamamos a estas propiedades sensibles *disponibilidades*. Todas ellas han sido sacrificadas en favor de otra disponibilidad, la conservabilidad. Puede parecer que esta exclusión nos favorece gracias a las cosas que el pan de molde nos ahorra: tener que viajar diariamente a la panadería, tener que deshacerse del pan duro: echarlo a la basura, dárselo a las mascotas o, en el mejor de los casos, o emplearlo para torrijas o pan rallado. Al fin y al cabo, ya podemos consumir pan molido envasado en bolsitas, y de bolsas herméticas de pienso se alimentan nuestros animales ... Quizá empieza ya a parecernos que imponer una selección como la conservabilidad implica imponer otras selecciones y exclusiones en muchas de nuestras prácticas, y no sólo en nuestras prácticas alimentarias. Una diferencia que engendra subsiguientes diferencias ¿Qué decir de las formas sacrificadas en favor de polígonos regulares en bolsas más o menos cuadrangulares o cúbicas? Las diferencias formales en el envasado del pan de molde obedecen a propiedades aparentemente externas como el almacenaje y la distribución del producto industrialmente manufacturado. Desde luego, para nosotros, levantarnos temprano para comprar el pan del horno significaba también llevarnos uno de los sacos del pan que mi madre o mi abuela bordaban para traer el pan a casa. Cada día un saco de color diferente, con las iniciales de la familia. Nada que ver con los envases de bolsas de plástico marcadas por tinta con el logo de una marca y demás, a las que por lo general no se les da otro uso. Vemos pues que la conservabilidad no era la única disponibilidad seleccionada, ni el sabor, el olor o el tacto las únicas disponibilidades excluidas aquí. La forma del pan de molde y sus envasados favorecen también otras propiedades o disponibilidades: la facilidad para almacenar y transportar numerosas unidades iguales de pan de molde envasado. Además de supuestamente ahorrarnos tiempo a los consumidores, y alguna improbable visita médica por consumir harina en mal estado, el producto final responde a una selección, exclusión o transformación de propiedades en favor de otras propiedades puestas a disposición en toda una cadena de procesos y sub procesos que favorecen y abaratan los costes de producción, almacenamiento, transporte, venta y consumo. Martin Heidegger puede ayudarnos a entender este proceso selección y conversión como un "modo de desocultamiento" de la Naturaleza, o "de una región de lo ente", con arreglo a un propósito direccional o final:

> El hacer salir de lo oculto que domina por completo a la técnica moderna tiene el carácter del emplazar, en el sentido de la provocación. Éste acontece así: la energía oculta en la Naturaleza es sacada a la luz, a lo sacado a la luz se lo transforma, lo transformado es almacenado, a lo almacenado a su vez se lo distribuye, y lo distribuido es nuevamente conmutado. Sacar a la luz, transformar, almacenar, distribuir, conmutar son maneras del hacer salir lo oculto. Sin embargo, esto no discurre de un modo simple. Tampoco se pierde en lo indeterminado. El hacer salir lo oculto desoculta para sí mismo sus propias rutas, imbricadas de un modo múltiple, y las desoculta dirigiéndolas. Por su parte, esta misma dirección viene asegurada por doquier. La dirección y el aseguramiento son incluso los rasgos fundamentales del salir a la luz que provoca. (Heidegger 1994: 18)

En nuestro ejemplo, la energía puede medirse en hidratos de carbono o combustible fósil inyectado para la producción y la distribución. La dirección y el aseguramiento es un proceso social administrado matemáticamente que requiere de la intervención de un buen número de agentes económicos directos e indirectos, pero necesariamente remunerados.

Ese proceso escala e incrementa en cada paso el valor económicamente añadido del producto a la venta. Como consecuencia, cada vez hay menos panaderías, más bolsas de plástico y caminamos menos ... ¿Dónde quedaron las cualidades originarias del pan? Hasta los antiguos horneros pueden preferir el pan de molde, pues han tenido que cerrar sus hornos y hasta puede que sean empleados subcontratados de una fábrica de pan de molde, de alguna flota de vehículos de transporte o incluso en unos de esos numerosos establecimientos que tenemos al ladito y que abren 24 horas durante los siete días. Pero para muchos de nosotros la equivalencia substancial[43] del pan de molde es un engaño con apariencia científica, a menos que nos especifiquen exactamente qué funciones del pan se consideran sustancialmente equivalentes. Apelar al nicho de mercado y la derrama económica generada por su producción y consumo no nos obliga necesariamente a admitir ninguna equivalencia substancial entre ambos productos. Confundir una cosa con otra solo ayuda a legitimar unas prácticas sobre otras. Distinguirlas puede al menos individualizar unos procesos que nada tiene que ver con las propiedades en sí de las cosas, sino con las disponibilidades (incluyendo las disponibilidades micro y macroeconómicas) que en determinados procesos éstas nos brindan.

Los economistas suelen concebir esas funciones y disponibilidades en términos bastante abstractos, por ejemplo, como las funciones que satisfacen las condiciones de adaptación en una economía mercado libre regidas por las leyes de la oferta y la demanda. Resulta al menos curioso que los expertos en vida artificial llaman evolución y adaptación por la selección "natural" a la competencia entre distintos algoritmos evolutivos en un entorno digitalmente simulado y reproducible para poder ser visualizado en una pantalla. La filósofa de la ciencia Evelyn

---

[43] Sobre la equivalencia substancial, véase supra, capítulo sexto, pp. 178 y ss.

Fox Keller ha demostrado que los algoritmos genéticos y sus propiedades en pantalla nos son funcionalmente equivalentes al genotipo de los organismos que compiten por recursos en sus respectivos ambientes. Pero cuando estos algoritmos genéticos sirven de modelo para modificar el diseño genético de los organismos vivos, los efectos de la simulación digital pueden tener importantes efectos socio-ecológicos sobre la vida, la conducta de los organismos y las prácticas humanas. Solo hay que pensar en los organismos transgénicos analizados en el capítulo sexto.

Los productos digitales también tienen un aire de familia muy parecido a otros productos del Capitalismo Cognitivo. Parecen tener una higiene, una simplicidad y una nitidez que le son inherentes y las hace preferibles, como los rayos láser son preferibles a las armas blancas o las pistolas. Son más precisos y seguros, pues evitan contactos, pero también más eficientes y veloces y, además, ensucian menos. Todo parecen ser ventajas ¿no es así?

Los nacidos a mediados del siglo pasado somos ya lo bastante viejos para haber conocido varias revoluciones digitales en los aparatos de reproducción del sonido. Me limitaré a una de ellas: la sustitución de los discos de vinilo y de las cintas magnetofónicas por los CD.

¿Hay algún problema? ¿No reproducen el sonido con precisión digital? En efecto, la creencia generalizada es que el formato digital es más preciso tiene que ver con la transmisión exacta de las "unidades" o cuántos de sonido, que elimina las impurezas y los molestos ruidos que se escuchan sobre todo en los silencios entre canciones, o cuando la intensidad del sonido grabado en vinilo es baja. Digamos que la industria digital ha extendido esta creencia convirtiendo las necesidades de la digitalización de la señal analógica y la transmisión de la nueva señal en la virtud de la *pureza sonora* de ésta. Pero, como en el caso de la supuesta pureza de la harina de pan de molde, la pureza de la señal ya digitalizada es otro engaño aparentemente científico. Todo depende del fin o la dirección que se persigue.

Tomemos por caso uno de los mecanismos de conversión digital más difundidos, como la modulación pulsos o impulsos eléctricos en señales digitales. Por definición, la señal original es analógica, no digital. Una grabación digital examina la señal analógica y toma una muestra a cierta velocidad (para un CD es 44,100 veces por segundo) y la pasa a través de divisores de voltaje, y la aplica a una serie de comparadores cuyo número es igual al de los niveles de cuantificación. El dispositivo compara el voltaje de la señal con un voltaje de referencia aplicado a un divisor de voltaje similar al anterior, que pasará a través de un número de comparadores que es 2 elevado al nivel de cuantificación requerido. Si son 8 bits, se requerirán 2 elevado a 8= 256 comparadores. Cada una de estos comparadores tienen pues dos entradas a comparar: el voltaje de referencia y el voltaje de la señal dividida. Obviamente solo 1 de estos comparadores arrojara una equivalencia entre las dos entradas, que corresponderán a una activación o 1. Las demás serán 0. Es decir, para cada secuencia del muestreo, sólo uno de los comparadores entregarán una señal 1, que será la señal correspondiente al nivel de cuantificación. En términos de un diagrama de flujo, cada uno de los comparadores dará paso solo a la muestra de señal o señales cuando los voltajes de cada señal muestreada y del nivel de voltaje de referencia coincidan.

Para un CD, el número de niveles de cuantificación es mucho más alto 16, lo cual significa que habrá muchas más muestras que compara, 2 elevado a 16, esto es= 65,536 muestras y por lo tanto, 65536 comparadores de los cuales solo no tendrá un salida 1 y el resto salida 0. En consecuencia, la conversión digital no capta de una vez toda la onda sonora, si no que se aproxima a ella en una serie de pasos establecidos por los comparadores y los niveles de cuantificación. Algunos instrumentos producen transiciones demasiado rápidas para ser captadas a la velocidad del muestreo, como el golpe del tambor o el de la trompeta, por lo cual sus sonidos quedarán distorsionados y, por lo tanto, perderán fidelidad.

Cuando reproducimos el CD en un aparato digital, este hace el trabajo inverso: toma la muestra digitalizada, la convierte en analógica y la transmite a un amplificador. El amplificador eleva el voltaje de la señal a un nivel reproducible por el altavoz. La aguja de un disco de vinilo lee directamente del surco y al hacerlo reproduce tal cual los sonidos a sus correspondientes longitudes de onda. Como no toma ni cuantifica muestras digitales, el amplificador recibe la señal análoga tal cual, y produce un sonido analógico sin pérdida de información, pero tampoco de ruido. La degradación del vinilo con el tiempo puede añadir ruido por encima de la señal. Y es ese ruido lo que distorsiona la reproducción de la señal o interfiere con la longitud de onda grabada analógicamente. Así se explican los ruidos durante los momentos de silencio en las grabaciones análogas. De nuevo, el material del CD no se degrada tal fácilmente, por lo que conserva la señal tal cual se seleccionó y grabo digitalmente. La pureza del sonido en el CD obedece al material que soporta. Y todos sabemos que los CD pueden ser maltratado, con lo cual se añade otra infidelidad a la infidelidad propia de la primera. El camino hacia la fidelidad digital depende en buena medida la velocidad del proceso de toma de muestras. El DVD es más fiel que el CD simplemente por eso.

Lo decisivo para nuestra argumentación reside en que, como en el caso anterior, la digitalización implica un proceso de filtrar, muestrear, sacar medias y excluir. Y estos pasos son necesarios: sea cual sea el tipo de información analógica que se requiera digitalizar, tendrán que pasar por la selección y exclusión direccional y teleonómica con arreglo a un propósito. En el capitalismo cognitivo, digitalizar la economía es una manera de convertir todos los procesos bioculturales en flujos monetarios o productos monetizables. Significa optimizar el tiempo métrico como una mercancía en la que no se contemplan tiempos muertos, experiencias y prácticas humanas no monetarizables. Con la digitalización, las leyes de la oferta y la demanda adquieren un nivel de precisión digno de las leyes físicas, facilitando la penetración de los mercados en prácticas bioculturales antes protegidas por formas, ritos y símbolos que protegían la integridad de una diferencia ontológica capaz de resistir la presión de la homogeneización. Como Bateson, Rappaport identificaba el ámbito de lo sacro con la sensatez ecológica.

Además, parece ser más aparente cada día que no hay una relación directa simple entre la cantidad de conocimiento empírico comprobable incluido en un modelo percibido y lo apropiado de la conducta que origine. No es menos cierto que las representaciones de la naturaleza que nos ofrece la ciencia son más adaptables o funcionales que aquellas imágenes del mundo, habitado por espíritus que los hombres respetan, que guían las acciones de los maring y otros pueblos "primitivos". En realidad, no deben serlo ya que al envolver la naturaleza en velos sobrenaturales tal vez le brindan cierta protección contra la destructividad y estrechez de miras propias de los humanos, que pueden ser estimulados por un punto de vista natural de la naturaleza. A la luz de nuestras anteriores observaciones puede sugerirse que es más adaptativo santificar a la naturaleza que a la cultura. Puede también sugerirse que no está todavía claro si a la larga son adaptativos la civilización, el Estado, la ciencia y la tecnología mecanizada. Y ya que éstos son desarrollos recientes en la evolución de la cultura, podemos preguntarnos hacia qué fines nos puede estar llevando la evolución. (Rappapport 1985: **12**)

A lo largo del libro hemos podido identificar los orígenes y las fases de la ideología del progreso como avance evolutivo. En la Era del Capitalismo Cognitivo, ese avance evolutivo se equipara sin más con el incremento en complejidad de las formas biológicas y las formas culturales. En el último caso, la antropología y las ciencias sociales identifican la complejidad cultural con el surgimiento de la civilización y la organización estatal. Como Gregory Bateson y Paul Shepard, Roy Rappaport mantiene una saludable incertidumbre sobre el carácter adaptativo de ese proceso. En su opinión, la selección natural y el incremento en la organización no agotan los procesos y resultados de la evolución. Como hemos visto en este libro, la evolución también produce inadaptaciones que llevan a muerte y la extinción. Los supuestos avances evolutivos pueden perfectamente resolver antiguos problemas creando otros nuevos.

El desarrollo de la diferenciación social, especialización ocupacional, y las jerarquías administrativas características del Estado hacen posible seguramente la existencia de poblaciones de mayor tamaño y más densas en circunstancias más seguras, en organizaciones que se extiendan sobre regiones más amplias y diversas que antes. Pero esos mismos aspectos de la organización estatal crearon problemas ecológicos y sociales que todavía están por resolverse.

Como Elinor Ostrom[44], Rappaport señala a la centralización administrativa entre los orígenes de los problemas socio-ecológicos del modo occidental de vida. La pérdida de control local de la producción, cuyos objetivos y normas responden a autoridades globales o al menos supralocales. La centralización tiende a exceder la capacidad de carga de los ecosistemas según las necesidades de la población local. Esa transgresión es más probable cuando se incrementa la complejidad de las estructuras administrativas macroeconómicas, que siendo gobernadas por personas con sus propios intereses, posibilitan bucles de realimentación positiva y desviaciones notables de la estabilidad ecológica

> El objetivo de la regulación puede no ser ya el bienestar del hombre y la preservación de los ecosistemas, sino que puede convertirse en la preservación de instituciones particulares políticas, sociales o económicas, tal vez a expensas de los sistemas vivientes. Además, cuando llegan a ser poderosos, los grupos particulares con funciones especiales, como las firmas industriales o industrias determinadas, tienen una tendencia a capturar o intentar capturar a las agencias que las regula, y a elevar sus propios propósitos a posiciones preeminentes en los grandes sistemas vivientes de los cuales ellos son sólo una parte. (Rappaport, 1985, 13)

Recordemos que Bateson equiparaba las corporaciones y las administraciones con nuevas entidades automaximizantes[45]. Para Rappaport las empresas son en realidad máquinas que buscan perpetuarse mediante la producción de externalidades negativas. Los productos de la industria, desde los automóviles a los pesticidas, no son

---

[44] Ostrom, E.: *El gobierno de los bienes comunes* (México: FCE, 2011)

[45] Ver supra, cap. 1

más que los residuos del metabolismo industrial, encargado de perpetuar su existencia sistémica. La maquinaria representa enormes inversiones y emplea a un número considerable de individuos. El objetivo de la economía capitalista, vieja o nueva, es asegurar el futuro de las empresas y la rentabilidad de las inversiones. El aseguramiento de las inversiones explica en parte el papel de la innovación científica y tecnológica en el crecimiento económico. La lógica cultural de la ciencia está caracterizada por la *empresa*, tal y como explicaba Heidegger en "La época de la imagen del mundo". Innovación científica y crecimiento económico conforman un bucle de realimentación positiva. La inversión en investigación propicia el crecimiento económico, y éste propicia la reinversión de los beneficios en más investigación...Para Heidegger, la lógica de la investigación científica es la lógica de la empresa, pues rige su actividad en función exclusiva de sus propios resultados. Inversión, especialización y empresa caracterizan también la función de la ciencia en la era de la digitalización y el capitalismo cognitivo.

Según Heidegger, con la concepción matemática de la normatividad y la objetividad, comienza ese modo de ser occidental del hombre que consiste en ocupar el ámbito de las capacidades humanas como un espacio de medición y control de la naturaleza en su totalidad. Ese espacio es el ámbito de la empresa, de la especialización y la inversión característico de la ciencia moderna

> Pero no es que la investigación sea una empresa porque su trabajo se lleve a cabo en institutos, sino que dichos institutos son necesarios porque la ciencia en sí, en tanto que investigación, tiene el carácter de una empresa. Este tener que regirse por los propios resultados, como camino y medio del método progresivo, es la esencia del carácter de empresa de la investigación. Todas las disposiciones que facilitan un acuerdo conjunto y planificable de los modos del método, que exigen el control y planificación recíprocos de los resultados y regulan el intercambio de las fuerzas de trabajo (Heidegger 2000, 69-70).

La caracterización de la investigación científica como inversión empresarial devela una orientación económica en la que el tiempo se monetiza gracias al ahorro, al crédito y las tasas de interés y descuento. El tiempo métrico se impone sobre la duración personal de las prácticas del mundo de la vida, anulando la crucial distinción entre valor de uso y valor de cambio. La digitalización ayuda a extender esa conversión conmutativa hasta homogeneizar todas nuestras prácticas en función de su rendimiento económico.

Ese mismo proceso de homogeneización puede rastrearse históricamente al menos hasta el establecimiento de la primacía social de determinadas prácticas susceptibles de cálculo, como las prácticas mercantiles de las pujantes clases adineradas del renacimiento europeo. Desde entonces hasta nuestros días, la vida social de las poblaciones humanas ha sido crecientemente cuantificada y, en nuestros días, convertida en valor de cambio y, finalmente, monetarizada. Más que vivirse, la vida social se administra: las interacciones que importan a la hora de la toma de decisiones individuales y colectivas son las susceptibles de cuantificación. El valor se añade y se distribuye con impuestos, y los intereses se calculan. La matemática y la estadística al servicio de un orden social más racional, aunque esa racionalidad exceda nuestras posibilidades ecológicas.

En su huida de la tupida y enmarañada red de interacciones ecológicas entre organismos y mundos circundantes superpuestos, el pensamiento económico ha alumbrado la naturaleza como un ente abstracto, homogéneo y alejado de nuestra experiencia viva, y al hacerlo ha marginado las variedades de la experiencia ecológica humana en sus respectivos ecosistemas en favor de una óptica centralmente unificada por el cálculo y las leyes deterministas de la física y de la economía clásica. La ilusión de autonomía de los procesos mentales de representación matemática con respecto a las condiciones ambientales del organismo que piensa y representa nos deja una naturaleza más alejada de la experiencia del habitar humano que nunca.

Tim Ingold ha negado que esa naturaleza cuantificada a la que remite el discurso filosófico de la cientificidad europea pueda ser habitada por algún organismo vivo, que pueda ser llamada "ambiente".

Nuestro ambiente es el mundo que percibimos con nuestros sentidos, incluyendo la tierra bajo nuestros pies, el cielo arqueado sobre nuestras cabezas, el aire que respiramos, la vegetación nutrida por la energía del sol, y todos los animales que dependen de ella, "centrados en sus propias vidas, como nosotros en las nuestras". La naturaleza así entendida queda aplastada por las imágenes proyectadas por la ciencia y a tecnología, que representan un mundo

> cuya realidad es dada con bastante independencia de nuestra experiencia de él, y que solo podemos conocer a través de la compilación de los conjuntos de datos extraídos de una observación y medición desapegadas, y retransmitida en forma de mapas, gráficos e imágenes. Es un mundo aprehendido como un globo con su atmósfera, antes que como un agregado de tierra y cielo, como un catálogo de biodiversidad más que como el entramado de trayectorias vitales de animales y plantas, un mundo susceptible al cambio climático más que a las vicisitudes del tiempo. (Ingold 2008: 22)

Según Ingold, la misma lógica que hace de la naturaleza un espacio clasificatorio y de la biodiversidad un entretenido catálogo de anatomías, ha confinado la vida en el interior de los organismos, y particularmente dentro de sus genes, que utilizan a sus portadores orgánicos para que luchen por ellos en un ambiente que solo figura a modo de filtro para la selección natural. La vida no está dentro del organismo en el mismo sentido que el mercurio está dentro del termómetro o el gas dentro de un globo, sino más bien como una bacteria anida en nuestra flora intestinal. Esa bacteria se encuentra en mi intestino porque este es el hábitat de distintos ecosistemas de microrganismos, lo que permite tanto la continuidad de sus funciones como la de las mías, siempre y cuando siga manteniendo transacciones con otros organismos y otras poblaciones anidadas en los ecosistemas que co-existen en mi hábitat. La vida no trascurre en el interior de mi organismo en mayor medida que la vida de la bacteria transcurre en la suya. Las condiciones de identidad de los organismos vivos son relativas a su propio nivel de anidamientos y transacciones ecológicas, y no algo que cada organismo recibe en propiedad junto a la vida que sus progenitores les dan. Al igual que no podemos determinar por separado la posición y el movimiento de una partícula, tampoco podemos determinar por separado las identidades de los organismos vivos de su ubicación en relaciones ecológicas más amplias. La vida es una propiedad del conjunto de relaciones que los organismos mantienen con sus ambientes, y no el resultado de una transmisión directa del todo a la parte o de las partes entre sí. La vida no se hereda como un patrimonio, porque la riqueza de los organismos depende de todo un mundo de relaciones ecológicas más allá del estricto paquete genético que reciben de sus progenitores. Intentar salvaguardar la biodiversidad atesorando bancos de germoplasma es en realidad como intentar salvar de la extinción a las especies amenazadas sin cuidar sus hábitats.

El ambiente ecológico es precisamente lo que constituye la vida, y no lo que la filtra, depurándola de mutaciones evolutivamente ineptas. Como reclama Ingold, nuestra propia supervivencia parece depender de nuestra capacidad de reconciliar de alguna manera la naturaleza según la imagen científica de un mundo hecho de cuántos en la imagen del ambiente tal y como se manifiesta en la común experiencia humana. Pero la digitalización del mundo de la vida no ayuda precisamente a esa posible reconciliación. Más bien parece obstaculizarla. Con la digitalización del mundo de la vida, nuestro ambiente social parece reducirse a nuestro nicho de mercado, nuestra personalidad acaba siendo un producto de firma y nuestra adaptación está en función del número de quienes siguen nuestro rastro digital y lo evalúan según coincida con sus gustos. La norma del gusto depende hoy de los "likes" que generemos, de las tendencias que se sigan de unas intervenciones on-line. Nuestro rol como *influencers* tasa económicamente nuestro tiempo on-line, convertido en rango de intervención y exposición digital. Los animales no humanos rellenan nuestros *selfies,* encuadrados *y* ostentados como trofeos de caza digital. La huella digital de nuestro consumo electrónico genera ya grandes bancos de datos que gracias a potentes algoritmos conocen mejor que nosotros mismos cuáles van a ser nuestras futuras necesidades personales, perfilándonos como clientes únicos, con una personalidad exclusiva e indeleble. Nuestro pasado digital convierte nuestro curso de vida en un futuro precisamente anticipado, debidamente cuantificado y convenientemente monetizado. La digitalización del mundo de la vida nos convierte en presos a la vez que en carceleros de nosotros mismos. El efecto túnel del yo digital cancela la visión periférica del mundo y anulan nuestra percepción de las diferencias biológicas, nuestro estar vivos entre otros seres vivos que escapan a la más concienzuda de las antropogénesis. Lamentablemente, como argumentaremos en el último apartado, la experiencia humana entre organismos biológicos no domesticados, "centrados en sus propias vidas como notros en las nuestras" también está en grave riesgo de extinción. Y el riesgo de extinción de la experiencia ecológica humana realimenta un bucle de extinción masiva que mengua la biodiversidad hora tras hora, especie tras especie.

La extinción de la experiencia

Las flores prímulas y los paisajes tienen un grave inconveniente: son gratuitos. El amor a la Naturaleza no da trabajo a las fábricas. Se decidió abolir el amor a la Naturaleza, pero no la inclinación a consumir transporte. Pues, por otra parte, era esencial que siguieran trabajando a cielo abierto aunque lo odiaran. El problema era hallar para el consumo del transporte una razón más sólida que el mero afecto hacia las flores prímulas y los paisajes. Acondicionamos a las masas para que odien a la Naturaleza, pero simultáneamente las condicionamos para que les gusten los deportes al aire libre. Y a la vez nos las arreglamos para que todos los deportes al aire libre exijan aparatos fabricados. De este modo consumen artículos manufacturados y medios de transporte

Aldous Huxley

Comunidad, Identidad, Estabilidad, ésta es la divisa del distópico y despótico estado mundial imaginado por Huxley. Con esta divisa acaba la segunda frase de *Un Mundo Feliz*. El párrafo de Huxley arriba citado caracterizaba proféticamente nuestro tiempo, La Era del Capitalismo Cognitivo. El mercado tiene que llegar hasta las mismas entrañas de la vida mental, personal y social, convertida también en nuda vida (Agamben, 2008). El imperativo ontológico del Capitalismo Cognitivo es inequívoco: nada debe existir si no puede ser finalmente monetizado.

Y el amor a la naturaleza no devenga ni un solo centavo al Capital Social. Es tan gratuito como la propia naturaleza antes de ser convertida en Capital Natural. La experiencia directa sin mediación tecnológica es mercantilmente nula. Ni puede ni debe existir. Pero, gracias a las nuevas tecnologías de la información y de la comunicación, la experiencia invariablemente mediada puede y debe ser monetizada. El Capitalismo Cognitivo es pues ultraliberal: nada puede ser gratuito, aunque se ofrezca como tal. Una vez procesada tecnológicamente, la información encapsulada puede y debe monetizarse. Nada puede ni debe escapar de la auto-regulación del mercado y el sistema de precios.

Por otra parte, ya no es posible atribuir este imperativo a la voluntad humana como capacidad de un sujeto racional en tanto que universal. La decisión ontológica de la especie humana como "agente colectivo", implícita en el texto de Huxley, una supraconciencia que se fija grandes proyectos y los realiza en la historia, no es más que un mito heredado del monoteísmo, cuyos orígenes, como hemos visto, hay que buscarlos en las metáforas de control propias de la revolución neolítica tal y como fue conceptualizada por los historiadores del siglo XIX: el progreso, la infinita perfectibilidad del hombre, de sus técnicas culturales y de la naturaleza a la que se enfrenta, y el incremento cuantitativo y cualitativo en el avance inexorable de las generaciones. John Stuart Mill, el filósofo que definía moralmente el obrar humano en términos de la maximización de la felicidad para el mayor número de personas que una acción procura, profesaba una filosofía de la historia tejida sobre este tipo de metáforas de control:

> A fin de cuentas, los caminos de la naturaleza han de ser conquistados, no obedecidos. Cada elogio sobre la Civilización, del Arte, y de la Comunidad, son en mayor medida desprecios hacia la Naturaleza; una admisión de que la Naturaleza es imperfecta, y de que la tarea y el mérito del hombre en cualquier época es el constante esfuerzo por corregir o mitigar esas imperfecciones de la naturaleza" (Mill[62] 1878: 20-21)

A lo largo del libro también hemos señalado cómo los mitos, las metáforas y las analogías tienen efectos causales indirectos a través de los hábitos que sus usos normalizan. En este epílogo abordaremos la deshabituación y el creciente abandono de la experiencia humana embebida en la naturaleza salvaje, empapada situacionalmente en la otredad biológica, en la diferencia ontológica indeleble, fuera del alcance de la voluntad antrópica del control y de la homogeneización de la otredad. Dicho en los términos propios del capitalismo cognitivo, este epílogo versa sobre la extinción la experiencia humana de una otredad biológica no monetizable, indiferente e inmune ante nuestra voluntad de control y nuestra sed de beneficios, perfectamente capaz de realimentar su propia vida en fuentes no necesariamente antropogénicas. Lo que anda aquí en juego es la extinción de nuestra experiencia de la naturaleza indómita y refractaria a la domesticación, la extinción de la experiencia no patológica, fruto de una mirada en la que el Dasein encuentra un sinfín de otredades biológicas irreductibles a su atribulada y supuestamente excepcional condición humana.

La creciente ausencia en la experiencia humana de la co-presencia de otros mundos circundantes diferentes, irreductibles al mundo antrópico que los seres humanos hemos llegado a homogeneizar, hasta equipararlo con la única y verdadera existencia, conduce a uno de los bucles de extinción por realimentación positiva más cruciales de cuantos hemos analizado en este libro. Cuanto más decrezca nuestra experiencia de la naturaleza salvaje, el contacto inmediato con mundos circundantes que gravitan en torno a organismos cuyo curso de vida es independiente e indiferente al nuestro, mayor será nuestra descuidada indiferencia hacia la biodiversidad, menor será nuestro vínculo emocional con poblaciones y especies distintas de la nuestra y, por lo tanto, más probable será la aparición de otros bucles de extinción antropogénica. Y resulta claro que, cuanto más se exponencie la extinción de otras especies, menor será la probabilidad de que nuestra experiencia vital incluya esos mundos circundantes y nichos biosemióticos distintos de los nuestros. En términos mucho más llanos, Gerald Marten sugiere la naturaleza de ese bucle de extinción crucial:

> Puede ser que ninguna cantidad de tratados internacionales, reglamentos y planes gubernamentales, o incluso clases formales en escuelas, sean suficientes si en el fondo la gente carece del amor y respeto por la naturaleza que los motive a realizar sus actividades cotidianas en maneras que no destruyan su sistema ambiental de sustento ... la inquietud por el medio ambiente que proviene exclusivamente de la escuela, carecerá la profundidad y solidez necesaria para que una sociedad sea ecológicamente sustentable (Marten, 2001:202)

Fue Robert Pyle (1992) quien acuñó el lema que titula este epílogo, y que explica en parte la superficialidad ecológica de nuestro actual vínculo intelectual con la naturaleza, según la calificación implicada por el ecólogo Gerard Marten. Según Pyle, la extinción de l a experiencia no representa exclusivamente la pérdida de los beneficios sobre nuestra salud derivados del contacto íntimo y directo con los ecosistemas, la flora y la fauna salvaje. Supone también un ciclo de desafección de consecuencias catastróficas. Las urbes y sus metástasis suburbanas nos llevan a renunciar a la diversidad biológica. Los urbanitas crecemos absolutamente apartados de ese contacto íntimo y personal con la vida pulsátil, que como nosotros goza y sufre su propia ontogenia. Y con ese distanciamiento físico y psicobiológico de seres de los cinco reinos de la vida, que al crecer cambian igualmente de formas y tamaños, desarrollando sus fases biológicas tal y como lo hace el propio niño en su desarrollo ontogenético, nuestra sensibilidad y nuestra apreciación receden con paso seguro hacia el abandono. Pocas cosas co-palpitan en las manos del niño urbanita. Lo que crece se confunde con lo que los adultos construyen ahora y que, en un futuro próximo, el propio niño se verá obligado a construir, con distintos materiales o materias primas, una vez restringida su ontogenia como el camino a la senda segura del control y la independencia económica que le dará derecho a reproducir genéticamente su propio curso de vida. Esta visión económica del desarrollo biológico de la especie realimenta nuestra apatía hacia los límites ecológicos del crecimiento humano e, inevitablemente, impulsará aún más la degradación del hábitat común. La alienación ante la naturaleza representa para Pyle una de las grandes causas de la extinción ecológica. Una última reflexión general puede ayudarnos a entender su conclusión.

La educación ambiental del miedo

Los conservacionistas adultos sabemos de la importancia de los hechos y su cuantificación, de las tasas de extinción que analizamos en nuestra introducción, de aprender los nombres de las especies en peligro de extinción, de entender los procesos de realimentación entre emisiones de gases de efecto invernadero, calentamiento y pérdida de biodiversidad, de la necesidad de que los niños divulguen entre sus mayores la urgencia del reciclaje y la eficiencia energética, etc. Estos son los valores ambientales que, por lo general, tratamos que vertebren los procesos de enseñanza y aprendizaje entre las nuevas generaciones de estudiantes. Valores objetivos, captados en variables dependientes e independientes, propios de una actitud rigurosa y científica, separada e imparcial, sin intrusiones de afectos y emociones que nos desvíen del objetivo: enseñar a hacer lo ambiental y científicamente correcto. Para los economistas ambientales, esa corrección conductual para la conservación implica finalmente una toma de decisiones individuales económicamente sustentables, empezando por consumir aquellos productos que, por ejemplo, imprimen una huella ecológica de menor profundidad. El capitalismo cognitivo ha logrado integrar racionalmente el ambiente en la economía global, siempre que no distraiga del objetivo del crecimiento económico sostenido, dependiente de la monetización completa de la vida. Los mercados serían así el seguro de vida de la biodiversidad. Ninguna experiencia subjetiva, por extraordinaria que sea, debe existir al margen de la monetización. Como afirmaba Félix Guattari en su *Micropolítica:*

> Todo lo que tiene que ver con cosas extraordinarias, como
> el hecho de hablar y vivir, el hecho de tener que envejecer,

de tener que morir- no debe perturbar nuestra eficiencia en el puesto de trabajo y en los lugares de control social que ocupamos, comenzando por el control social que ejercemos sobre nosotros mismos (Guattari 1990: 56).[46]

Según esto, la interdependencia entre la vida y la muerte no puede ser objeto de reflexión ecológica. Para evitar disfuncionalidades en el sistema económico de la sustentabilidad, la muerte debe ser cuantificada en términos de liberación de CO_2, funerarias sustentables, herencias genéticas y patrimoniales, y posibilidades de reemplazo que sustenten el ciclo económico de la vida. Los afectos no aportan nada a la internalización de las externalidades negativas o fallos de mercado.

La mayoría de los profesores de las próximas generaciones hacemos más o menos lo mismo. Les hablamos de ecosistemas en crisis, de la diferencia que en nuestra vida personal y social comportarían unos grados más de temperatura anual, en fin, de todos aquellos hechos y advertencias que convertirán a nuestros descendientes en ciudadanos ambientalmente responsables.

Hemos abandonado lo que Paul Kingsnorth (2014) ha denominado el vínculo vernacular, subjetivo y no técnico con la Naturaleza" (Wuerther *et al*, 2014).

No es de extrañar que esta estrategia haya deparado escasos resultados en nuestros hábitos de interacción con la naturaleza, a los que resulta imposible reducir y compartimentalizar en una sección separada y rotulada ceremoniosamente con el adjetivo "ambiental", y más aún cuando los contenidos de la educación ambiental suelen girar en torno a la amenaza de inminentes catástrofes que llevarán a ecosistemas enteros a la destrucción y provocarán inimaginables destrozos en las poblaciones humanas. En muchos casos, la suma de un trastorno emocional por déficit de naturaleza, unos contenidos abstractos de ecología y unas directrices ambientales de conducta que el niño o el adolescente no logran vincular ni cognitiva ni emocionalmente con las experiencias

---

[46] Agradezco la lectura de este texto a Carolina Uribe, estudiante de la tercera generación del Doctorado en Estudios Interdisciplinares en Pensamiento, Cultura y Sociedad de la Facultad de Filosofía de la UAQ.

en su estado de desarrollo ontogenético, solo consigue empeorar una situación ya de por sí complicada y confusa. Sin los vínculos emocionales que depara la experiencia directa, íntima y cercana con la naturaleza, los contenidos de la educación ambiental para la sustentabilidad se pudren como letra muerta (Esteban 2018: 169).

David Kidner ha sumado a esta extinción de la experiencia salvaje su asesinato conceptual *(sic)* (Wuerther 2o14). Documentales de televisión, imágenes digitales retocadas con Photoshop, videos subidos a las redes sociales, protectores de pantalla con vida exuberante y otras mercancías al uso refuerzan la impresión de que el mundo salvaje sigue floreciendo, pese a lo que nuestros hábitats locales de hecho nos están contando. Se nos sugiere que la verdadera naturaleza salvaje existe ahí afuera, incólume a la contaminación urbana, apasionante y bella como un documental de National Geographic. Si nos lo proponemos, podemos experienciarla en tiempo real, conectando digitalmente con cámaras sensibles al paso de la vida animal. La naturaleza parece haber perdido para los internautas su carácter local. Podemos incluso creer que internet mejora nuestra experiencia de la naturaleza, aunque sea una experiencia vicaria, tecnológica y socialmente construida. Tras el advenimiento de la posmodernidad, la naturaleza ha pasado a ser para muchos, académicos o no, un constructo social, una presencia simbólica con el mismo status que Narnia, Avatar o La Tierra Media del Señor de los Anillos (Kidner 2014: 11). Contra esta especie tan extendida dedesorden cognitivo, a mitad de camino entre la negación, el narcisismo, la auto exculpación y la pulsión de autoconsuelo, y lejos de cualquier tentación estética de simetría, hemos decidido que la última cita de este libro no sea otra que el fragmento de Paul Shepard (1973) que elegimos como motto del capítulo tercero de este libro:

Los zoológicos, las mascotas y los animales domésticos nos regalan satisfacciones personales por obra de la miseria ecológica de nuestras vidas. La incómoda verdad es que son en realidad perversiones patológicas. Los documentales de animales, las mascotas, los zoos y los juguetes son groseros substitutos para satisfacer una necesidad innata. Al poseerlos, dejamos casi de preocuparnos por la supervivencia de los animales salvajes. Así dejamos que las formas salvajes de vida se vayan deslizando hacia la extinción de puntillas, sin hacer apenas ruido.

De ahí que, para algunos de nosotros, los zoológicos representen en sí mismos memoriales de la sexta extinción. Y aun así la necesidad innata que estas experiencias vicarias están llamadas a satisfacer es tan real como todas las necesidades humanas de la escala jerárquica de Abraham Maslow. Wilson denominó *biofilia* a la necesidad humana de afiliarse o salir al encuentro de los organismos de otras especies biológicas afines. Parece justo que, tras las alusiones a la biofilia esparcidas en los capítulos de un libro centrado en los umbrales de la sexta extinciòn, la hipótesis de biofilia sea el próximo atractor que, si nos da la vida, logre reabrir un trabajo que todo aconseja detener aquí. *Fortuna imperatrix mundi*

Huimilpan, Querétaro, junio de 2019

BIBLIOGRAFÍA

Acampora, R. (2005). Zoos and Eyes: Contesting Captivity and Seeking Successor Practices. *Society & Animals, 13*(1), 69-88.

Acampora, R. (2010). *Metamorphoses of the Zoo. Animal Encounter after Noah.* Plymouth: Lexington Books.

Achenbach, J. (2011). *A Hole at the Bottom of the Sea.* Nueva York: Simon and Schuster. Adler, A. (2014). *Irresistible.* Barcelona: Paidós.

Agamben, G. (2008). *Lo abierto.* Valencia: *Pre-textos*

Alcorrebo, R. (16 de mayo de 2019). *¿Homo economicus o idiota moral?* [en línea]. Obtenido de filosofia y pensament: http://www.alcoberro.info/V1/liberalisme5.htm

Allen, C., y Bekoff, M. (1995). *Species of Mind. The Philosophy and Biology of Cognitive Ethology.* Cambridge: The MIT Press.

Álvarez-Buylla Roces, M. E. (2018). *Plan de reestructuración estratégica del CONACyT para adecuarse al Proyecto Alternativo de Nación (2018-2024).* México: Documento interno de MORENA.

Animal Ethics. (2013). *How to do Animal Rights.* Recuperado el 21 de mayo de 2015, de http://www.animalethics.org.uk/How-to-Do-Animal-Rights-2013.pdf

Aristóteles. (1988). *Política.* Madrid: Gredos.

Ávila, S., Colín, S., y Muñoz, C. (1999). *Economía de la biodiversidad. Memoria del Seminario Internacional de La Paz, BCS.* México: Semarnat/Instituto Nacional de Ecología.

Banning, E. (2011). So Fair a House: Göbekli Tepe and the Identification of Temples in the Pre-Pottery Neolithic of the Near East. *Current Anthropology, 52*(5), 619-660.

Bataille, G. (1985). *Visions of Excess: Selected Writings. 1927-1939.* Minneapolis: Minessota University Press.

Bateson, G. (1972). *Steps to an ecology of mind: Collected essays in anthropology, psychiatry, evolution, and epistemology.* Nueva Jersey & Londres: Jason Aronson Inc.

Beck, B. (1995). Reintroduction, Zoos, Conservation, and Animal Welfare. En B. G. Norton, M. Hutchins, T. Maple y E. Stevens (eds.), *Ethics on the Ark: Zoos, Animal Welfare, and Wildlife Conservation* (págs. 155-163). Washington: Smithsonian Institute.

Beck, B., Kleinman, D. G., Castro, M., Ballou, J., y Stoinski, T. (1998). Behavioural deficiencies in reintroduced golden lion tamarins are clues to the effects of successful adaptation to the zoo environment by. *Ethology*(33), 7-8.

Bekoff, M. (2012). *Encyclopedia of Animal Rights and Animal Welfare*. Santa Barbara: ABC-CLIO, LLC. Belausteguigoitia, J. (1999). Una introducción a los aspectos económicos de la biodiversidad. En S. Ávila, S. Colín, y C. Muñoz (comps.), *Economía de la biodiversidad. Memoria del Seminario Internacional de La Paz, BCS* (págs. 23-33). México: Semarnat/Instituto Nacional de Ecología.

Benyus, J. M. (2012). *Biomímesis*. Barcelona: Tusquets Editores. Boas, F. (1922). *Primitive Art*. Nueva York: Dover Publication.

Bradshaw, G., Smuts, B., y Durham, D. (2010). Open Door Policy: Humanity's Relinquishment of 'Right to Sight' and the Emergence of Feral Culture. En R. Acampora (ed.), *Metamorphoses of the Zoo. Animal Encounter after Noah* (págs. 151-169). Plymouth: Lexington Books.

Braudillard, J. (2001). *Selected Writings*. Irvine: Standford University Press.

Budiansky, S. (1992). *The Covenant of the Wild: Why Animals Chose Domestication*. New Haven: Yale University Press.

Bulbeck, C. (2005). *Facing the Wild*. Londres: Fisk Books.

Carr, N. (2010). *The Shallows. What Internet is doing to our brains*. Nueva York & Londres: W.W. Norton and Company.

Carrington, D. (31 de August de 2016). How the domestic chicken rose to define the Anthropocene. *The Guardian*. [en línea]. Recuperado el 15 de enero de 2017, de https://www.theguardian.com/environment/2016/aug/31/domestic-chicken-anthropocene- humanity-influenced-epoch

Carter, S., y Kagan, R. (2010). Management of 'Surplus Animals'. En D. G. Kleiman, K. V. Thompson, y

C. Kirk Baer (eds.), *Wild Mammals in Captivity: Principles and techniques for zoo management* (págs. 263-267). Chicago: University of Chicago Press.

Cauvin, J. (1994). *The Birth of Gods and the Origins of the Agriculture*. Cambridge: Cambridge University Press.

Celis, C (2017) *The Attention Economy: Labour, Time and Power in Cognitive Capitalism* London: Lanham, Maryland: Rowman & Littlefield International

Chrulew, A. (2010). From Zoo to Zoopolis: Effectively enacting Eden. En R. Acampora (ed.), *Metamorphoses of the Zoo: Animal Encounter After Noah* (págs. 193-220). Plymouth: Lexington Books.

Cipreste, C., Schetini, C., y Young, R. (2010). How to Develop a Zoo- Based Environmental Enrichment Program: Incorporating Environmental Enrichment into Exhibits. En D. G. Kleiman, K. V. Thompson, y C.

Kirk Baer (eds.), *Wild Mammals in Captivity: Principles and techniques for zoo management* (págs. 171-180). Chicago: University of Chicago Press.

Clubb, R., Vickery, S., y Latham, N. (2006). Motivation and Motivational Explanation of Stereotypies. En G. Mason, y J. Rushen, *Stereotypic Animal Behaviour. Fundamentals and Applications to Welfare* (pág. 12). Cambridge: CABI.

Cohen, D. (2013). *Homo Economicus: el profeta (extraviado) de los nuevos tiempos.* Barcelona: Ariel.

Conde, D., Colchero, F., Gusset, M., Pearce-Kelly, P., Byers, O., Flesness, N., y otros. (2013). Zoos through the Lens of the IUCN Red List: A Global Metapopulation Approach to Support

Conservation Breeding Programs. *PLOS ONE, 8*(1), 1-9. Recuperado el 21 de julio de 2015, de https://journals.plos.org/plosone/article/file?id=10.1371/journal.pone.0080311&type=printable

Coughland, S. (30 de octubre de 2018). Surgery students 'losing dexterity to stitch patients'. *BBC News.* [en línea]. Recuperado el 23 de febrero de 2019, de https://www.bbc.com/news/education- 46019429

Covey, S. (1989). *Los siete hábitos de la gente altamente efectiva.* Barcelona: Paidós. Crutzen, P. J. (2002). Geology of mankind. *Nature, 415*(6867), 23.

Daniel, G. E. (1967). *The Origins and Growth of Archaeology.* Nueva York: Thomas Y. Crowell. Darwin, C. (1868). *The variation of animals and plants under domestication.* Londres: John Murray. Darwin, C. (2003). *Diario de un naturalista alrededor del mundo.* Madrid: Espasa-Calpe.

Dedyukhina, A. (2017). *Homo distractus.* Recuperado el 12 de noviembre de 2017, de https://www.indiegogo.com/projects/homo-distractus-a-book-to-better-manage-your-tech- books/

Descola, P. (1986). *La nature domestique: symbolisme et praxis dans l'écologie des Achuar.* Paris: Éditions de la Maison des Sciences de l'Homme.

Descola, P. (2005). *Par-delà nature et la culture.* Paris: Gallimard.

Dewey, J. (1916). *Democracy and Education.* Nueva York: The Macmillan Company. Dewey, J. (1938). *Experience and Education.* Nueva York: Kappa Delta Pi.

Diamond, J. (mayo de 1987). The Worst Mistake in the History of the Human Race. *Discover,* 95-98.

Diamond, J. (2002). Evolution, consequences and future of plant and animal domestication. *Nature, 418,* 700-707.

Diffenbaugh, N. S., y Burke, M. (2019). Global warming has increased economic inequality. *Proceedings of the National Academy of Sciences of the United States of America, 116*(20), 9808- 9813. Recuperado el 31 de mayo de 2019, de https://doi.org/10.1073/pnas.1816020116

Doidge, N. (2007). *The Brains that Change Itself.* Nueva York: Penguin Books. Doidge, N. (2015). *The Brain's Way of Healing.* Nueva York: Viking Penguin.

Doidge, N., y Balsille, J. (17 de febrero de 2018). Can we ever kick our Smartphone addiction. Jim Balsillie and Norman Doidge discuss. *The Globe and Mail*. [en línea]. Obtenido de https://www.theglobeandmail.com/opinion/can-we-ever-kick-our-smartphone-addiction-jim- balsillie-and-norman-doidgediscuss/article37976255/

Dyer-Witheford, N. (2015). *Cyber-Proletariat: Global Labour in the Digital Vortex*. Toronto: Pluto Press-Between the Lines.

Ellis, E. C., y Ramankutty, N. (2008). Putting people in the map: anthropogenic biomes of the world. *Frontiers in Ecology and the Environment*, 439-447. Recuperado el 14 de enero de 2017, de http://ecotope.org/people/ellis/papers/ellis_2008.pdf

Elton, C. S. (1958). *The Ecology of Invasions by Animals and Plants*. Londres: Chapman and Hall.

Eriksen, T. (2001). *Tyranny of the Moment. Fast and Slow Time in the Information Age*. Londres: Pluto Press.

Esteban, J. M. (1996). *"Pragmatismo Consecuente", Estudio Introductorio de Dewey, J.: Liberalismo y acción social y otros ensayos*. Valencia: Ediciones Alfons el Magnanim (ed. y trad. J.M. Esteban).

Esteban, J. M. (2000). Proyección y crítica de la cultura científica en Swift y Bacon. *Signos Filosóficos, 2*(3), 33-52.

Esteban, J. M. (2001). *La crítica pragmatista de la cultura*. Heredia: Universidad Nacional de Costa Rica.

Esteban, J. M. (2006). *Variaciones del pragmatismo en la filosofía contemporánea*. Cuernavaca: Universidad Autónoma del Estado de Morelos.

Esteban, J. M. (2010). Educación, Humanidades y Cultura Ambiental. *Río Hondo, 93*, 15-25. Esteban, J. M. (2012a). Nuevo Análisis de la Tragedia de los Comunes. *Teoría y Práxis, 11*, 40-58.

Esteban, J. M. (2012b). La Ética Ambiental en la Nueva Cultura del Agua. *Revista Agua en Quintana Roo, 2*, 34-36.

Esteban, J. M. (2013). *Naturaleza y conducta humana. Conceptos, valores y prácticas para la educación ambiental*. Bloomington: Palibrio.

Esteban, J. M. (2015). En lugar de ir al zoológico... *Revista Latinoamericana de Estudios Críticos Animales, I*, 96-114.

Esteban, J. M. (2018a). Dürer's Rhinoceros: Biocultural Homogenization of the Visual Construction of Nature. En R. Rozzi, H. May Jr, F. S. Chapin III, F. Massardo, M. C. Gavin, I. J. Klaver, y otros, *From Biocultural Homogeneization to Biocultural Conservation* (págs. 137-165). Cham: Ecology and Ethics, vol. 3. Springer.

Esteban, J. M. (2018b). *Ecología, Experiencia y Educación*. Guadalajara: Universidad de Guadalajara FAO. (2006). *Livestock's Long Shadow:*

Environmental Issues and Options. Roma: Reporte de la Organización de las Naciones Unidas para la Alimentación y la Agricultura. Recuperado el 26 de enero de 2017, de http://www.fao.org/3/a0701e/a0701e.pdf

Fox-Keller, E. (2002). *Making Sense of Life. Explaining Biological Deveopment with Models, Metaphors and Machines*. Cambridge: Harvard University Press.

Freud, S. (1993). *El malestar en la cultura*. Barcelona: Orbis.

Friedman, J. (1974). Marxism, Structuralism and Vulgar Materialism. *Man, 9*(3), 444-469. Fromm, E. (1964). *Anatomía de la destructividad humana*. México: Fondo de Cultura Económica.

Galison, P. (1994). The ontology of the enemy: Norbert Wiener and the cybernetic vision. *Critical Inquiry, 21*(1), 228-266.

Garner, J. P., y Mason, G. J. (2002). Evidence for a relationship between cage stereotypies and behavioural disinhibition in laboratory rodents. *Behavioural Brain Research, 136*(1), 83-92.

Gilkson, A. Y. (2014). *Evolution of the Atmosphere, Fire and the Anthropocene Climate Event Horizon*. Canberra: Springer.

Godfrey-Smith, P. (2016). *The Octopus, the Sea and the Deep Origins of Consciousness*. Nueva York: Farrar, Straus and Giroux.

Goleman, D. (2010). *Inteligencia ecológica*. Madrid: Kairós. Gorz, A. (1980). *Ecology as Politics*. Londres: Pluto Press. Gould, S. J. (2006). *El pulgar del panda*. Barcelona: Crítica.

Gould, S. J., y Vrba, E. S. (1982). Exaptation—a Missing Term in the Science of Form. *Paleobiology, 8*(1), 4-15.

Graves, R., y Patai, R. (1986). *Hebrew Myths: the Book of Genesis*. Nueva York: Random House Value Publishing.

Guattari, F y Rolnik, S.(2006) *Micropolíticas. Cartografías del deseo*. Madrid: Tranficantes de sueños Han, B.-C. (2014). *Psicopolítica. Neoliberalismo y nuevas técnicas de poder*. Barcelona: Herder.

Hannah, L. (2012). *Saving a Million Species: Extinction Risk from Climate Change*. Washington: Island Press.

Hardin, G. (1968). The Tragedy of the Commons. *Science, 16*, 1243-1248.

Hardin, G. (1974). *Lifeboat Ethics: the Case Against Helping the Poor*. Recuperado el 11 de mayo de 2011, de Garrett Hardin Society: http://www.garretthardinsociety.org/articles/art_lifeboat_ethics_case_against_helping_poor.h tml

Hardin, G. (1977). *Ethical Implications of Carrying Capacity*. Recuperado el 20 de agosto de 2011, de Garrett Hardin Society: https://www.garretthardinsociety.org/articles/art_ethical_implications.html

Hardin, G. (1986). *Cultural Carrying Capacity*. Recuperado el 6 de mayo de 2011, de Garrett Hardin Society: https://www.garretthardinsociety.org/articles/art_cultural_carrying_capacity.html

Hardin, G. (2001). Carrying Capacity as an Ethical Concept. *The Social Contract*, 48-57.

Haskell, D. G. (2014). *En un metro de bosque. Un año observando la naturaleza.* (G. Usandizaga, Trad.) Madrid: Turner.

Hediger, H. (1950). *Wild animals in captivity.* Basilea: Benno Schwabe & Co.

Heidegger, M. (1994). La Pregunta por la Técnica. En M. Heidegger, *Conferencias y Artículos* (págs. 9- 37). Madrid: Ediciones del Serbal.

Heidegger, M. (1994). La Epoca de la Imagen del Mundo. En M. Heidegger, *Caminos de Bosque* (págs. 63-89). Madrid: Ediciones del Serbal

Heilbroner, R. (1980). *An Inquiry into the Human Prospect.* Nueva York: W.W. Norton.

Hill, D. A. (1999). Effects of provisioning on the social behaviour of Japanese and Rhesus macaques: implications for socio-ecology. *Primates, 40*, 187-198.

Hoffmeyer, J. (2002). The central dogma: A joke that became real. *Semiotica, 138*(1/4), 1-13.

Hoffmeyer, J. (2008). *Biosemiotics: An Examination Into the Signs of Life and the Life of Signs.* Scranton & Londres: University of Scranton Press.

Hosey, G. (2008). A preliminary model of human-animal relationships in the zoo. *Applied Animal Behaviour Science, 109*, 105-127.

Hughes, L. (2012). Climate Change Impacts on Species Interactions: Assessing the Threat of Cascading Extinctions. En L. Hannah (ed.), *Saving a Million Species: Extinction Risk from Climate Change* (págs. 336-359). Washington: Island Press.

Huxley, T. H. (1888). The Struggle for Existence - A Programme. *The Nineteenth Century, 23*, 161-180. Huxley, T. H. (1893). *Evolution and Ethics.* Londres: Macmillan.

Ingold, T. (1999). 'Tools for the Hand, Language for the Face': An Appreciation of Leroi-Gourhan's Gesture and Speech. *Studies in History and Philosophy of Science Part C: Studies in History and Philosophy of Biological and Biomedical Sciences, 30*(4), 411-453.

Ingold, T. (2000). *The Perception of Environment. Essays on Livelihood, Dwelling and Skill.* Londres: Routledge.

Ingold, T. (2002). On the Distinction between Evolution and History. *Social Evolution & History, 1*(1), 5-24.

Ingold, T. (2011). *Being Alive.* Londres: Routledge.

Ingold, T. (2012). *Ambientes para la vida: conversaciones sobre humanidad, conocimiento y antropología.* Montevideo: Ediciones Trilce.

IPBEs (2019) *Media Release: Nature's Dangerous Decline _Unprecedented'; Species Extinction Rates _Accelerating,,* Intergovernmental Science-Policy Platform on Biodiversity and Ecosystem Services (IPBES) Media Release.

Summary for Policymakers, photos, _B-roll, other media resources: bit. ly/IPBESReport. Media launch webcast live from #IPBES7 (Paris, France Disponible en https://www.ipbes.net/news/Media-Release-Global- Assessment. Último acceso 15/05/2019

IUCN. (2002). *Technical guidelines on the management of ex situ populations for conservation*. Gland, Suiza: The International Union for Conservation of Nature. Obtenido de The International Union for Conservation of Nature.

IUCN. (21 de julio de 2015). *The IUCN Red List of Threatened Species. Version 2015.1*. Obtenido de The International Union for Conservation of Nature: http://www.iucnredlist.org

Jonas, H. (1995). *El principio de responsabilidad*. Barcelona: Herder.

Jünger, E. (1993). *El trabajador. Dominio y figura*. Barcelona: Tusquets Editores.

Kafka, F. (2011). *Informe para una academia y otros textos*. Madrid: Maldoror ediciones.

Kant, I. (1923). *Fundamentación de la metafísica de las costumbres*. Madrid: Revista de Occidente. Kant, I. (1984). *Lecciones sobre filosofía de la historia*. México: Fondo de Cultura Económica

Kellert, S. R. (2003). Valores de la naturaleza. En T. Kwiatkowska, y J. Issa (comps.), *Los caminos de la ética ambiental Vol. II* (págs. 61-84). México D.F.: Universidad Autónoma de México - Consejo Nacional de Ciencia y Tecnología-Plaza y Valdés.

Kellert, S. R., y Wilson, E. O. (1993). *The biophilia hypothesis*. Washington: Island Press.

Keulartz, J. (2015). Captivity for Conservation? Zoos at a Crossroads. *Journal of Agriculture and Environmental Ethics, 28*, 335-351.

King, R. T. (1948). The Future of Wildlife in Forest Land Use. *Journal of Forestry, 46*(4), 282-289. Kissling, V. (2001). *Zoo and Aquarium History: Ancient Animal Collection to Zoological Gardens*. Boca Raton: CRC Press.

Kleiman, D. G., Thompson, K. V., y Kirk Baer, C. (2010). *Wild Mammals in Captivity: Principles and techniques for zoo management*. Chicago: University of Chicago Press.

Kolbert, E. (2015). *La sexta extinción*. México: Crítica.

Krebs, J. R., y Davies, N. B. (1987). *An Introduction to Behavioural Ecology*. Oxford: Blackwell. Kropotkin, P. (1902). *Mutual Aid. A Factor in Evolution*. Londres: Heineman.

Kurzweil, R. (2003). *The Ray Kurzweil Reader*. Recuperado el 14 de enero de 2016, de https://www.kurzweilai.net/pdf/RayKurzweilReader.pdf

Kurzweil, R. *et al*. (14 de enero de 2017). *Singularity University*. [en línea]. Obtenido de https://su.org/about/

Lakoff, G., y Johnson, M. (1980). *Metaphors we live by*. Chicago: Chicago University Press.

Lakoff, G., y Johnson, M. (1990). *Philosophy in the Flesh: The embodied mind and its challenge to Western thought.* Nueva York: Basic Books.

Lambertini, M. (2016). Vivir en el Límite. En WWF, *Planeta Vivo Informe 2016. Riesgo y Resiliencia en una Nueva Era* (págs. 6-7). Gland, Suiza: WWF International.

Langton, C. G. (1994). *Artificial Life: An Overview.* Cambridge & Londres: The MIT Press.

Leakey, R., y Lewin, R. (1996). *The Sixth Extinction. Patterns of Life and the Future of Humankind.* Nueva York: Peguin Random House.

Lebow, V. (1955). Price Competition in 1955. *Journal of Retailing.*

Lee, K. (2006). *Zoos. A Philosophical Tour.* Nueva York: Palgrave Macmillan.

Leff, E. (2004). *Racionalidad ambiental.* México: Siglo XXI.

Leroi-Gourhan, A. (1971). *El gesto y la palabra.* Caracas: Universidad Nacional de Venezuela. Lewis-Williams, D., y Clottes, J. (2011). *Los Chamanes de la Prehistoria.* Barcelona: Ariel.

Logan, R. (2004). *The Alphabet Effect.* Nueva Jersey: The Hampton Press. Lorenz, K. (1972). *Sobre la agresión. El pretendido mal.* Madrid: Siglo XXI.

Lovejoy, A. O. (1936). *The great chain of being.* Cambridge: Harvard University Press.

Ludwig, E. G. (1981). People at Zoos: A sociological approach. *International Journal for Animal Problems, 2*(6), 310-316.

Louv, R. (2008). *Last Child in the Woods. Saving our Children of Nature Deficit Disorder.* ebook: Algonquin Books.

MacIntyre, A. (2001). *Animales racionales y dependientes.* Barcelona: Paidós.

Maissels, C. (1990). *The Emergence of Human Civilization.* Cambridge: Cambridge University Press.

Margodt, K. (2010). Zoos as Welfare Arks? Reflections on an Ethical Course for Zoos? En R. Acampora (ed.), *Metamorphoses of the Zoo: Animal Encounter After Noah* (págs. 12-36). Plymouth: Lexington Books.

Marten, G. (2001). *Ecología humana.* (D. Núñez, Trad.). Earthscans Publications. [en línea]. Recuperado el mayo-noviembre de 2012, de http://www.gerrymarten.com/ecologia- humana/indice.html

Martínez Alier, J., y Roca, J. (2000). *Economía ambiental y política ecológica.* México: Fondo de Cultura Económica.

Martos, A. (2012). *Breve historia de los sumerios.* Madrid: Ediciones Nowtilus.

Mason, G. (1991). Stereotypes: A critical review. *Animal Behaviour, 41,* 1015-1037.

Mason, G., y Rushen, J. (2006). *Stereottypic Animal Behaviour. Fundamentals and Applications to Welfare.* Cambridge: CABI.

McDonough, W., y Braungart, M. (1998). The Next Industrial Revolution. *The Atlantic.* [en línea]. Recuperado el 20 de junio de

2012, de https://www.theatlantic.com/magazine/archive/1998/10/ the-next-industrial- revolution/304695/

McDonough, W., y Braungart, M. (2002). *Cradle to Cradle: Remaking the Way We Make Things.* Nueva York: North Point Press.

McLuhan, M. (1993). *La Galaxia Gutenberg.* Barcelona: Galaxia Gutenberg Editorial. (Versión original 1962).

McPhee, M., y Carlstead, K. (2010). The Importance of Maintaining Natural Behaviors in Captive Mammals. En D. G. Kleiman, K. V. Thompson, y C. Kirk Baer (eds.), *Wild Mammals in Captivity: Principles and techniques for zoo management* (págs. 303-312). Chicago: University of Chicago Press.

Meyer, S. M. (2006). *The End of the Wild.* Cambridge: The MIT Press.

Mill, J. S. (1878). Nature. En J. S. Mill, *Three Essays on Religion* (págs. 20-21). Nueva York: Henry Holt. Moore, J. W. (2015). *Capitalism in the Web of Life: Ecology and the Accumulation of Capital.* Nueva York: Verso Books.

Moore, J. W. (2016). *Anthropocene or Capitalocene? Nature, History, and the Crisis of Capitalism.* Oakland: PM Press.

Morgan, K., y Tromborg, C. (2007). Sources of stress in captivity. *Applied Animal Behaviour Science, 102,* 262-302.

Noble, D. (1997). *The Religion of Technology: The Divinity of Man and the Spirit of Invention.* Michigan: A. A. Knopf.

Núñez, D. (2019) Casos de éxito. Saneamiento del Río Ayuquila.Disponible en http://mexiconservacion.org/exitos.html. Ultima consulta 3 de junio de 2019

OCDE (1993) Safety Evaluation of Foods Derived by Modern Biotechnology Concepts and Principles.

Odum, E. P. (1965). *Ecología.* México: Compañía Editorial Continental.

Olmedo, R. (2009). *Crecer o descrecer. Megatendencias.* México: Universidad Nacional Autónoma de México.

Ortega y Gasset, J. (1939). *Meditación de la Técnica. Ensimismamiento y alteración.* Madrid: Espasa- Calpe.

Ortega y Gasset, J. (2004). *Meditación de la Técnica y otros ensayos sobre ciencia y filosofía.* Madrid: Alianza.

Ostrom, E. (2003). Toward a Behavioral Theory Linking. En E. Ostrom, y J. Walker (eds.), *Trust and Reciprocity. Interdisciplinary lessons for experimental research* (págs. 19-79). Nueva York: Russell Sage Foundation.

Ostrom, E. (2011). *El gobierno de los bienes comunes.* México: Universidad Nacional Autónoma de México, Fondo de Cultura Económica.

Ostrom, E. (2012). *Reformulando los bienes comunes.* Recuperado el 21 de agosto de 2012, de http://www.ibcperu.org/doc/isis/2807.pdf

Ostrom, E., y Walker, J. (2003). *Trust and Reciprocity.* Nueva York: Russell Hage.

Ostrom, E., Burger, J., Field, C. B., Norgaard, R. B., y Policansky, D. (1999). Revisiting the Commons: Local Lessons, Global Challenges. *Science, 284,* 278-282.

Packard, V. (1960). *The Waste Makers.* Brooklyn: Ig Publishing.

Patel, R., y Moore, J. W. (2017). *A History of the World in Seven Cheap Things: A Guide to Capitalism, Nature, and the Future of the Planet.* Oakland: University of Califorra Press.

Plumwood, V. (1993). *Feminism and the Mastery of Nature.* Londres: Routledge.

Pyle, R. M. (1992). Intimate Relations and the Extinction of Experience. *Special issue on extinction. Left Bank, 2,* 61-69.

Quine, W. (1964). *Word and Object.* Cambridge: The MIT Press.

Rindos, D. (1984). *The Origins of Agriculture: An Evolutionary Perspective.* Orlando: Academic Press. Rivas, M., Hermina, X., Pereiro, X. M., Carbajo, P. P., Cañas, G., Egurbide, P., y otros. (2002-2012). *Crónicas sobre el accidente del Prestige.* [en línea]. Recuperado el abril-noviembre de 2012, de El País: https://elpais.com/tag/catastrofe_prestige/

Rollin, B. (2010). Through a Frame Darkly: Phenomenological Critique of Zoos. En R. Acampora (ed.), *Metamorphoses of the Zoo: Animal Encounter After Noah* (págs. 57-66). Plymouth: Lexington Books.

Rosen, L. (2010). *Rewired.* Nueva York: Macmillan.

Ruddiman, W. (2003). The Anthropogenic Greenhouse Era Began Thousands of Years Ago. *Climate Change, 61,* 261-293.

Schmidt, K. (2010). Göbekli Tepe - the Stone Age Sanctuaries: New results of ongoing excavations with a special focus on sculptures and high reliefs. *Documenta Praehistorica, 37,* 239-256.

Schoekel, L. A. (1993). *La Biblia del peregrino.* Estella: Ediciones Cristiandad. Sen, A. (1970). *Collective Choice and Social Welfare.* San Francisco: Holden-Day. Sen, A. (1982). *Choice, Welfare and Measurement.* Oxford: Blackwell.

Sen, A. (1989). *Economía y Ética.* Madrid: Alianza.

Shepard, P. (1967). *Man in the Landscape: A Historic View of the Esthetics of Nature.* Nueva York: Knopf.

Shepard, P. (1998). *Nature and Madness.* Athens, Georgia: The University of Georgia Press. (Versión original 1982, San Francisco: Sierra Club Books).

Shepard, P. (2003). *Where We Belong. Beyond Abstraction in Perceiving Nature.* Athens, Georgia: The University of Georgia Press.

Shepard, P., y Sanders, B. (1992). *The Sacred Paw. The Bear in Nature, Literature and Myth.* San Francisco: Arkana.

Shepherdon, D. (2010). Principles of and Research on Environmental Enrichment for Mammals. En D. G. Kleiman, K. V. Thompson, y C. Kirk Baer (eds.), *Wild Mammals in Captivity: Principles and techniques for zoo management* (págs. 62-67). Chicago: University of Chicago Press.

Simon, J. (1981). *The Ultimate Resource*. Princeton: Princeton University Press. Recuperado el 16 de mayo de 2012, de http://www.juliansimon.org/writings/Ultimate_Resource/

Simon, J. (1995). *The State of Humanity*. Boston: Basil Blackwell.

Singularity University. (21 de octubre de 2016). *Home Page*. [en línea]. Obtenido de Singularity University: https://su.org/

Smith, A. (1776). *An Inquiry into the Nature and Causes of the Wealth of Nations*. Londres: Strahan & Cadell.

Smith, A. (1994). *La riqueza de las naciones*. Madrid: Alianza.

Smith, R. (1981). Resolving the Tragedy of the Commons by Creating Private Property Rights in Wildlife. *The Cato Journal, 1*(2), 439-469.

Snyder, G (2016). La práctica de lo Salvaje. Madrid: Varasek

Sociedad Gallega de Ornitología. (2005). *Informe del impacto del Prestige*. Sociedad Gallega de Ornitología. Recuperado el 25 de abril de 2012, de http://www.sgosgo.org/archivos/informe3anosprestige.pdf

Statistics Brain Research Institute. (21 de julio de 2015). *Zoos Statistics*. [en línea]. Obtenido de Statistics Brain Research Institute: https://www.statisticbrain.com/zoo-statistics/

Steffy, L. (2011). *Drowning in Oil: BP & the Reckless Pursuit of Profit*. Nueva York: MacGraw Hill.

Stevens, E. F., y Pickett, C. (1994). Managing the social environments of flamingos for reproductive success. *Zoo Biology, 13*, 501-507.

Syngenta (2019) El principio de equivalencia sustancial. Disponible en https://www.syngenta.com.mx/principio-de-equivalencia-sustancial ultima consulta 3 de juinio de 2019

Szalavitz, M. (2016). *Unbroken Brain: A revolutionary new way of understanding addiction*. Londres: St. Martin.

Thompson, B., y Thompson, J. (2010). Playing God with Planet Earth. [Video documental]. Vancouver: Lightship entertainment/Canadian Broadcasting Corporation.

Thompson, D. (2011). *Sobre el crecimiento y la forma*. Madrid: Akal.

Thoreau, H. D. (2005). *Walden o la vida en los bosques*. México: Grupo Editorial Tomo. Thoreau, H. D. (2006). *Walden*. Amazon Classics (Versión original 1854).

Tomasello, M. (1999). *The Cultural Origins of Human Cognition*. Cambridge: Harvard University Press. Tomasello, M., y Call, J. (1997). *Primate Cognition*. Oxford: Oxford University Press.

Tomasello, M., y Call, J. (2005). Do chimpanzees know what others see—or only what they are looking at? En S. Hurley, & M. Nudds, *Rational Animals?* (págs. 371-384). Oxford: Oxford University Press.

Tomasello, M., y Carpenter, M. (2005). Intention Reading and Imitative Learning. En S. Hurley, y N. Chater (eds.), *Perspectives on Imitation: From Neuroscience to Social Science, Vol. 2* (págs. 133- 148). Cambridge: The MIT Press.

Tudge, C. (1998). *Neandertales, bandidos y granjeros. Cómo surgió realmente la agricultura.* Barcelona: Crítica.

Tunuary, T., y Chávez, C. (7 de octubre de 2008). Tatei Niwexica. *La Jornada.*

Turcotte, M. M., Araki, H., Karp, D. S., Poveda, K., y Whitehead, S. R. (2017). The eco-evolutionary impacts of domestication and agricultural practices on wild species. *Philosophical Transactions of the Royal Society of London. Series B, Biological Sciences, 372.* doi:10.1098/rstb.2016.0033

Turing, A. M. (1952). The Chemical Basis of Morphogenesis. *Philosophical Transactions of the Royal Society of London. Series B, Biological Sciences, 237*(641), 37-72.

Twenge, J. (2017). *I-Gen.* Nueva York: ATRIA Books.

Veasey, J., y Hammer, G. (2010). Managing Captive Mammals in Mixed-Species Communities. En D. G. Kleiman, K. V. Thompson, y C. Kirk Baer (eds.), *Wild Mammals in Captivity: Principles and techniques for zoo management* (págs. 151-160). Chicago: University of Chicago Press.

Walker, B. H. (1989). Diversity and Stability in Ecosystem Conservation. En D. Western, y M. Pearl (eds.), *Conservation for the Twenty-First Century* (págs. 121-132). Oxford: Oxford University Press.

Wallace, A. R. (1858). On the Tendency of Species to Form Varieties; and on the Perpetuation of Varieties and Species by Natural Means of Seletion. *Zoological Journal of the Linnean Society,* 46-62.

Weber, M. (1930). *The Protestant Ethic and the Spirit of Capitalism.* (T. Parsons, Trad.) Londres: Routledge.

Weber, M. (1981). *Economía y sociedad.* México: Fondo de Cultura Económica.

Williams, G. C., y Nesse, R. M. (1991). The Dawn of Darwinian Medicine. *Quaterly Review of Biology, 66,* 1-21.

Wilson, E. O. (1984). *Biophilia.* Cambridge: Harvard University Press.

Wilson, E. O. (1987). The Little Things That Run the World (The Importance and Conservation of Invertebrates). *Conservation Biology, 1*(4), 344-346.

Wilson, E. O. (2016). *Half Earth. Our Planet's Fight for Life.* Nueva York: Liveright Publishing Corporation.

Wojtyla, K. (1979). General Audience. *Miércoles 19 de septiembre de 1979,* en https://w2.vatican.va/content/john-paul-ii/es/audiences/1979/documents/hf_jp-ii_aud_19790919.html Consultado el 4/12/2018

Wolrd Association of Zoos and Aquariums. (2014). Towards Effective Environmental Education. *WAZA Magazine, 15,* 1-48. Recuperado el 21 de julio de 2015, de https://www.waza.org/files/webcontent/1.

public_site/5.conservation/environmental_educatio   n/WAZA%20 Magazine%2015.pdf

World Association of Zoos and Aquariums. (2013). WAZA Anual Report. *WAZA Magazine*. Recuperado el 23 de junio de 2015, de https://www. waza.org/files/webcontent/1.public_site/2.about_waza/finance_and_ funding/WA ZA%20Annual%20Report%202013.pdf

World Wild Foundation. (2016). *Planeta Vivo Informe 2016. Riesgo y Resiliencia en una Nueva Era.* Gland, Suiza: WWF International.

Wuerthner, G., Crist, E., y Butler, T. (2014). *Keeping the Wild: Against the Domestication of the Earth.* Nueva York: Island Press.

Young, R. (2003). *Environmental Enrichment for Captive Animals.* Oxford: Blackwell.

Young, I, y A. Robal (2019) Multiplatform evaluation of global trends in wind speed and wave height. *Science* 10 May 2019: Vol. 364, Issue 6440, pp. 548-552

Zalasiewicz, J., Williams, M., Smith, A., Barry, T. L., Coe, A. L., Bown, P. R., y otros. (2008). Are we now living in the Anthropocene? *GSA Today, 18*(2), 4-8.

Zeder, M. A. (2012). The Domestication of Animals. *Journal of Anthropological Research, 68*(2), 161-190. Zimmerman M-. (1990). *Heidegger's Confrontation with Modernity* Bloom.: Indiana University Press